Wanderlust USA

ワールド・トレイルズ USA

アメリカの道(トレイル)を歩く

gestalten

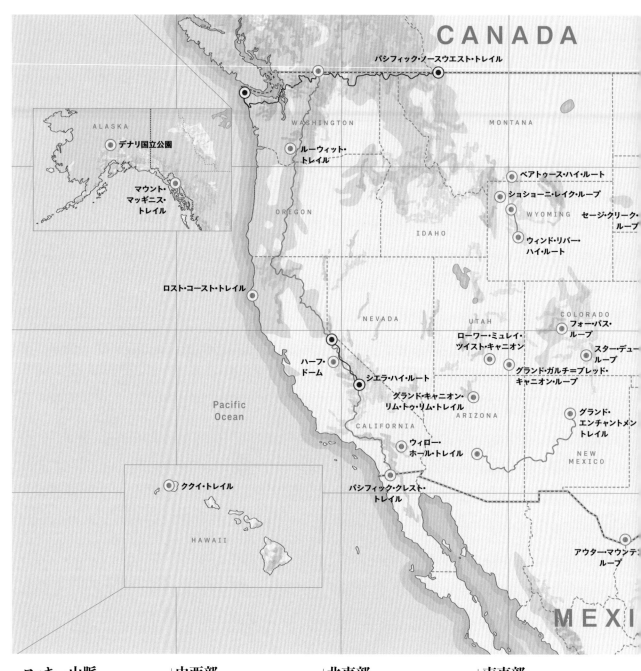

CANADA

パシフィック・ノースウエスト・トレイル

ALASKA

デナリ国立公園

マウント・
マッギニス・
トレイル

ルーウィット・
トレイル

WASHINGTON

MONTANA

ベアトゥース・ハイ・ルート

ショショーニ・レイク・ループ

OREGON

IDAHO

WYOMING

セージ・クリーク・
ループ

ウィンド・リバー・
ハイ・ルート

ロスト・コースト・トレイル

NEVADA

UTAH

COLORADO

フォー・パス・
ループ

ローワー・ミュレイ・
ツイスト・キャニオン

スター・デューン・
ループ

グランド・ガルチ＝ブレッド・
キャニオン・ループ

ハーフ・
ドーム

シエラ・ハイ・ルート

グランド・キャニオン・
リム・トゥ・リム・トレイル

ARIZONA

グランド・
エンチャントメン
トレイル

Pacific
Ocean

CALIFORNIA

ウィロー・
ホール・トレイル

NEW
MEXICO

ククイ・トレイル

パシフィック・クレスト・
トレイル

HAWAII

アウター・マウンテ
ループ

MEXI

ロッキー山脈

特典情報

中西部

特典情報

北東部

特典情報

南東部

特典情報

ROCKY MOUNTAINS

ロッキー山脈

大陸の分水嶺をなすロッキー山脈には、
100以上の小さな連山とアメリカの全自然保護区域の3分の1がある。
このハイキングのユートピアは、切り立った峰と氷河作用によって形成された谷、
サファイヤブルーの湖、そしてサハラ砂漠のような砂丘を特色としている。

WIND RIVER HIGH ROUTE
ウィンド・リバー・ハイ・ルート

きらめく氷河と
イーガー・エルク

Wyoming
ワイオミング州

トレイルについて

→ 距離　　：129キロ
→ 所要時間：6〜7日
→ レベル　：上級

ウィンド・リバー山脈はアメリカのバックパッキングの最高の穴場のひとつだ。年間数百万人の観光客が訪れる近隣のイエローストーン国立公園やグランド・ティートン国立公園とは対照的に、「ウィンズ」は長年人々から注目されずにきた。そして、それこそがこのウィンド・リバー山脈の魅力の一部でもある。北西部に隣接している有名な連山とは異なり、入山許可もキャンプ場の予約も、何週間も前からホテルの予約をする必要もない。必要なのは冒険心と未開地での豊富な経験、そして高い標高に耐え得る健康な肺だけだ。

ロッキー山脈分水界がその山頂をたどるウィンド・リバー山脈は全長およそ160キロあり、ワイオミング州西部に位置する。ロッキー山脈の中ではコロラド州に次いで標高の高い地域で、ウィンズは無数の花崗岩の峰や1500以上の高山湖、そして63の印象深い氷河——アメリカ本土においてはワシントン州のカスケード山脈に次いで2番目に数が多い——を誇る。ハードルが高く、目を見張るような美しい景色の中、ひと気のない場所での冒険を求めるベテランのハイカーなら、ここ以外の場所を探し回る必要はないだろう。

ウィンド・リバー山脈の数あるトレッキングの選択肢の中で、アラン・ディクソンとドン・ウィルソンによって開拓されたウィンド・リバー・ハイ・ルート（WRHR）は最高のルートのひとつだ。北のグリーン・リバー・レイクス・トレイルヘッドから南のビッグ・サンディ・キャンプ場まで129キロあり、ジェットコースターのように上下するルートは、標高3505メートルから3719メートルの9つの峠を通り、総獲得標高は6096メートルになる。WRHRの半分以上は道のない場所を行くルートで、ハイカーは道中、崖錐の斜面や氷河氷、花崗岩板、そして長い雪原を越えることになる。

ワイオミング州の自然のなかを通るどの長距離トレッキングもそうだが、ハイライトは野生生物である。ウィンド・リバー山脈はヒグマやムース、オオツノヒツジ、クズリ、マーモット、クーガーの住処だ。9月に訪れるとエルクの発情期（交尾）を見かけるだろう。この時期になると、オスのエルクはメスの相手を探すのに必死だ。時折、ほかのオスとツノを付き合わせて優越を競うことになるが、たいていの場合はバグリングと呼ばれる独特の鳴き声を上げて行う自己顕示に終始する。甲高い鳴き声やしわがれた吠え声、そして低音で野太いさまざまな唸り声に動揺する中、エルクのバグリングの声は忘れがたいものになるだろう。それは、近くにいるグリズリーベアの威嚇的な吠え

必要なのは冒険心と
未開地での豊富な経験、
そして高い標高に耐え得る
健康な肺だけだ。

↖ 山からの澄んだ湧水が豊富にあるので、WRHRで
　はおいしい飲み水が容易に見つかる。
↑ ウィンズを渡る荷馬。
← 雪解けのあとには野の花の絨毯が現れる。

9

声や、思わず飛び退きたくなるほどそばでガラガラヘビが立てるブンブンという音、あるいはキツツキがくちばしでけたたましく鳴らす音と同じように驚かされる。

その時期よりもひと足早い夏にWRHRにハイキングに行くと、同様に忘れられない野生生物との遭遇——あまり楽しいものではないが——蚊が待っている。大量の雪解け水と新緑の草原、そして湖が点在する地形という豊富な水量の恩恵で、7月（たいていは8月中もずっと）はウィンズに蚊の大群が発生する。とりわけこの小さな吸血虫が活発な朝や夕方の時間帯は、ハイカーにとってイライラさせられる経験になるだろう。頭を覆うネットや虫除けスプレー、長袖のシャツとズボンでなんとか正気を保つことができる。かなりの冷静さを持っていることも役立ちそうだ。

ウィンズの崖錐をはい登る道や蚊を叩きながら過ごす夜を越えると、山頂からの見事な景色や野花が絨毯のように広がる高原、そして釘付けにされてしまうほど青く水がきらめく高原湖が待っている。もし9月にトレイルを訪れて、自然界でもっとも美しい求愛の儀式のひとつを目撃したら、少し離れた場所にいるのがよいだろう。ガールフレンドを求めて男性ホルモンがみなぎった状態の体重300キロのエルクの怒りを買うこと以上に、長距離トレッキングに水を差す行為はないだろうから。

↑ 氷河の上を歩くときは足元に注意！
↓ アルペングローが花崗岩の峰を照らす。
→巨礫岩のある草原と高くそびえる頂。

参考情報

スタート地点／ゴール地点

北端　グリーン・リバー・レイクス・
　　　トレイルヘッド

南端　ビッグ・サンディ・キャンプグランド

総獲得標高

約6096メートル

季節

7〜9月半ば。雪原が解けて蚊がいなくな
る晩夏が理想的。

宿泊

オン・トレイル

ウィンド・リバー・ハイ・ルート(WRHR)のど
こでも野外キャンプが可能。

オフ・トレイル

ビッグ・サンディ・ロッジは同名のキャンプ
場から数分の場所にある。美しい丸太造
りの小屋は、ハイキング後の休憩やリクリ
エーションに最適な場所だ。

ハイライト

1. ナップサック・コル
2. アルペン・レイク・ベースン
3. サーク・オブ・ザ・タワーズ
4. ゴールデン湖
5. 発情期のエルクのバグリング
6. ティットカム・ベースン
7. ナイフ・ポイント氷河
8. インディアン・パス
9. アルペングローの輝く花崗岩の峰々
10. 貪欲な蚊の大群から逃れるためテン
   トのジッパーを閉めたときの安堵感

お役立ちヒント

ナビゲーションツール

スマートフォンにGPSアプリが入っていた
としても、WRHRには紙の地図と方位磁石
も持参のこと（そして何よりも大切なのは
使い方をわかっていること）。バッテリーは
消耗するし、電気は切れるかもしれない。
電波も必ずしも届くわけではない。GPS
には限界があるし、最悪の場合にナビゲー

ションのバックアップが命を救うことにも
なり得る。樹木限界線を超えるウィンド・リ
バー山脈のような危険と隣り合わせの過
酷な環境ではとりわけ重要で、道に迷う結
果になる可能性は圧倒的に高い。

便利アイテム

WRHRに持参すべき10アイテム:

1. 頭にかぶる虫除けの網
2. マイクロスパイク（雪原やナイフ・ポイ
   ント氷河を横断するときの軽量滑り止
   めデバイス）
3. トレイル用ランニング・シューズ
4. 方位磁石と紙の地図

5. 軽量で色の薄い長袖シャツ
6. 虫除け
7. ウルサック
   （クマ対策用の食料保存袋）
8. サングラス
9. 日焼け止め
10. トレッキング・ポール（氷河の上を歩い
    たり急勾配を下る際にバランスを取る
    のに便利）

交通機関

ウィンド・リバー・ハイ・ルートは未舗装の
道路を経由して入る、比較的奥まった所に
ある2つの登山口にはさまれている。ロ
ジスティックの観点からすると、ウィンド・
リバー山脈の西側斜面に位置するパイン
デール（人口1890人）の町にある、ハイ
カーに親切なグレイト・アウトドア・ショッ
プでシャトルバスを頼んで出発地点に行く
のがよい。

ボーナス情報

ウィンド・リバー山脈の周辺は「ウェディン
グ・オブ・ザ・ウォーターズ（水の結婚）」と
いう、水文学的に風変わりな名前で知られ
ている。サーモポリスという町の7キロ南
下したあたりに、ウィンド川がビッグ・ホー
ン川という名前に変わる地点がある。しか

し、この不思議な場所が他の水域と違って
いるのは、川の名前が変わる地点が川の合
流点ではないということだ。
ウェディング・オブ・ザ・ウォーターズはとて
つもなく多くの種類の水生植物でも知ら
れ、毎年冬になるとこの地域一帯には何千
羽もの水鳥がやってくる。なかでも格調高
いのが捕食性のハクトウワシだ。寒くなる
と、この流域に多くいる産卵期のマスを探
して渡ってくる。
ハクトウワシ(学名 Haliaeetus leucocephalus)
はアメリカ合衆国の国鳥である。オジロ
ワシとミサゴの仲間でもあるこの大型の
猛禽類は北米固有で、ほとんどの場合は
魚がたくさんいる海岸沿いや大規模な水
域に生息している。巣は彼らのどっしりと
した体を支えるほどしっかりした枝ぶりの
高い木の上にある。大きいものは幅2.5
メートル、重さは907キロ（約1トン）もあ
り、鳥の世界ではもっとも大きい巣だ。20
世紀後期にはハクトウワシが減少したが、
広範囲におよぶ保護政策の成果もあって、
その数はまた増えてきている。2007年に
はアメリカ政府の絶滅危惧種および絶滅
の恐れのある野生植物リストから正式
に除外された。
国鳥というステータスのおかげで、ハクト
ウワシを殺生することは連邦犯罪に値す
る。ハクトウワシおよびイヌワシ保護法に
違反するからだ。しかしながら、鳥たちは
集合型風力発電所という新たな脅威にさ
らされている。ワイオミング州はタービン
を設置するのに重要な風の通り道に位置
し、この地域で使用される電力のほぼ10
パーセントを生み出している。
残念なことに、これに気づかずタービンの
回転する羽根車に巻き込まれて犠牲にな
るハクトウワシのような鳥たちもいる。こ
れが大きな問題となり、2016年12月に
米国魚類野生生物局は、風力産業により
誤って殺されてしまうハクトウワシの基準
値を年間4200羽と設定した。この措置
に反対する動物愛護や自然保護団体から
は、この法律に対する多くの懸念が寄せら
れている。
とは言え悪いことばかりではない。科学者
や技術者たちはこの問題の解決に集中し
て取り組んでいる。動物が接近し過ぎると
エンジンを切って羽根車を止める近接警
報器や、各風力発電所にアメリカの国鳥が
直接衝突するのを防ぐための音を発する
箱の設置など、さまざまな解決策が提案さ
れてきた。

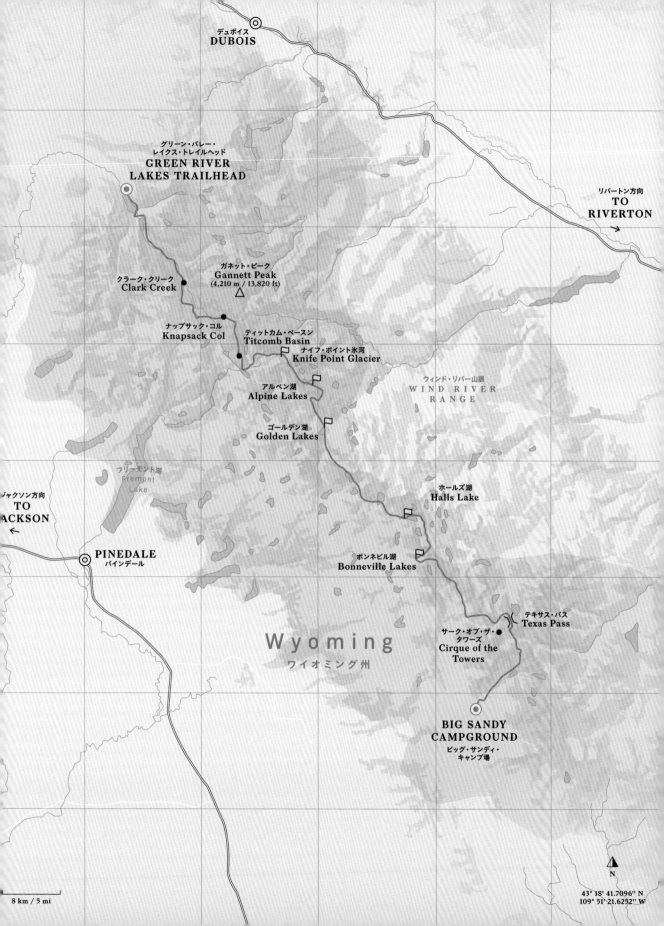

デュボイス
DUBOIS

グリーン・バレー・
レイクス・トレイルヘッド
**GREEN RIVER
LAKES TRAILHEAD**

リバートン方向
**TO
RIVERTON**

クラーク・クリーク
Clark Creek

ガネット・ピーク
Gannett Peak
(4,210 m / 13,820 ft)

ナップサック・コル
Knapsack Col

ティットカム・ベースン
Titcomb Basin

ナイフ・ポイント氷河
Knife Point Glacier

ウィンド・リバー山脈
**WIND RIVER
RANGE**

アルペン湖
Alpine Lakes

ゴールデン湖
Golden Lakes

フリーモント湖
Fremont
Lake

ジャクソン方向
**TO
JACKSON**

ホールズ湖
Halls Lake

PINEDALE
パインデール

ボンネビル湖
Bonneville Lakes

テキサス・パス
Texas Pass

W y o m i n g

ワイオミング州

サーク・オブ・ザ・
タワーズ
**Cirque of the
Towers**

**BIG SANDY
CAMPGROUND**

ビッグ・サンディ・
キャンプ場

N

8 km / 5 mi

43° 18' 41.7096" N
109° 51' 21.6252" W

FOUR PASS LOOP
フォー・パス・ループ

マルーン・ベルズの
威光

Colorado
コロラド州

トレイルについて

→ 距離　　：45.1キロ
→ 所要時間：3日
→ レベル　：中級

　コロラド州はバックパッカーたちのメッカだ。氷河作用によって形成された峰々、輝く湖、花が咲き乱れる高山の草原などがたくさんある。トレッキングのオプションが豊富で、どこに行くか決めることがいちばん難しい選択になることもある。すばらしい選択肢が無数にあるなかで、このフォー・パス・ループはもっともすぐれたコースのひとつとして抜きん出ている。マルーン・ベルズ＝スノーマス自然保護公園に位置し、驚きのあまり、開いた口がふさがらないほどの山の絶景が1キロ当たりに登場する回数は、ほぼ間違いなく同州のほかのどのトレイルよりも多い。

　45.1キロの環状コースは美しいマルーン湖に始まり終わる。この見晴らしのいい場所からは、コロラド州でもっとも撮影されている山──フランス産赤ワインのような赤紫色のマルーン・ベルズの双子の頂（ツインピークス）はともに4267メートル超え──の三度見するような景色が待っているので心していよう。山頂は泥岩と目の細かな堆積岩からできており、花崗岩と石灰岩でできたほかの多くのコロラド州の有名な山々とは一線を画す。ベルズの特徴的な赤い色を作り出しているのが泥岩で、その柔らかでポロポロとした地質は、非常に経験を積んだ登山家にとっても登頂を危険なものにしている。

　フォー・パス・ループはジェットコースターのようなコースをたどり、マルーン・ベルズを一周する。そのコースは標高3780メートルを超える4つの高山道をジグザグに登るものだ。その合間にヤマナラシやハンの木、トウヒ、ヤナギの緑に覆われた広い渓谷が見渡せる。この高くそびえる景色には、くねりながら流れる小川や心地よい草原があちらこちらにあり、足が疲れたハイカーたちにしばし休憩するよう呼び止める。

　これ以上のどかな高山を想像するのは難しいが、マルーン・ベルズを訪れるハイカーたちに危険がまったくないわけではない。嵐の悪天候と標高の高さに気をつけるのが鉄則だ。コロラド州の夏はモンスーンの時期にあたるので、午後の早い時間帯にゴロゴロと雷が鳴る

↖ 高い絶壁からの眺めを満喫する。
↑ マルーン・ベルズに数々ある目がくらむような撮影スポット。

ことがある。この時間帯に嵐の予報が出ていたら、峠の頂上にいるのは避けるべきだ。高い標高がハイカーにとってフォー・パス・ループでの最大の困難になる場合がある。トレイルはどこも標高2920メートル以上なので、AMS（急性高山病）とも呼ばれる高山病にならないよう、事前に体を慣らしておくことが何よりも肝心だ。

　AMSは標高2500メートル以上の場所に急いで登ることで起きるさまざまな症状の総称だ。幸い、事前に基本的な対策を取っておけば、完全に回避することができる：

1. 平均海面からコロラド州に来るなら、州都であり国際空港もあるデンバー市（海抜1600メートル）で少なくとも2〜3日過ごすとよい。この期間に徐々に運動量を増やしていくのが大切だ。可能であれば、夜デンバーに戻って寝るまでに、2743メートル（9000フィート）程度までの日帰りハイキングに1〜2回行くのが理想だ。「高く登って、低く寝る」とは登山家たち使う、信頼性が証明された環境に体を慣らす方法だ。

2. トレッキングに向かう前夜は、標高2498メートル（8000フィート）にあり、登山口から車かシャトルバスで少し行った所にあるアスペンで過ごすこと。

3. ハイキングの前と最中には、少なくとも1日に3〜4リットルの水分を摂取すること。高所では空気が乾燥して薄く、多くのハイカーたちは気温が低いために水を飲まないという間違いを犯してしまう。

4. コーヒーとアルコールの過剰摂取を避けること。両方とも脱水症状を引き起こしやすいからだ。

5. いざトレイルに出発したら自分のペースを維持すること。新しい環境に体が慣れるには時間がかかることを忘れずに。ウサギよりもカメの気持ちになるのが大切。この教訓を覚えておけば、標高の問題が急浮上しても、フォー・パス・ループを踏破する確率は飛躍的に上がる。

　ハイカーにとってのコロラドは、ジャズ好きにとってのニュー・オーリンズのようなものだ。それはインスピレーションに満ちたメッカ。類似性をもう少し追求してみると、マルーン・ベルズはバックパッカーたちにとって、正当な意味においてマイルス・デイヴィスの代表作『カインド・オブ・ブルー』に等しい。ただ単に、それは傑作なのだ。この輝かしいトランペッターの代表アルバムと同じように、マルーン・ベルズは言葉では言い尽くせない何かが魂を揺さぶるのだ。それは経験しないと決して理解し得ないものである。

すばらしい選択肢が
無数にあるなかで、このフォー・
パス・ループはもっともすぐれた
コースのひとつとして
抜きん出ている。マルーン・ベルズ
＝スノーマス自然保護公園に
位置し、驚きのあまり、開いた口が
ふさがらないほどの山の絶景が
1キロ当たりに登場する回数は、
ほぼ間違いなく同州のほかの
どのトレイルよりも多い。

↖ インディアン・ペイントブラシ（Castilleja）。
← 水を好むムースはフォー・パス・ループではよく見ら
　れる。
↑ 岩棚をくまなく探すシロイワヤギ。
→ ヤナギランの絨毯。

参考情報

スタート地点／ゴール地点
マルーン＝スノーマス・トレイルヘッド
（マルーン湖）

総獲得標高
2473メートル

季節
7月中旬〜9月下旬

許可
マルーン＝スノーマス自然保護公園で一夜を明かすハイカーは登山口で自己申請形式の許可を取得すること。無料。発行数の制限なし。トレッキング中は常に携行すること。

ベア・キャニスター
この地域に生息するブラックベア除けのために、バックパッカーたちはベア・キャニスター（クマ対策用の食料保管箱）あるいはウルサック（クマ対策用の食料保存袋）の携行が義務付けられている。もしどちらも持っていなければ、アスペン近郊のアウトドアショップでレンタル可能。

お役立ちヒント

キャピトル・クリーク・サーキット
フォー・パス・ループよりも人がまばらで、もう少し挑戦をしてみたいという人向けのキャピトル・クリーク・サーキットは、カーボンデールあるいはスノーマス・ビレッジ近くのキャピトル・クリーク・トレイルヘッドから始まり終わる。サーキットの距離はおよそ64.4キロで、すばらしい4つの高山湖の近くを蛇行している。もう少し人が多い近隣のトレイルと同様に、海抜3048メートルを超える4つの高高度の峠を越えていく。

閑散期
フォー・パス・ループはとても人気のトレイルなので、もう少し喧騒から離れた場所を求めているなら、以下の対策を取るのがおすすめ:

1. トレイルにほとんど人がいない夜明けあるいは夕暮れ時にハイキングをする。気温が一番高くなる日中には長い休憩を取るようにする。
2. 祝日や週末、あるいは夏のピーク時は避ける。
3. 1年のうちでも9月下旬はハイキングをするのに最高の時期だ。涼しくひと気はまばらになり、至る所に姿を現すロッキー山脈の高い山々が鮮やかなゴールドに変わる。

動物＆植物
クマ以外にマルーン＝スノーパス自然保護公園で出会えるのはエルク、ミュールジカ、カナダオオヤマネコ、シロイワヤギ、ビッグホーン・シープなどがいる。

基礎知識

フォー・パス・ループを走る
フォー・パス・ループを踏破するのはバックパッカーだけではない。ここはウルトラマラソンのランナーの間でも有名だ。2019年の時点でフルサーキット完走の最高記録は4時間17分だった。

ジョン・デンバー・サンクチュアリー
コロラド州のハイカントリーを連想させる歌が一曲あるとしたら、それはジョン・デンバーの1975年の名曲『ロッキー・マウンテン・ハイ』だ。近郊のアスペンでは「ジョン・デンバー・サンクチュアリー」を訪れることもできる。ここはロアリング・フォーク川の岸部にある絵画のように美しい公園で、そこには上流から流れ着いた巨大な岩に、かの伝説のシンガーの歌詞が刻まれている。

ボーナス情報
高くそびえる標高3658メートルのフォー・パス・ループに挑むのは躊躇するが、それでもロッキー山脈で自分の勇気を試してみたいというランナーには、より対処可能なアスペン・バレー・マラソンがおすすめだ。毎年7月に開催され、最高高度は2438メートルをやや下回る程度で、アスペン・バレーとマルーン・ベルズの壮大な景色を楽しめる。フルマラソン以外にも、ハーフと5キロのマラソンもある。

すべてを詰め込んで
何世紀にもわたり、ラマとアルパカは南米の山岳地帯で重い荷物を運ぶために使われてきた。ペルーのインカ人たちはこれらの動物を崇め、社会の大切な一員として扱ってきた。柔毛に覆われた屈強なこの動物たちは、自身の体重の3分の1までの荷は易々と運べる、頼り甲斐のあるヘルパーとして知られている。先コロンブス期は、マチュピチュのような山岳地の建造物用に岩などの資材を運ぶためにも、彼らは欠かせない存在だった。

北米ではラマやアルパカの歴史はもっと短い。しかし1980年代から、繊維の供給源として、また護衛用、ペットそして使役動物として人気が高まっている。1978年創業のキュー・パラゴン・ガイズは、ヴェイルというアスペンから2時間ほど離れた町を拠点にしている旅行会社で、アスペンまでの5日間トレッキングを含むラマのツアーをいくつか提供している。そのほかの複数日のツアーオプションには、コロラド・トレイルやマウント・オブ・ホーリー・クロス登頂がある。高級なカメラ機材や天体観測用望遠鏡などの荷物が多く、長期間ひとりで運ぶのが困難な場合には、ラマとの旅は非常に便利なオプションだ。

ラマはラクダの仲間で、ストレスを感じたり煽動されると唾を吐くことでおそらくもっともよく知られているだろう。しかしパラゴン・ガイズのオーナー一家、エリオット家によれば、一般的に社交性があり柔毛に覆われたラマに対する苦情はあまり出たことがないという。実際のところ、ラマはクマやヤマネコなどの危険を人間よりも早く察知し、その高い鳴き声による警報で一緒に旅をするハイカーに注意喚起を促してくれる。

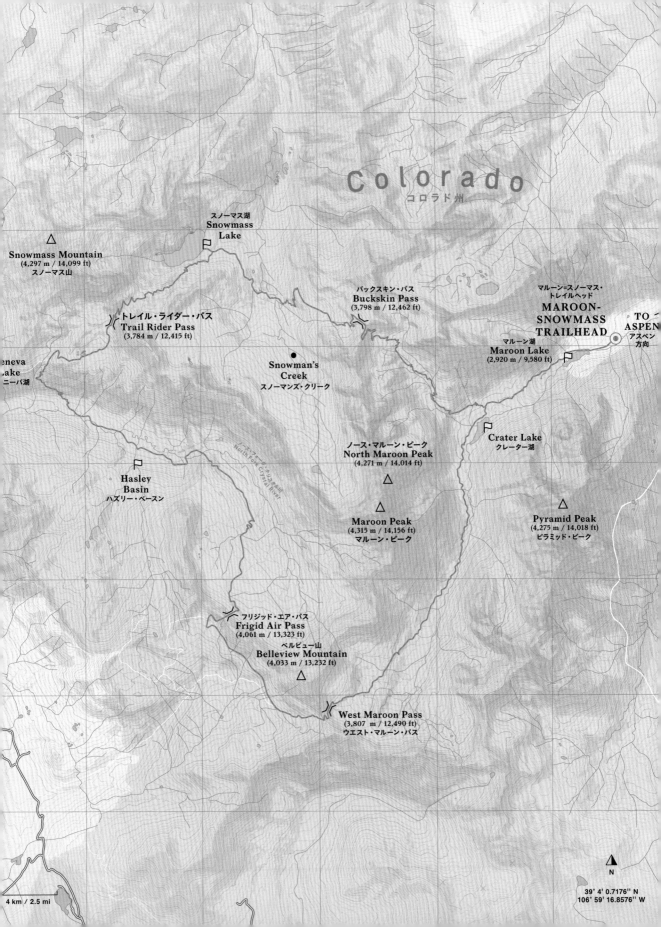

Colorado
コロラド州

スノーマス湖
Snowmass
Lake

△ Snowmass Mountain
(4,297 m / 14,099 ft)
スノーマス山

バックスキン・パス
Buckskin Pass
(3,798 m / 12,462 ft)

マルーン=スノーマス・
トレイルヘッド
MAROON-
SNOWMASS
TRAILHEAD

TO
ASPEN
アスペン
方向

トレイル・ライダー・パス
Trail Rider Pass
(3,784 m / 12,415 ft)

マルーン湖
Maroon Lake
(2,920 m / 9,580 ft)

eneva
ake
ニーバ湖

Snowman's
Creek
スノーマンズ・クリーク

Crater Lake
クレーター湖

ノース・マルーン・ピーク
North Maroon Peak
(4,271 m / 14,014 ft)
△

Hasley
Basin
ハズリー・ベースン

Pyramid Peak
(4,275 m / 14,018 ft)
ピラミッド・ピーク
△

Maroon Peak
(4,315 m / 14,156 ft)
マルーン・ピーク
△

フリジッド・エア・パス
Frigid Air Pass
(4,061 m / 13,323 ft)

ベルビュー山
Belleview Mountain
(4,033 m / 13,232 ft)
△

West Maroon Pass
(3,807 m / 12,490 ft)
ウエスト・マルーン・パス

N

39° 4' 0.7176'' N
106° 59' 16.8576'' W

4 km / 2.5 mi

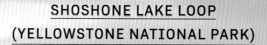

SHOSHONE LAKE LOOP
(YELLOWSTONE NATIONAL PARK)

ショショーニ・レイク・ループ
（イエローストーン国立公園）

ロッキー山脈の
地熱ワンダーランド

Wyoming
ワイオミング州

トレイルについて

→ 距離　　　：46キロ
→ 所要時間　：2〜4日
→ レベル　　：中級

　イエローストーンは1872年に北米初の国立公園として認定された。3つの州にまたがり、広さは8903平方キロ、巨大な湖や轟音を立てる滝、たくさんの野生動物、そして地球上でもっとも大きな地熱地帯がある。ほかに類のない自然の不思議の数々を経験するために年間400万人以上がここを訪れるが、バックパックを背負って人混みから離れた所へ向かうのは、そのうちの1パーセントに満たない。

　イエローストーン国立公園には1449キロ以上のハイキング・トレイルがある。ブクブクと湧いている泥間欠泉やボコボコと音を立てる間欠泉、そして写真を撮って喜んでいる観光客の間を進む短い遊歩道の散策から、ほかのハイカーたちよりもクマやバイソン、エルクに出会う確率のほうが高い、園内の辺鄙な地域への数日間の小旅行まで、さまざまなオプションがある。ショショーニ・レイク・ループはハイキングの難易度では中級レベルだ。距離にして46キロで、トレイルは中級から上級レベルのバックパッカー、あるいは熟練者と同行すれば初心者にも適している。このコースは静かな森と野花が咲き乱れる牧草地、そして靴が埋もれてしまう湿原のなかを曲がりくねりながら進んでいく。野生動物を目撃するチャンスはふんだんにあるが、トレイルのハイライトといえば、ショショーニ湖とショショーニ・ガイザー・ベースンのふたつに違いない。

　ショショーニ湖は広さ32.4平方キロ以上におよび、道路のアクセスがない水域としては、アラスカとハワイを除くアメリカ合衆国本土のなかで最大だ。黒い砂浜と深い青い水、そして甘い香りのする松林以外には何もない。ところが——もし6月か7月に訪れたら——数十億匹の蚊が歓迎してくれる（あなたもきっとなにかワナがあるに違いないとわかっていただろう）。湖の周辺には定評のあるキャンプ場がたくさんあり（事前予約が必要）、こうしたすばらしい景色のなかで日の出や日の入りの時間帯に飲み物を飲むのは、旅のハイライトのひとつになるだろう。しかし、蚊もこの時間帯にもっとも活発になるので、虫除けや適切な衣服（参考情報参照）を必ず持参すれば、罵りながら蚊を払い続けることなく、太陽との挨拶を楽しむことができる。

　湖の西側には見事なショショーニ・ガイザー・ベースンが広がる。ここはイエローストーン国立公園の奥地にある最大の間欠泉地帯だ。数ある地熱の特徴には、噴気孔や温泉、ブクブクと湧いている泥間欠泉、80ヶ所以上の間欠泉、いくつもある硫黄臭のする色とりどりの美しいプールなどが挙げられる。北西部の人気スポットで、世界的にも有名なオールド・フェイスフル・ガイザー（参考情報参照）を含むアッパー・ガイザー・ベースンとは異なり、ショショーニ・ガイザー・ベースンは遊歩道がなく、訪れる人も比較的少ない。そのことがこの場所の魅力の一部である。人里離れた場所であるために自然が残され、実質的に1800年代初期に先住民以外の人たち（毛皮貿易商人）が初め

↑ショショーニ湖の北側を眺める。
→ショショーニ湖。

て足を踏み入れた当時のままだ。

　この地熱の不思議な国に足を踏み入れたあとは、どこでハイキングを終えるか、ふたつの選択肢がある。ショショーニ湖一周を反対側のデ・レイシー・クリーク・トレイルヘッドで完結してもいいし、あるいは北に向かってローン・スター・ガイザーとオールド・フェイスフル・ビレッジに向かうこともできる。前者のオプションでは、より多くの湖の景色が楽しめて距離も短いが、後者はイエローストーンのなかでもっともすばらしく、いちばん人が少ない間欠泉のひとつ、ローン・スター・ガイザーを見ることができる。もし機会があれば、後者がおすすめだ。

　ローン・スター・ガイザーはオールド・フェイスフル・ビレッジか

イエローストーンにはバイソンが4000頭生息している。国有地ではアメリカ最大の群れだ。

ほかに類のない
自然の不思議の数々を
経験するために
年間400万人以上が
ここを訪れるが、
バックパックを背負って
人混みから離れた所へ
向かうのは、そのうちの
1パーセントに満たない。

←ローン・スター・ガイザー。
↓宝石のような泉、ビスケット・ベースンはオールド・フェイ
　スフル・ガイザーから北に少し歩いた場所にある。
→イエローストーンのグランド・キャニオンにあるロー
　ワー・フォールズ。

ら歩いて4.8キロの場所にある。ここはおよそ3時間ごとに約30分間噴出し、空中に13〜17メートルの水が吹き上がる。ファイアーホール川沿いのひっそりとした森はとても美しい——道も宿舎もなく、最高の撮影スポットを探している観光客とすれ違うこともない。この眺めは実にすばらしく、夜明けや夕暮れならばこの景色をひとり占めすることさえ可能かもしれない（一口メモ：OA 1またはOA 2のキャンプサイト周辺にテントを張るのがよい）。

　ローン・スター・ガイザーとショショーニ・レイク・ループ全体は、世界的に有名なイエローストーンの自然の不思議の大部分を披露している。秘蔵というには程遠いが、ここはほとんどのハイカーにもアクセス可能なトレイルだ。静かな森の小道を歩き、神秘的な間欠泉を畏敬の念をもって眺めていると、アメリカの有名な国立公園のほとんどに当てはまる何か確かなもの、つまり、人混みを離れてある程度、孤独のなかで自然を体験したいなら、ハイキングやバックパッキング、そして母なる自然の流れに身を任せることに匹敵するものはない、とわかるだろう。

マンモス・ホットスプリングス・テラス。

参考情報

スタート地点／ゴール地点
デ・レイシー・クリーク・トレイルヘッド（別のゴール地点オプション：オールド・フェイスフル・ビレッジ）

季節
5～9月。イエローストーン国立公園は高原（またの名をイエローストーン高原）の上にあることを忘れずに。平均標高は2400メートル。夏でも夜になると0度、あるいは氷点下になることもある。

許可
イエローストーンの人工的に整地されていない場所でのキャンプにはすべて許可と予約が必要。ショショーニ湖近辺のキャンプサイトは人気なので（とくに7～8月）、早めの予約が必要。

お役立ちヒント

クマ除けスプレーとクマ除けポール
イエローストーンはグリズリーとブラックベアの両方が多く生息する地帯だ。義務化されていないが、公園管理者たちはハイキングにはクマ除けスプレー缶の携帯を推奨している。ショショーニ・レイク・ループ沿いのすべてのキャンプ場には、食料保管用ポールが設置されている。1日の終わりには、ハイカーたちはこのポールに食料をぶら下げて、クマやその他の動物から食料を守る。

おすすめ装備
クマ除けスプレー、虫除け、トレイル用ランニング・シューズ、レイン・ジャケット、防寒になる重ね着レイヤー、つばなしのニット帽、ダブル・ウォールのテント、虫除けヘッドネット、小型のマルチツール、広いつばの帽子、軽量双眼鏡、食糧を吊るすための11～15メートルのロープ、ハイキングやショショーニ湖で泳ぐときにも使える速乾性の半ズボン。

イエローストーンでおすすめの（その他の）5つの宿泊ハイキングコース
1. ラマー・リバー・トレイル（53キロ）
2. スカイ・リム・ループ（32.2キロ）
3. ブラック・キャニオン・オブ・ザ・イエローストーン（30.6キロ）
4. スペシメン・リッジ・トレイル（27.5キロ）
5. ベクフー・リバー・トレイル（45キロ）

イエローストーンでおすすめの5つの日帰りハイキングコース
1. ウォッシュバーン山（10キロ）
2. ノース・リム・トレイル（グランド・キャニオン・オブ・イエローストーン）（10.9キロ）
3. オブザベーション・ポイント・トレイル（1.8キロ）
4. アーティスト・ポイント＝ポイント・サブライム・トレイル（4.8キロ）
5. ブンゼン・ピーク（7.1キロ）

動物＆植物

イエローストーンの哺乳類
イエローストーンは全米最多の67種の哺乳類密集生息地帯だ。なかでも注目すべきはグリズリー、ブラックベア、バイソン、ムース、カワウソ、オオカミ、エルク、ミュールジカ、クズリ、ビッグホーン・シープである。

オオカミの復活
グレイ・ウルフはイエローストーン地域原産の動物だが、1926年までは絶滅に追いやるほど乱獲されていた。それからほぼ70年が経過した1995年には園内に再び姿を現すようになった。現在、グレーター・イエローストーン・エコシステムでは13の群れに370頭以上の生息が確認されている。

バイソンが歩き回る場所
イエローストーンはアメリカで有史前から継続的にバイソンが生息している唯一の場所だ。ここには4000頭以上がおり、公共地では最大数を誇る。国立公園局によれば、イエローストーンのバイソンは「牛と交配していない群れが多い」。
おもしろい事実：夏季の渋滞を引き起こす一番の原因はバイソンである。

基礎知識

オールド・フェイスフル・ガイザー
世界的に有名なこの間欠泉はデ・レイシー・クリーク・トレイルヘッドからわずか数マイルの場所にある。その規則的な噴水に驚いたウォッシュバーン探検隊のメンバーによって1870年に命名され、空中32～56メートルの噴射が60～90分おきに1日平均17回起きる。

ガイザーのおじいちゃん
「ガイザー（geyser）」という名前はアイスランド語の（geysir）（「湧き出る」の意味）に由来する。グレート・ガイザーとして知られるオリジナルの間欠泉は、アイスランド南西部のホゥカダールル谷にある。これは70メートルまで空中に水が噴き出し、最古の噴射は1294年と記録されている。グレート・ガイザーは最近では休止状態のことも多いが、より活発で同じくらい有名な近隣の間欠泉にストロックルがあり、ここは数分ごとに30メートルの水を噴き上げている。

イエローストーン国立公園の5つの事実
1. イエローストーンには1万1000年前から人間が居住している。この地域に1年中、あるいは一定の季節だけ居住するもっとも有名なネイティブ・アメリカンはツクディカ族である。
2. イエローストーン国立公園は1872年3月1日に認定され、北米で最初の国立公園となった（次頁参照）。
3. ここには500ヵ所以上の間欠泉があり、地球上に存在する半分以上の数に相当する。
4. 破局噴火をする活火山の上に位置し、年間1000～3000回の地震が起きる。最後にイエローストーン・カルデラが噴火したのは64万年前のことで、その噴火は1980年5月18日のセント・ヘレンズ山の大惨事の2500倍だったと推測されている。
5. 8900平方キロの面積のイエローストーンは、デラウェアとロードアイランド両州を合わせた以上の広さだ。その総面積のうち96パーセントがワイオミング州、3パーセントがモンタナ州、1パーセントがアイダホ州に属している。

イエローストーン国立公園は世界最古の国立公園？

表向きにはイエローストーン国立公園はこの類では世界最古だが、政府によって保護された自然地域としては最古の場所ではない。その栄誉はモンゴルでもっとも聖なる山のひとつとされているボグド・ハーンに授与される。13世紀まで遡り、ボグド・ハーンはモンゴルの人々から聖なる山として崇められてきた。1783年にこの山とその周辺は大清帝国によって保護区域に制定された。現在も仏教徒たちが首都ウランバートルから南東へ車で1時間ほどのボグド・ハーンに巡礼に訪れる。

ベースキャンプの話

イエローストーン国立公園全体には1万以上の熱水現象があり、地球上で群を抜いて密集している。これらは温泉、間欠泉、噴気孔、石灰華段丘と泥間欠泉の5つに区分される。

温泉

• サーマル・スプリングとも呼ばれる温泉（ホット・スプリング）は、摂氏36.7度以上の水が自然と溜まる場所である。通常、地下の溶岩によって温められた雨水や地下水が蓄積したものだ。圧力が蓄積すると、加熱された水は吸収されたのと同じ亀裂や断層を通じて地表に逆流する。イエローストーンの温泉のいくつかは入浴に適しているが、その多くは体を浸すには高温過ぎる。観光客が入浴してリラックスするのに最適なのが、有名なマンモス地区のボイリング・リバーと、あまり便利はよくないがミスター・バブルズ・ホットスプリングスの2ヵ所だ。後者はオールド・フェイスフルから徒歩で往復51キロの、景色が見事なベックラー・リバー・トレイルを通って行ける。

間欠泉

• 基本的に間欠泉とは閉塞された温泉のことで、上昇した圧力を抜くために定期的に熱水を噴出する。オールド・フェイスフルとローン・スターは別として、イエローストーンにはエチヌス、キャッスル、グランド、リバーサイド、そして現在世界でいちばん高く活発に91メートル以上の水を吹き出すことができるスチームボートなどの有名な間欠泉がある。

噴気孔

• 噴気孔とは水蒸気と火山ガスを放出する地上の割れ目のことで、たいていの場合は特徴的なシューシューあるいはヒューヒューという音を発する。イエローストーンでいちばん多く見かける熱水現象である噴気孔（スチーム・ベントとしても知られる）は乾燥した間欠泉で、水がわずかしかないため、地上に出てくるまでに蒸発してしまうのだ。

石灰華段丘

• 国立公園局によると、石灰華段丘とは「石灰岩を通って隆起し、炭酸カルシウムが溶け、石灰華段丘を形成する方解石が沈殿した温泉」のことである。きらめく階段状の水溜りのまばゆいばかりの純白の絶壁は、並外れて奇怪な地学的現象だ。その代表例がイエローストーンのマンモス・ホット・スプリングス・テラスだ。

泥間欠泉

• 泥間欠泉は泡立ててガスを放出する、水量が少ない温泉のことだ。泥間欠泉の酸性成分は周辺の岩を溶かして泥や土にする。イエローストーンでいちばん有名な泥間欠泉は、ノリス・ガイザーの南4.8キロにあるアーティスト・ペイント・ポットと、オールド・フェイスフルのすぐ北にあるローワー・ガイザー・ベースンにあるファウンテン・ペイント・ポットだ。

見どころ

幅およそ90メートル、深さ50メートルの、虹色のグランド・プリズマティック・スプリングは北米最大の温泉で、世界で3番目の大きさだ。鮮やかなマルチカラーの水は熱を好む好熱菌のなせる技で、イエローストーンの類いまれな自然の驚異の数々のなかでも本当に桁外れだ。すばらしいミッドウェイ・ガイザー・ベースンを眺めるには、フェアリー・フォールズ・トレイルヘッドから始まる1.9キロのグランド・プリズマティック・オーバールック・トレイルを往復するのがよい。

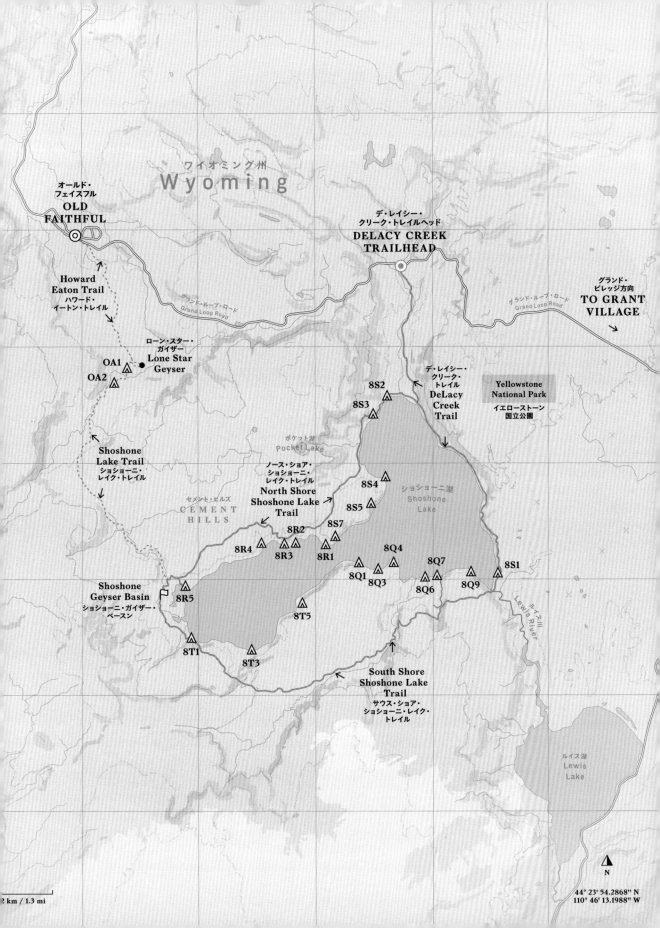

ワイオミング州
Wyoming

オールド・
フェイスフル
OLD
FAITHFUL

デ・レイシー・
クリーク・トレイルヘッド
DELACY CREEK
TRAILHEAD

グランド・
ビレッジ方向
TO GRANT
VILLAGE

Howard
Eaton Trail
ハワード・
イートン・トレイル

グランド・ループ・ロード
Grand Loop Road

グランド・ループ・ロード
Grand Loop Road

ローン・スター・
ガイザー
Lone Star
Geyser

OA1

OA2

デ・レイシー・
クリーク・
トレイル
DeLacy
Creek
Trail

Yellowstone
National Park
イエローストーン
国立公園

8S2

8S3

ポケット湖
Pocket Lake

ショショーニ湖
Shoshone
Lake

Shoshone
Lake Trail
ショショーニ・
レイク・トレイル

ノース・ショア・
ショショーニ・
レイク・トレイル
North Shore
Shoshone Lake
Trail

セメント・ヒルズ
CEMENT
HILLS

8S4

8S5

8S7

8R2

8R4

8R3

8R1

8Q4

8Q1

8Q3

8Q7

8Q6

8Q9

8S1

ルイス川
Lewis River

Shoshone
Geyser Basin
ショショーニ・ガイザー・
ベースン

8R5

8T5

8T1

8T3

South Shore
Shoshone Lake
Trail
サウス・ショア・
ショショーニ・レイク・
トレイル

ルイス湖
Lewis
Lake

N

2 km / 1.3 mi

44° 23' 54.2868" N
110° 46' 13.1988" W

STAR DUNE LOOP
(GREAT SAND DUNES NATIONAL PARK & PRESERVE)

スター・デューン・ループ
（グレート・サンド・デューンズ国立公園・保護区）

砂丘にそそり立つ峰々

Colorado
コロラド州

↑砂丘の峰を歩く。
→サングレ・デ・クリスト山脈の樹木限界線の上を目指す。

トレイルについて

→ 距離　　：約10キロ
→ 所要時間：5時間
→ レベル　：中級

　コロラド州のロッキー山脈は高い頂とまばゆい湖、そしてどこまでも広がる渓谷で有名だ。こうした間に見え隠れしている自然豊かな山々は、アメリカのなかでも桁外れに未開の地域である。デンバー市から車で4時間ほど南下すると、北米でもっとも標高が高くもっともドラマチックな砂丘、グレート・サンド・デューンズ国立公園・保護区(GSDNP)がある。サングレ・デ・クリスト山脈(ロッキー山脈の一部)の麓にあり、サハラ砂漠のような砂丘は雪をかぶった頂と一緒になって、地上でもっとも感動する砂漠と高山が並列する風景を作り上げている。

　砂丘はサン・ルイス・バレーの標高2439〜2743メートルの間にあり、GSDNPのなかで78平方キロを占める。遡ること50万年前、湖の水が引くことで残った堆積物が、主に南西の風によって、周囲のサングレ・デ・クリスト山脈の低いカーブに向かって流れ込んだときに砂丘が形成され、やがて今存在しているような莫大な量の砂の海になった。

　スター・デューン・ループはおよそ10キロの距離で、アメリカでもっともエキゾチックで正真正銘のおもしろいトレッキングのひとつとして挙げられる。5時間にわたるトレッキング中には、東の方角に山頂を雪で覆われた高い山々が断続的に見え

たり、この大陸でもっとも標高の高い砂丘を横断しながら、自分の内に秘めたアラビアのロレンスとチャネリングしたりするだろう。このルートはグレート・サンド・デューンズの駐車場から始まり、すぐにメダーノ川(参考情報参照)を抜けて、砂丘側に沿った雪解け水の水域コースになる。サングレ・デ・クリスト山脈に平均以上の積雪があった年は、雪解け水が波のように地下の砂堆全体に流れることで起きる水文学的自然現象、「サージフロー」に注目したい。暖かい季節には子ども——または気持ちだけはいつまでも子どものような人たち——が浮き輪に乗って波乗りをしている姿を見かけるだろう(一口メモ: トレッキング後に急流下りを楽しむために、浮き輪を持って行くことをおすすめする)。

　一旦メダーノ川を渡ると、駐車場から見えるいちばん高いハイ・デューン(麓から頂上まで198メートル)のよく踏みならされた尾根に沿って、北西にジグザグに進んでいく。これがこの公園でいちばん人気のハイキングの目的地で、往復約2時間程度と距離が短く負担もより少ないコースを求める人向けだ。ハイ・デューンの頂上から、この人気のハイキングコースはゆるやかな起伏のある地域を通り、北米でもっとも高い標高230メートルにあるピラミッド型の砂丘、スター・デューンに向かって西へ続く。やわらかい砂山を登り切ったあとの息切れも少なからず影響するだろうが、頂上からの360度のパノラマは息をのむほどの美しさだ。

　GSDNPのハイキングで注意しておきたいことがいくつかあ

メダーノ川を渡る。

る：1．サングラス、帽子、そしてバンダナも持って行くとよい。強風の際に顔を保護してくれるからだ。2．砂が入っても着脱が簡単な、軽量で通気性のよいランニング・シューズを履くこと。3．朝9時を過ぎると、メダーノ川からハイ・デューンまでの最初の部分は混み合うことがある。このすばらしい自然をほぼひとり占めする確率を高めたいならば、夜明けに出発すること。4．砂丘にはトレイルというものが存在しない。前進する際は尾根のラインに沿って、歩きやすいようにほかの人の足跡をたどること。5．登るときには歩幅を狭め、しっかり呼吸すること。6．高い地点から降りるときには、叫び声や笑い声を高らかに、飛んだり跳ねたりしながら降りること。急な砂丘の斜面を下る際には、感情をさらけ出せる信じられないほどすばらしい自由な感覚がある——年季の入ったハイカーでさえ童心に帰るほどだ！

　スター・デューン・ループは通常は日帰りのハイキングでこなせる。しかし砂丘で時間を費やしてもっとすごい体験をしたいのであれば、トレッキングを2日に延ばして、アメリカでもっともすばらしい砂丘で一晩過ごすとよい。ハイ・デューンからの夕暮れを眺めるには午後遅く出発する。日が傾いたら、キャンプをするのに適した人里離れた場所が見つかるまで、スター・デューンのある西へ進もう。さらにいいのは、雨が降らなければ夜空の下で眠ることだ。キャンプが整ったら、気の向くままにぶらぶら歩くとよいだろう。満天の星を見上げたり、東方の影になったサングレ・デ・クリスト山脈の頂を眺めよう。グレート・サンド・デューンのような場所をひとり占めできるのは、なんとも爽快な気分だ。そしてまもなく、サン・テグジュペリが雄弁に語ったような、振動と輝きがはっきりと現れるだろう。これは母なる地球の鼓動で、あなたにしかその脈動は聞こえない。

↑波打つ砂の海。
↓サングレ・デ・クリスト山脈にある木々に覆われた低地。

「私はいつでも
砂漠が好きだった。
砂丘の上に腰を下ろす。
何も見えない。
何も聞こえない。
しかし何かが輝き、
何かが沈黙の中で
歌っている。」

（出典『新訳　星の王子さま』宝島社刊
アントワーヌ・ド・サン＝テグジュペリ作　倉橋由美子訳）

↑ ブランカ・ピーク（4372メートル）の頂上から北を眺める。
← 大草原のヒマワリ（Helianthus petiolaris）。

43

参考情報

スタート地点／ゴール地点
グレート・サンド・デューンズ駐車場

季節
1年中。冬は氷点下まで気温が下がり、雪が降ることも。夏は雷雨や強風の可能性に注意。

許可
グレート・サンド・デューンズ国立公園・保護区(GSDNP)を訪れるには、入園料が必要。砂丘や園内のその他の場所での宿泊をする場合は、ビジター・センターでバックカントリー用許可証を発行してもらうこと（無料）。

お役立ちヒント

水
メダーノ川を過ぎると、水分補給できる場所はまったくない。サンド・デューン・ループで宿泊する場合は、少なくとも2〜3リットルの水を持って行くこと。

キャンプ
砂丘でのキャンプはこの世のものとは思えないような体験だ。孤立した場所にあるこの公園の夜空は見事だ。テントを張る際には、地面がやわらかくても固定力がある幅広形状の雪／砂丘用のテント・ペグを使用すること。もし天気予報が晴れならば、テントなしで星空の下で寝るのもいいだろう。

動物＆植物

プレーリー・サンフラワー
湿気の多い夏の間、グレート・サンド・デューンズの周辺の緑地帯にはプレーリー・サンフラワー(大草原のヒマワリ)が一面に顔を出す。ゴージャスな花を咲かせるこの植物の一群は、この季節に砂丘でも見かけることができ、不毛地帯に衝撃的なコントラストを生み出している。

カンガルー・ラット
園内の高地そして緑地帯ではビッグホーン・シープやブラックベア、ミュールジカ、ナキウサギ、マーモットを見かけることがある。幸運ならば（距離によっては不幸になる場合も）、クーガーに遭遇することもある。しかし砂丘地帯で唯一生息している哺乳類はオーズ・カンガルー・ラットだけだ。国立公園局によれば、この夜行性動物は「さまざまな草やプレーリー・サンフラワーからタネを集め、乾燥した砂丘の表面の下の湿った砂のなかに隠す。数日でタネは湿気を吸収したのち、一生水を飲まずとも生きられるこの齧歯類動物に少量の水を供給する」。おもしろい事実：オーズ・カンガルー・ラットという名前はその特徴的なジャンプ姿から名付けられた。天敵から身を守るため、空中1.5メートルもジャンプすることができる。ジャンプできないときには、敵とみなしたものの顔を目がけて砂をキックすることが多い。

基礎知識

神聖なブランカ・ピーク
サングレ・デ・クリスト山脈はグレート・サンド・デューンズ国立公園・保護区でもっとも印象的な背景を形成している。見事な山が多々ある連山のなかで、いちばん高く景色も抜群、そしてアクセスもよいのがブランカ・ピーク（4372メートル）だ。コロラド州のサングレ・デ・クリスト山脈の南端に位置し、ナバホ族の人々にとって神聖な4つの山のひとつに数えられる。彼らはそれを

「シスナージニ」(あるいは「ツィスナースジニ」)と呼ぶ。日頃から体を鍛えていて気候への順応性も高いハイカーなら、ビジター・センターから車で30分ほど南下したSH-150沿いにあるレイク・コモ・トレイルヘッドから始まる、頂上までの往復35キロに挑戦できる。

著者の裏話

サングレ・デ・クリスト山脈を行く
2016年9月、私はコロラド州のサングレ・デ・クリスト(「キリストの血」)山脈への8日間にわたる横断旅行の一環として、グレート・デューンズ国立公園を端から端まで歩いた。ルートは北のサリダという町から出発し、南のブランカ・ピーク(4372メートル)の頂上まで行くというものだった。トレッキングはほとんどトレイルから外れたルートで、距離にしておよそ180キロ、総獲得標高は1万2192メートル以上ある。旅の間に遭遇した起伏の多い地形はほとんどが樹木限界線より上だった。そしてサングレ・デ・クリスト山脈のそのナイフのような鋭い輪郭は、雷雨がきたとき、尾根から脱出するのがけっして容易ではないことを意味する。そうは言っても、標高およそ4000メートルの樹木がない山頂をハイキングしているとき、辺り一帯に落雷があった場合はより低い地面を探すことが唯一の安全なオプションだ。*注：雷は通常、その近辺のいちばん高いものや場所に落ちる。*嵐の厚い雲に一面覆われていなければ、サングレ・デ・クリスト山脈の山頂の景色はすばらしい。尖った頂や透明な湖と、山頂の両側には氷河作用によって形成された感動的な渓谷がある。同様にすばらしいのがグレート・サンド・デューンズを抜ける比較的短距離の区間だ。周囲が全長約17キロで、私はなだらかな起伏のある所がすべて好きだが、とりわけ急な砂丘を早足で駆け降りるのが大好きだ！

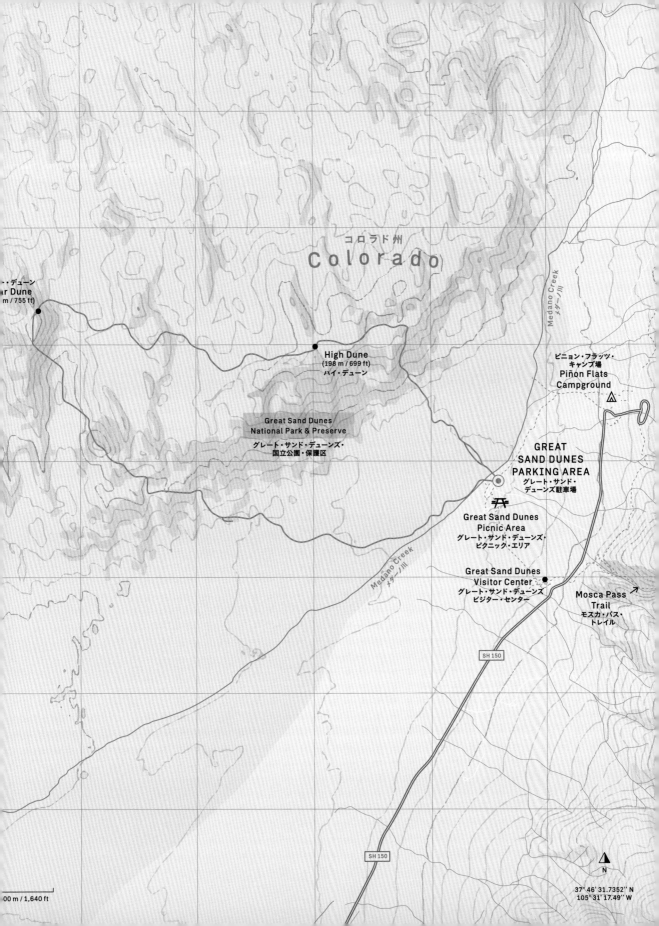

コロラド州
Colorado

・デューン
r Dune
m / 755 ft)

High Dune
(198 m / 699 ft)
ハイ・デューン

Great Sand Dunes
National Park & Preserve
グレート・サンド・デューンズ・
国立公園・保護区

Medano Creek
メダノ川

ピニョン・フラッツ・
キャンプ場
Piñon Flats
Campground

GREAT
SAND DUNES
PARKING AREA
グレート・サンド・
デューンズ駐車場

Great Sand Dunes
Picnic Area
グレート・サンド・デューンズ・
ピクニック・エリア

Great Sand Dunes
Visitor Center
グレート・サンド・デューンズ
ビジター・センター

Mosca Pass
Trail
モスカ・パス・
トレイル

Medano Creek
メダノ川

SH 150

SH 150

N

37° 46' 31.7352'' N
105° 31' 17.49'' W

00 m / 1,640 ft

BEARTOOTH HIGH ROUTE
ベアトゥース・ハイ・ルート

山頂、高原、そして高山の洗礼

Montana
モンタナ州

トレイルについて

→ 距離 ：約106キロ
→ 所要時間：5〜7日
→ レベル ：上級

　モンタナ州のベアトゥース山脈でのトレッキングはアメリカ大陸でもっとも印象的で難易度も高く、めったに人が訪れない場所だ。イエローストーン国立公園からわずか100キロほど北東に位置し、スイス・アルプスとチベット高原を足した中間のような雰囲気で、花崗岩の山頂、氷河作用によって形成された渓谷、そして澄み渡った高山湖（残念ながらアルパイン・ミルク・チョコレートではない）がある。そして「世界の屋根」と呼ばれるチベットの山岳地帯と同様に、ベアトゥース山脈には樹木がなく、強風が吹き、骨まで凍りつくような寒さの高原地帯として知られる。

　ベアトゥース山脈は、モンタナ州とワイオミング州にまたがるアブサローカ＝ベアトゥース自然保護区域（3820平方キロ）を形成する、ふたつの山脈のうちのひとつだ。アブサローカ山脈はベアトゥース山脈と比べて標高が低く森林が多く、花崗岩ではなく主に溶岩と変成岩から成る。この両方の山脈はアメリカ西部でもっとも手付かずの、知る人ぞ知る地域のひとつだ。しかし、もしこの2つの山脈のうちどちらかをハイキング休暇に選ぶとしたら、標高が高くより見晴らしのいいベアトゥース山

脈を素通りするのは難しい。

　ここでのトレッキングの可能性は実質的に無限だ。初心者や中級者にはぴったりの名前の道、ビーテン・パス（踏み固められた道）が最高の選択だろう。距離は42キロで、イースト・ローズバッド・トレイルヘッドからクック・シティ（人口140人）の外れまで、南西方向に進んでいく。予想できるだろうが、ビーテン・パスはきちんと整備されており、人の往来が比較的多いため、トレイルをたどっていくのも容易だ。もっとも大切なのは、このコースは美しい山の景色がたくさんあって、ベアトゥース山脈のほかのコースよりも難易度は高くないかもしれないが、決して妥協の選択ではないということだ。

　ビーテン・パスに勝るコース──実質的にも比喩的にも──に挑戦したいという人にはベアトゥース・ハイ・ルート（BHR）が最適だ。BHRのほとんどはオフ・トレイルの106キロのループで、アメリカ人の長距離ハイカー、スティーブン・シャタックとアンドリュー・ベンツが2016年に開拓した。ロジスティックの観点からみて、出発地と到着地が同じという利点がある。つまり長距離のシャトルバスや当てにならないヒッチハイクで自分の車まで戻るという心配がないのだ。（注：ベアトゥース山脈には公共交通機関がない。）

　美的観点からすると、名前の付いた8つの山頂や33ヵ所の湖、そして樹木限界線より上にある高原など、BHRにはこの山脈の代表的な地学的特徴が凝縮されている。そのほかにも、

ベアトゥース山脈を訪れたら、
少なくとも一度は
ここで泳ぐことをおすすめする。
周囲の山頂と青い空以外には
何もないひっそりとした山の湖に
全身を浸すほど爽快なことは、
人生であまり多くない。

←ベアトゥース・ハイ・ルートを大股で進む。
↑グラナイト・ピーク（3904メートル）から南のスカイ・トッ
　プ湖を見渡す。
←透き通った湖とそそり立つ山頂。

ベア・トゥース（クマの歯）——特徴的な花崗岩の突起からその名が付けられた。

いちばん便利なのは天候がもし悪化したら、ビーテン・パスに迂回して簡単に近道できることだ（全体地図参照）。極端な気象状況で有名なこの地域では、プランB（あるいはプランC）があるのはばかにならない。

BHRはここでも記しているとおり、もっともきついトレッキングだ。しかし脚力と肺活量を鍛え経験も豊富ならば、このルートのすみずみまで続く目のくらむような美しい景色を五感で堪能できるだろう！　このトレッキングのもっともすばらしい特徴のひとつは、グラナイト・ピークへの往復2.4キロの寄り道だ。モンタナ州で標高がいちばん高く、上り道にはクラス3のうように進む急勾配の崖錐がある。そのご褒美は、周囲を取り囲む氷河や歯のように切り立った山の頂、ひっそりとした渓谷、険しい高原、そして想像し得るすべての青の色合いをしたすばらしい湖の数々が、360度を4分割(90度ずつ)で見渡せるパノラマの景色だ。

湖といえば、ベアトゥース山脈を訪れたら、少なくとも一度は泳ぐことをおすすめする。周囲の山頂と青い空以外には何もないひっそりとした山の湖に全身を浸すほど爽快なことは、人生であまり多くない。泳いだあとは、精神的に充電されて肉体的にも生まれ変わっているだろう。これが、母なる自然による高山の洗礼だ！

↑レッド・ロッジとイエローストーン国立公園を結ぶベアトゥース・ハイウェイはアメリカでもっとも景色のよい自動車道のひとつだ。
↓ベアトゥース山脈には1000ヵ所以上の高山湖がある。

↑湖畔でのキャンプ。

参考情報

スタート地点／ゴール地点
イースト・ローズバッド・トレイルヘッド

ベアトゥース・ハイ・ルートにはほかにも3つのスタート/ゴール地点のオプションがあるが、唯一、長距離ハイキングを伴わないものはシルバー・ラン高原の近くのキャンプ・セニア・トレイルヘッドだ。

最高地点／最低地点
グラナイト・ピーク
（3904メートル）
イースト・ローズバッド・トレイルヘッド
（1914メートル）

季節
7月中旬〜9月中旬。

許可
ベアトゥース山脈でのトレッキングに許可は不要。

お役立ちヒント

ディナーのためのフィッシング
軽量で折りたたみ式の釣り竿をハイキングに持参することを考えているなら、ベアトゥース・ハイ・ルートがおすすめだ。アプサローカ＝ベアトゥース自然保護区域の水晶のように透き通った湖は、マスの釣り場としてロッキー山脈では有名だ。ニジマス、カワマス、ノドキリマス、ゴールデンなど種類が豊富。釣りの許可証は出発前にレッド・ロッジかクックシティで入手可能。

ハイキング後のご馳走
イースト・ローズバッド・トレイルヘッドに一番近い町はレッド・ロッジだ。トレッキングを終えたら、レッド・ロッジ・ピザでの手頃

な値段のお祝いの食事がおすすめだ。オーガニックのハンバーガー、充実したサラダバー、そしてもちろんおいしいピザがある。生ビールやグラスワインも楽しめる。

動物＆植物

ベアトゥース山脈ではムースやミュールジカ、エルク、グリズリーベアを見かけることがある。尾根や高原などの高い場所ではナキウサギも探してみるとよい。運がよければオオツノヒツジやシロイワヤギを目撃できるかもしれない。

基礎知識

ベアトゥース山脈の名前の由来
ベアトゥース山（3766メートル）の東の尾根のなかで、もっとも高く尖った山頂にちなんで名付けられた。この地域にもともと住んでいるクロウ族がNa Pet Say（クマの歯）と呼んでいたためだ。

ベアトゥース・ハイウェイ、
典型的なアメリカの道路
1937年の開通以来、ベアトゥース・ハイウェイはアメリカでもっとも景色のよい自動車道のひとつに数えられている。モンタナ州のレッド・ロッジから北東にワイオミング州のイエローストーン国立公園の入り口まで109キロ伸び、アプサローカ＝ベア

トゥース山脈の息をのむような景色が訪れる人を迎えてくれる。そしてモンタナ州では3155メートル、ワイオミング州では3337メートルという、北ロッキー山脈のハイウェイでもっとも標高が高い地点にも到達できる。高い山頂で積雪も多いため、このハイウェイは通常5月中旬から10月中旬の天候のよいときしか開通していない。一口メモ：ベアトゥース・ハイウェイでは見事なパノラマの景色と、小規模だが充実した博物館があるクレイ・バット・ルックアウト・タワーへ少し寄り道するとよい。そこは再建された火の見やぐらで展望台もある。

著者の裏話

嵐を乗り越える
私は2016年のベアトゥース山脈トレッキングの4日目をエアロ湖の北東数百メートルの地点で終えた。標高は3100メートルよりやや高い程度で、ハイキングの最後の1時間は小雨からひっきりなしの霧雨になった。これは、そのあとにやってくる悪天候のほんの序章に過ぎなかった。私がタープを張り終えたまさにその直後、風が強くなり始め、天が裂けた。それから数時間はあらゆる気象現象（雷、稲妻、強風、豪雨）が周囲で荒れ狂っていたが、私は温かく乾いた寝袋のなかにいた。平和だった。冷たいフリーズドライのビーンズとコーンチップスの簡素な夕食を食べたあとは、低くピンと張られたキューベン・ファイバー素材のタープの天井に当たる強い雨足の騒がしい音を聞きながらぐっすりと眠った。
翌朝目覚めると、空は晴れ渡りおだやかな風がそよいでいた。何年もトレッキングをしてきたが、あれほどの大嵐があった翌朝に目覚めて、私のどのギアも濡れておらず、シェルターもちゃんと持ちこたえてくれたのを確認したときの快感は未だに鮮明だ。私は安全で無傷だった。小さなことだが、着実にやり抜くこととどんなことも当たり前に思わないことの意味深さを、再確認させられた。

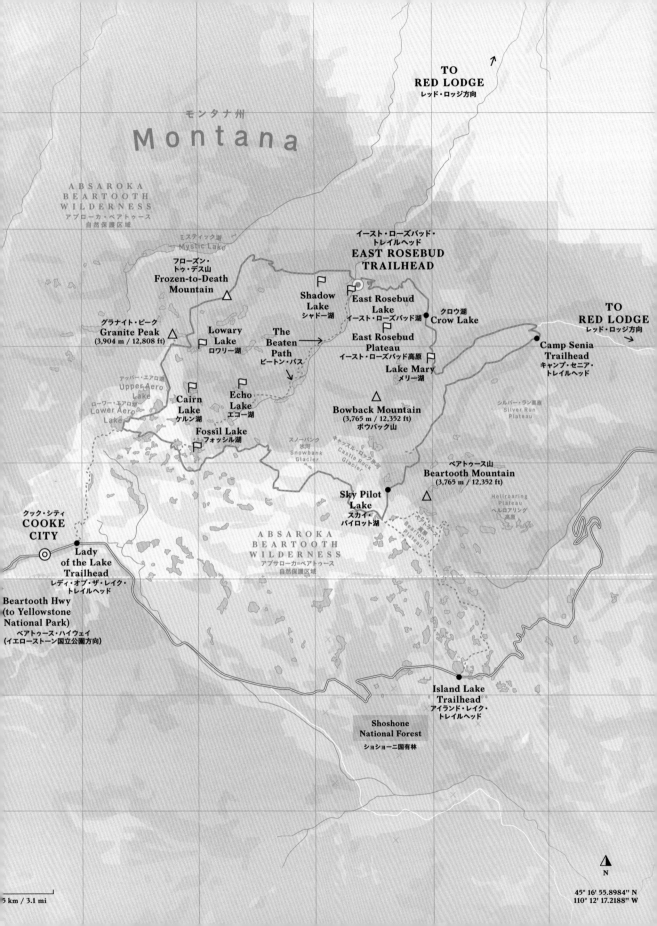

TO
RED LODGE
レッド・ロッジ方向

モンタナ州
Montana

ABSAROKA
BEARTOOTH
WILDERNESS
アブローカ・ベアトゥース
自然保護区域

ミスティック湖
Mystic Lake

フローズン・
トゥ・デス山
Frozen-to-Death
Mountain

イースト・ローズバッド・
トレイルヘッド
EAST ROSEBUD
TRAILHEAD

Shadow
Lake
シャドー湖

East Rosebud
Lake
イースト・ローズバッド湖

クロウ湖
Crow Lake

TO
RED LODGE
レッド・ロッジ方向

グラナイト・ピーク
Granite Peak
(3,904 m / 12,808 ft)

Lowary
Lake
ロワリー湖

The
Beaten
Path
ビートン・パス

East Rosebud
Plateau
イースト・ローズバッド高原

Lake Mary
メリー湖

Camp Senia
Trailhead
キャンプ・セニア・
トレイルヘッド

アッパー・エアロ湖
Upper Aero
Lake

Cairn
Lake
ケルン湖

Echo
Lake
エコー湖

シルバー・ラン高原
Silver Run
Plateau

ローワー・エアロ湖
Lower Aero
Lake

Bowback Mountain
(3,765 m / 12,352 ft)
ボウバック山

Fossil Lake
フォッシル湖

スノーバンク
氷河
Snowbank
Glacier

キャッスル・ロック氷河
Castle Rock
Glacier

ベアトゥース山
Beartooth Mountain
(3,765 m / 12,352 ft)

Hellroaring
Plateau
ヘルロアリング
高原

クック・シティ
COOKE
CITY

Sky Pilot
Lake
スカイ・
パイロット湖

ビアトゥース高原
Beartooth
Plateau

Lady
of the Lake
Trailhead
レディ・オブ・ザ・レイク・
トレイルヘッド

ABSAROKA
BEARTOOTH
WILDERNESS
アブサローカ=ベアトゥース
自然保護区域

Beartooth Hwy
(to Yellowstone
National Park)
ベアトゥース・ハイウェイ
(イエローストーン国立公園方向)

Island Lake
Trailhead
アイランド・レイク・
トレイルヘッド

Shoshone
National Forest
ショショーニ国有林

N

5 km / 3.1 mi

45° 16' 55.8984'' N
110° 12' 17.2188'' W

MIDWEST

中西部

東西の代表的な山脈がもてはやされるあまり、たびたび見過ごされてきたアメリカの中部地域には、
スペリオル湖畔の空想的なバッドランズや、バックパッカーが
秘密にしておきたい場所のひとつである内陸高原など、変化に富んだハイキングのオプションがある。

SUPERIOR HIKING TRAIL
スペリオル・ハイキング・トレイル

天空と
水中の間で

Minnesota
ミネソタ州

高い場所には
日の出か日の入りの時間帯に
到着するよう、ハイキングの
時間配分を心がけるとよい。
昇ったり沈んだりする太陽が、
透明度で有名な
スペリオル湖の水と一体となって
溶け合い、天体と水上の
荘厳な融合が生み出される。

↑ 木が生い茂る湖畔に波が打ちつける嵐のスペリオル湖。
→ ルート地図を確認する。
↗ 急流の上にかかる橋。

トレイルについて

→ 距離　　：499キロ
→ 所要時間：17〜20日
→ レベル　：中級

　ミネソタ州のスペリオル・ハイキング・トレイルはその名の通り、ロケーションも目的もレベルも上級だ。スペリオル湖の北側湖畔の上の稜線をたどるルートは徒歩でしか行けない道で、勢いよく流れ落ちる滝や険しい崖、おだやかな池と轟音を立てる川など、驚くべき景色の数々が揃っている。おそらくロッキー山脈とアパラチア山脈の間でもっともすばらしい長距離トレイルであり、499キロのコースを通じて、規則正しく右に左に、深い渓谷と眺めのよい高所の間で、そのルート名と同名のスペリオル湖が見え隠れする。

　スペリオル・ハイキング・トレイルがアメリカのほかの長距離トレイルと一線を画す要因のひとつがその利用しやすさだ。すべての年齢や体力レベル、経験値の人でも利用でき、まさに「人々のためのトレイル」なのだ。樹皮に青い道案内の目印が付いていて、キャンプサイトのオプションもたくさんある（合計93ヵ所）。そして登山口が無数にあるおかげで、日帰りハイキングの人や長い週末をかけるハイカー、また一度に数週間かけて踏破するスルー・ハイカーも同じように楽しめる。

　スペリオル・ハイキング・トレイルは南端のジェイ・クック州立公園から北端のカナダとの国境の270ディグリー・オーバールックまで延びている。トレイルはどちらの方向にも歩けるようになっていて、通常全コースを踏破するには2〜3週間かかる。9月中旬から10月下旬にかけてスペリオル湖の北湖畔上空は、夏の間に生息していた北極圏付近の繁殖地から、冬に向けて南米の温暖な場所へ南下する数千ものワシやタカ、ミサゴ、ハヤブサ、チョウゲンボウが飛来する。

　毎年恒例のこの大移動の時期、多くの猛禽類はスペリオル湖北岸沿いの稜線に引き寄せられ、この場所の上昇気流のおかげでより少ない羽ばたきで飛行力を得ている。これは数千キロの旅にとっては些細なことではない――できるだけエネルギーを溜めておくことは非常に大切なのだ（これは長距離ハイキングとまったく同じ！）。

　スペリオル湖北岸沿いの尾根は、鳥たちにとって理想的な場所であるだけでなく、湖の広大で無限の美しさに浸るための展望スポットでもある。淡水湖としては世界最大面積の（8万2100平方キロ）のスペリオル湖は、チェコ共和国より大き

遠方にビーン湖があるベア湖を見下ろす。

↑ ソウミル・クリークの桟橋を渡る。
← トレイルは標高の高い展望スポットと印象的な
　河谷の間をゆるやかに起伏している場所が多い。

く、サウスカロライナ州とほぼ同じ広さだ。可能であれば、高い場所には日の出か日の入りの時間帯に到着するよう、ハイキングの時間配分を心がけるとよい。昇ったり沈んだりする太陽が、透明度で有名なスペリオル湖の水と一体となって溶け合い、天体と水上の荘厳な融合が生み出される。

こうした眺めのよい展望スポットの合間には、絵画のように美しい川や小川の渓谷が一定の間隔で現れる。そこではさまざまな野生生物を頻繁に見かけるチャンスがある（参考情報参照）。総獲得標高は1万1278メートル以上あるにもかかわらず、長い上り坂や下り坂の小道はない。その代わり、短くて急な斜面や坂の数々が、これでもかというくらいに続く。その名前に反して、スペリオル・ハイキング・トレイルがスペリオル湖畔を通る時間は、実はほとんどない。北岸の大部分の地域は私有地なので、トレイルが湖畔と隣接しているのはミネソタ州グランド・マレーの北のわずかな部分しかない。

スペリオル・ハイキング・トレイルはアメリカ中西部の長距離トレイルの至宝だ——それは499キロにおよぶミネソタ州の自然とその驚異に浸るための、母なる自然からの招待だ。トレイルの並外れた利便性と行き届いた整備のおかげで、身体の鍛え具合や経験値、あるいは費やせる時間の長さに関係なく、あなたの来訪は歓迎されることだろう。

↑ 雨に唄えば。
↓ 世界最大面積（8万2100平方キロ）のスペリオル湖を東方に望む。

参考情報

スタート地点／ゴール地点
東側登山口　ジェイ・クック州立公園
北側登山口　270ディグリー・オーバールック（オッター・レイク・トレイルヘッドの北1.9キロ）

最低地点/最高地点
ローズブッシュ・リッジ（557メートル）
スペリオル湖（183メートル）

季節
5〜10月

宿泊
オン・トレイル
2019年現在、トレイル沿いに93ヵ所のキャンプグランドがある。こっそり忍び込んだり野宿をすることは、スペリオル・ハイキング・トレイルでは禁じられている。

市街地
温かいシャワーと快適なベッドがお望みであれば、ミネソタ州のフィンランドとグランド・マレーの町の宿泊施設が最適。

お役立ちヒント

レイクショア・トレイル
短距離のオプションを探しているハイカーには、68キロのレイクショア・トレイルがおすすめ。スペリオル湖の南岸、ミシガン州に位置し、レイクショア・トレイルはミシガン州のミューニシングとグランド・マレーの間を結ぶ見事なルートで、灯台や砂丘、難破船、ビーチ、そしてもちろんすばらしい眺めのスペリオル湖などが見られる。

動物＆植物

スペリオル・ハイキング・トレイルの野生生物といえば、ムース、ワシ、ブラックベア、ライチョウ、シカがいる。そして、もし幸運なら——距離によっては不運なら——オオカミを見かけるかもしれない。ビーバーが築いたダムがトレイルのあちこちにある。これはスペリオル・ハイキング・トレイルの水が澄んでいることの証しだ。

基礎知識

ボブ・ディランの生地
このトレイルの南の終点は人口9万人以上のミネソタ州ダルース市から数マイル南下した場所にある。ダルースは同州で4番目に大きい町で、近くのミシガン州スペリオル市と並び、スペリオル湖最大の港である。多くの筋金入りの音楽ファンの間でダルースが有名な理由は、フォークシンガーの伝説的人物でありノーベル文学賞受賞者でもあるロバート・ジマーマン（別名ボブ・ディラン）の生地であるからだ。ハイキングの途中でノース・サード・アベニューにあるディランの生地を訪れることもできる。わかりにくい2階建ての集合住宅で、ここがその場所だと目立つサインなどはない。その家の前の歩道に「In Bob We Trust（我々はボブを信じる）」と刻まれた小さなプレートが埋め込まれているだけだ。

ボーナス情報

オールド・ログ・シアター
もしミネソタ州に飛行機で発着するなら、州都セントポールと「ツインシティ」の通称を共有するミネアポリスを利用する可能性が高いだろう。時間があれば、継続的にプロの公演を行っている、アメリカでもっとも古い劇場、オールド・ログ・シアターのショーを見に行くことをおすすめする。創業は1940年で、建築家ハーブ・ブルームバーグが1965年に改修を手がけた。中西部の象徴的な納屋のデザインからアイデアを得て、ブルームバーグは655人の観客を収容する建物に拡張した。48年後、ミネソタ州の主要IT企業のオーナーでシアター好きのグレッグとマリッサ・フランケンフィールドが、この由緒ある名所を手に入れた。約80年前の開業以来、オールド・ログ・シアターは600万人の観客を迎え入れたと推定されている。

トランス・スペリオル・ヨットレース
1969年以来、奇数年の8月にはスペリオル湖はトランス・スペリオル・ヨットレースの会場になる。この大会はともにミシガン州ホワイトパイン出身のジョン・ピアポイントとジャック・ソートビアーが、長年の友人であるふたりの間の挑戦として始めたものだ。
コースは距離にして326海里（603キロに相当）で、ミシガン州スー・セント・マリー近くのグロス・キャップ・ライトとミネソタ州ダルース・シップ運河の間を結ぶ。淡水でのセールボート競技会では世界最長として知られ、競争者たちは頻繁に吹く強風と、3メートルを超える高波のコンディションにしっかりと対処することが求められる。

CANADA カナダ

270ディグリー・
オーバールック
**270 DEGREE
OVERLOOK**

ピンカッション山
**Pincushion
Mountain**

ローズブッシュ・リッジ
Rosebush Ridge
(557 m / 1,827 ft)

カスケード・リバー
州立公園
**Cascade River
State Park**

**Judge C.R. Magney
State Park**
ジャッジC.R.
マグニー州立公園

オバーグ山
**Oberg
Mountain**

●**Grand
Marais**
グランド・マレー

Lake Superior スペリオル湖

Finland
フィンランド

**Crosby Manitou
State Park**
クロスビー・マニトゥー
州立公園

Minnesota
ミネソタ州

グースベリー・フォールズ
州立公園
**Gooseberry Falls
State Park**

Silver Bay
シルバー・ベイ

**Split Rock
Lighthouse
State Park**
スプリット・ロック・
ライトハウス州立公園

U.S. Hwy 53

Two Harbors
トゥー・ハーバーズ

◎**DULUTH**
ダルース

**JAY COOKE
STATE PARK**
ジェイ・クック
州立公園

Wisconsin
ウィスコンシン州

35

**TO
NNEAPOLIS**
ミネアポリス方向

U.S. Hwy 53

オー・クレア方向
**TO
EAU CLAIRE**

0 km / 25 mi

N

46° 38' 29.5836" N
92° 20' 50.1432" W

SAGE CREEK LOOP (BADLANDS NATIONAL PARK)
セージ・クリーク・ループ（バッドランズ国立公園）

風と水と時間の
傑作

South Dakota
サウスダコタ州

トレイルについて

→ 距離　　　：36キロ
→ 所要時間　：2〜3日
→ レベル　　：中級

　バッドランズ国立公園は北米でもっとも現実離れしたユニークな風景が集まっている場所のひとつだ。サウス・ダコタ州南西部の平原に位置し、その異彩を放つ地形と存在の価値は、岩壁のザ・ウォールや広大で切り立った崖、迷路のような峡谷、そして幻想的な岩石層にあり、東西に約100キロ延びている。それは長い間、見る人に恐怖のみならず、畏敬の念を抱かせてきた場所だ。この地の先住民、オグララ・ラコタ族の人々はこの荒涼とした土地を「land bad(悪い場所)」という意味のマコシカ(mako sica)と呼んでいた。数世紀後にフランス系カナダ人の毛皮商人たちがやってくると、彼らもやはり同じように「les

mauvaises trres à traverser(通過するのに厄介な場所)」と呼んだ。

　その好ましくない呼び名からもわかるように、ここはバックパッカーのメッカというわけではない。交通の便が悪く、飲料水やトレイルのインフラも不足している。日陰はほぼ皆無で、夏は常に摂氏40度を超え、多くの人がエアコンの効いた車で回っているのにも合点が行くだろう。実際、バッドランズの訪問は、園内の景色のよいループ状の道沿いの展望台から写真を数枚撮ったあと、ビジター・センター近くの短距離できれいに整備された道を30分か1時間程度歩くのが定番だ。

　しかしながら(ここで「しかしながら」と続くのはあなたもわかっていただろうけれども)、バッドランズは踏み固められていない場所でのアドベンチャーを探している経験豊かなハイカーたちには、地質学や動物、植物、そして人里離れた場所という点で、型破りな取り合わせを提供している。裏道を探検す

サウス・ダコタ州南西部の
平原に位置し、その異彩を放つ
地形と存在の価値は、
岩壁のザ・ウォールや
広大で切り立った崖、
迷路のような峡谷、
そして幻想的な岩石層にある。

← フランス系カナダ人の毛皮商人たちはバッドランズを一目見て、「les mau-
vaises trres à traverser(通過するのに厄介な場所)」と呼んだ。
↓ 梯子を登るノッチ・トレイルはバッドランズ国立公園でいちばん人気がある
日帰りハイキング・コース。

るのに特別な許可や予約は不要だが、道がないことを考慮す
ると、バッドランズで数日間の旅を計画している人は、地図とコ
ンパス、そしてGPSの使い方に慣れておくべきだ。散策路がた
くさんあるなかで、この公園内の有名な要素をすべて網羅して
いる最高のオプションは、セージ・クリーク・ループ(SCL)だ。
　コナタ・ピクニック・エリアで始まり終わるSCLは全長36キロ
で、2～3日で踏破可能だ。計画時の最重要事項は水の件だ。
つまり、大量の水を持参しなくてはならない――少なくとも1
日分4リットル。ルート沿いには水分補給ができる場所はない
(参考情報参照)。このコースでは尖った頂やビュート(訳注:
山頂は平らで周りは絶壁の孤立岩丘)、崖、ギザギザした尾根
や尖峰など、バッドランズの珍しい地形の間を曲がりくねりな
がら進み、広く開けた草原と蛇行した侵食のなかをループは
横断していく。SCLのハイライトのうちもっとも印象深い2つ
の区間は、ディア・ヘイブンとセージ・クリーク・ベースンだ。

バッドランズの地層の色は7500万年の地球の歴史を物語っている。

↑ セージ・クリーク自然保護地区を歩き回るバイソン。

　ディア・ヘイブンは出発地点から反時計回りに進んで2時間以下の所にある、手軽なウォーキング・コースだ。信じられないような岩石の層に囲まれている、隆起したジュニパーの木の緑地帯は、広大な砂漠の色合いのなかに浮かぶ若緑の島のようだ。そのすばらしい領域はこの公園の野生生物を引き寄せるだけでなく（バッドランズの数少ない緑地帯のひとつ）、トレッキングのスタート時間が遅かった人たちのための最高のキャンプ場候補でもある。岩壁のザ・ウォールを背景に、目の前には広々とした平原が続き、ディア・ヘイブンから見る日没は最高だ。

　緑地帯をあとにすると、このルートの最高峰地点――見晴らしのよい標高884メートルにある細い尾根――への急な斜面を上る。そこから迷路のような湿地帯を下っていくと、セージ・クリーク・ベースンに到着する。ここは北米でもっとも大きい陸生動物、バイソンを見かける可能性が高い区域だ。1963年に50頭の小さな群れがバッドランズ国立公園に再移入され、2019年には1200頭以上――連邦政府が管理しているバイソンの群れとしては国内最大規模のひとつ――にまで増えた。広大な平原を歩き回るバイソンの群れを見るのは、驚きの体験である。しかし彼らが野生動物であることを忘れてならない。成長したオスは最高900キロの巨体にもかかわらず、最高時速65キロの速さで走れるのだ。常時少なくとも90メートルは離れるようにして、バッドランズの多くの場所をバイソンが行き来するトレイル沿いやその周辺ではキャンプをしないよう注意すべきだ。テントに入ったままバイソンに踏み倒される以上に、旅がめちゃくちゃになることはない。

　まさにこの状況を望んでやってくる人たちにとって、バッドランズはその名に反して、厄介な場所ではなく、むしろ人を魅了する場所だ。この世のものとは思えないような異質の景色だが、実のところ、ここの地層の色は7500万年の地球の歴史を物語っている。その岩壁の宝庫のなかを歩きながら、風雨による侵食の威力が長い時間をかけて作り出すものを目にしたとき、畏怖の念を抱かずにはいられない。

参考情報

スタート地点／ゴール地点
コナタ・ピクニック・エリア・トレイルヘッド

最高地点／最低地点
ディア・ヘイブンの上の尾根
884メートル
コナタ・ピクニック・エリア・トレイルヘッド
791メートル

季節
4～6月と9月中旬～11月。気温が摂氏40度を超えることも頻繁にあるので、夏のピーク時はおすすめしない。

許可
バッドランズ国立公園を訪れる人は全員入園料を支払わなければならないが、バッドランズでのキャンプやバックパッキングに許可は不要。コナタ・ピクニック・エリア・トレイルヘッドに旅程の詳細を残しておけるバックカントリー登録所がある。

お役立ちヒント

バッドランズの脱水症対策
セージ・クリーク・ループで信頼できる飲料用の水源はない。したがって、トレッキングをスタートした時点から必要な水はすべて持って行かなければならない。少なくとも1日につき4リットルの水を持参し、少量ずつ定期的に飲むことを推奨する。可能であれば、日中は日陰で休むのがいいだろう。そのほかの脱水症状対策は以下のとおり：

1. 早朝と午後遅い時間帯にできるだけハイキングをすること。
2. 旅の間は冷たい食べものを摂ること。そうすれば調理用に余分な水を持っていく必要がない。
3. 通常推奨されている3日よりも、2日でハイキングを終了させる計画を立てること。そうすれば、さほど水を持って行かなくてもよいからだ。距離は経験を積んだバックパッカーにとっては最適ではないが、早朝に起きて涼しさを利用して歩けば、短い時間枠でも能力範囲に収まる。

動物＆植物

ビッグホーン・シープの復活
ビッグホーン・シープはバッドランズの代表的な野生動物の一種だ。このすばらしい動物はこの地方原産だが、乱獲のせいで1916年には絶滅の危機にあった。約50年後の1964年、国立公園局はコロラド州から22頭のロッキー・マウンテン・ビッグホーン(Ovis canadensis)を再導入した。近年の推測では、現在100頭以上は生息しているようで、再び自然生息地に復活の兆しがみえてきた。おもしろい事実：この動物は滅多に見かけないほど巨大なカールした角に由来して名付けられ、14キロ程度の重さになる。オスのビッグホーン・シープはラムと呼ばれ、角の大きさが群れのなかでの格付けの象徴である。メスはユーと呼ばれ、角はオスより小さく、カールは半周を超えることがない。

基礎知識

昔の住民たち
バッドランズ国立公園は漸新世（3390万～2300万年前）の哺乳類の化石が多く発掘される場所として世界的にも有名だ。長年バッドランズで行われてきた化石調査は、脊椎動物の古生物学に多大な貢献をしている。この地域で発掘された骨格にはパラケラテリウムやミオヒプス、そして海洋爬虫類（バッドランズは7500万年前に浅い内海として始まった）がある。この地域の自然史に触れるいい方法は、フォッシル・イグジビット・トレイルを散策することだ。わずか400メートルの歩道は観光案内所の近くにあり、陳列ケースに化石のレプリカが展示されている。

著者の裏話

「バッドランズだぜ、ベイビー」
2016年9月、私は145キロにおよぶバッドランズ国立公園の全距離横断を果たした。なによりも大変だったのは道中、飲料水の補給ができなかったことだ。乾き切った土地の状況を考慮して、12リットルの水を持って旅を始めた——これで公園の西のはずれの小さなゴーストタウン、シーニックまでは持つはずだ。そこへ行けば、トレッキングの第2段階と最終段階のための水が確保できることはわかっていた。

ベン・レイフェル・ビジター・センターを出発して25分も経たないうちに、私は近道をするためバッドランズ・ループ・ロードを離れようとした。すると、黄色と白のツートンカラーのバンが私の隣にやってきて停まった。乗っていたのはボヘミアン風のカップルで、年齢は60代前半から半ばに見えた。

助手席の女性が、車で送ろうかと私に尋ねてくれたが、「結構です」と断った。すると彼女は、どこまでいくのかと聞いてきたので、公園の端から端までハイキングする旅の計画を、大まかに説明した。彼女は心底、私の安否を気遣ってくれているようだった。私は万事心得ているから大丈夫だと彼女を納得させようとした。すると、口数の少ない夫が急に話し始めて、まじめくさった声でこう言った。「ここはバッドランズだぜ、ベイビー、一筋縄じゃいかないぜ」。

私たち3人はみな笑い出した。この思い出に残る台詞のあと、さよならと言って私は再び旅を続けた。それから5日間、その台詞が私の頭から離れなかった。困難なことに遭遇するたびに「ここはバッドランズだぜ、ベイビー……」と口ずさみ、そして笑った。このルートを踏破してから3年近く経つが、今でもこのシンプルな台詞は逆境に陥ったときの私の呪文になっている。困難な問題に直面したとき、私を笑わせ明るい気分にしてくれる確実な方法なのだ。

穴場情報

天文学的には、1年のなかで夏がバッドランズで星を観測するのに最適の時期だ。光害は最小限しかないので、訪れた人は空を見上げれば、惑星や星座を眺められる。バッドランズでは一晩に7500もの星が見られると推定され、天の川の太い筋のなかとその周辺に見られる。

戦没者追悼記念日（メモリアル・デー、5月の最終月曜日）の週末から労働者の日（レイバー・デー、9月の第1月曜日）の週末まで毎晩、公園管理者たちはシーダー・パス・キャンプ・グランド円形劇場で夜空観測を企画し、訪れた人は最先端の望遠鏡を覗くことができる。さらに、毎年7月上旬には公園とNASAサウス・ダコタ・スペース・グラント・コンソーシアムの共催で、バッドランズ天文フェスティバルも開催される。その3日間のイベントには宇宙科学の専門家や教育者、アマチュア天文家、そして一般客が一同に会し、専門家のプレゼンテーションやプラネタリウム・ショー、機材のデモンストレーションなどが行われる。

最高のパフォーマンスのために：おすすめ用品

つば広の帽子；日焼け止め；6〜8リットル用の水筒；サングラス；トレイル・ランニング・シューズ；軽量で通気性のよい長袖シャツ；ハイキング用ズボン；地形図；方位磁針；ゲートル（砂が靴に入るのを防ぐため）；そして、野生動物観察のための小さな望遠鏡。

バッドランズのトレッキングにもうひとつ持って行くと便利なのが軽量の傘だ。長距離バックパッキングの世界では、乾燥地帯を横断するときに涼しい日陰を作り出してくれる傘が近年人気が出ている。実際、パシフィック・クレスト・トレイルとコンチネンタル・ディバイド・トレイルでは、カリフォルニア州とニューメキシコ州の砂漠地帯を横断するときに傘を使用するスルー・ハイカーたちが、年々増加している。

長い歴史

ラコタ族の人々にとってバッドランズは神聖な場所だ。公園のサウス・ユニット（南地区）はパイン・リッジ・インディアン居留地で、国立公園局によって管理されてる。あまり訪れる人がいないこの地域を散策していると、祈祷用の杖のような、先住民の祈りの儀式の痕跡を見かけることがあるかもしれない——これは削り出された木にビーズや種子、羽毛またはレザーなどの装飾が施されたものだ。ほかにも宗教上のオブジェには、低木に布や糸をくくり付けたものや、包みを枝に固定したものなど、よりシンプルな見た目のものもある。こうした神聖なアイテムはそういうものとして尊重し、いたずらしたり取り去ったりするべきではない。

またサウス・ユニットには、とりわけラコタ族の文化にとって特別な場所、ストロングホールド・テーブルがある。ストロングホールド・テーブルは19世紀に行われた最後のゴースト・ダンスの場所だったと考えられている。これは死者を呼び戻す礼拝の儀式で、バッファローの群れを集め、先住民の土地から植民地開拓者たちを追放するために偉大な自然の力を求めるダンスだった。現在もラコタ族の若い男性たちは、断食や祈りを捧げるためにストロングホールド・テーブルと近隣のシープ・マウンテンを巡礼に訪れ、部族の過去とつながるだけでなく、彼らの未来も予見できるよう願う。

サウス・ユニットでの体験に興味がある人は、出発前にホワイト・リバー・ビジター・センターを訪れるといい。これは自身の安全のため（インフラ設備というものがほとんどない）だけでなく、オグララ・スー族（ラコタ族の分家）の私有地に無断侵入することがないようにするためでもある。

出入り

バッドランズ国立公園は最寄りの主要空港が車で約6時間離れたデンバー国際空港ということから、どれだけ辺鄙な場所かは察しがつく。より小さい地方空港はラピッド・シティ地域空港で、ここならピナクルズの入口からわずか1時間の場所にある。こちらのほうが便利だがフライト数は少なく、同距離のフライトはデンバーより概して料金が高いことを念頭に入れておくこと。

バッドランズへの旅の前後に、この公園にある巨大な絶壁にちなんで命名された、ウォールという近隣の町に立ち寄ることをおすすめする。この町は1930年代に小さな薬局として創業したウォール・ドラッグストアでもっともその名が知られている。年月が経つにつれ、ここは西部をテーマにした観光スポットへと変貌を遂げ、毎年200万人以上の観光客がそのスイングドアを出入りする。今ではアメリカでもっとも有名な立ち寄りスポットのひとつに挙げられる。おもしろい事実：ウォール・ドラッグは冷たい水を無料配布することで有名になった。夏の暑い間は、1日最高2万杯の水が観光客に配られるという——それは干上がった乾燥地帯においては、些細なことではない。

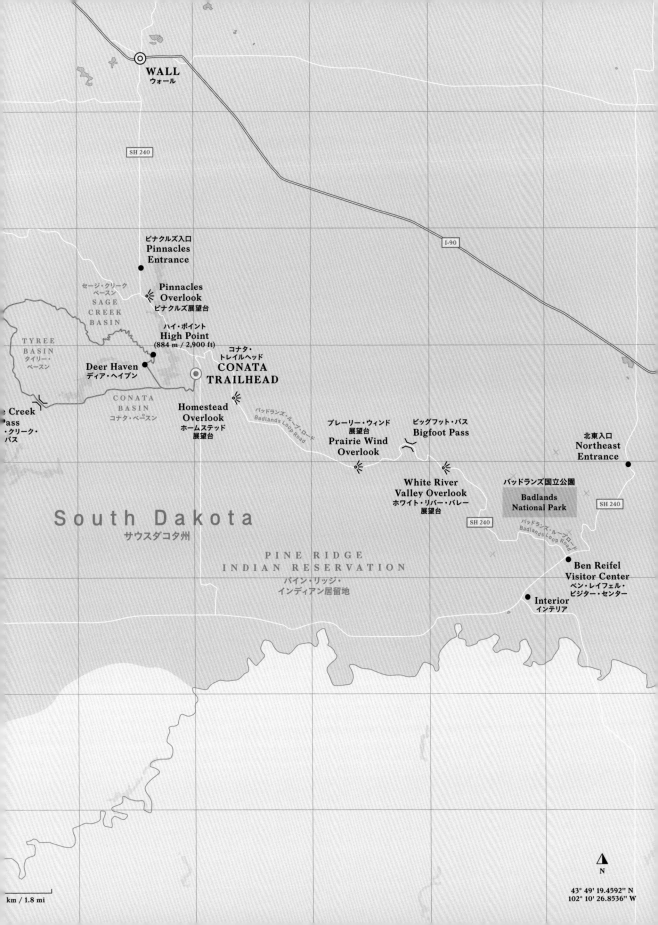

WALL
ウォール

SH 240

I-90

ピナクルズ入口
**Pinnacles
Entrance**

セージ・クリーク・
ベースン
**SAGE
CREEK
BASIN**

**Pinnacles
Overlook**
ピナクルズ展望台

ハイ・ポイント
High Point
(884 m / 2,900 ft)

コナタ・
トレイルヘッド
**CONATA
TRAILHEAD**

**TYREE
BASIN**
タイリー・
ベースン

Deer Haven
ディア・ヘイブン

**CONATA
BASIN**
コナタ・ベースン

e Creek
ass
・クリーク・
バス

**Homestead
Overlook**
ホームステッド
展望台

バッドランズ・ループ・ロード
Badlands Loop Road

プレーリー・ウィンド
展望台
**Prairie Wind
Overlook**

ビッグフット・バス
Bigfoot Pass

北東入口
**Northeast
Entrance**

**White River
Valley Overlook**
ホワイト・リバー・バレー
展望台

バッドランズ国立公園
**Badlands
National Park**

SH 240

SH 240

South Dakota
サウスダコタ州

PINE RIDGE
INDIAN RESERVATION
パイン・リッジ・
インディアン居留地

バッドランズ・ループ・ロード
Badlands Loop Road

**Ben Reifel
Visitor Center**
ベン・レイフェル・
ビジター・センター

Interior インテリア

N

km / 1.8 mi

43° 49' 19.4592" N
102° 10' 26.8536" W

OUACHITA TRAIL
ウォシタ・トレイル

アメリカの心の故郷に響く
静寂の音

Arkansas and Oklahoma
アーカンソー州、オクラホマ州

ウォシタ・トレイルの魅力は
壮観な景色にあるとは
あまりいえない。それよりも、
人里離れた場所と
ゆるやかな丘陵地帯、そして
豊富な種類の動植物との
絶妙な取り合わせに
よさがある。

↑ ウォシタ湖の岸辺からの早朝の眺め。
↗ ピナクル山からウォシタ湖を望む。
→ ウォシタ・トレイルの359キロにおよぶ全行程に四
　角い青い道標がついている。

トレイルについて

→ 距離　　：359キロ
→ 所要時間：11〜14日
→ レベル　：中級

　ロッキー山脈とアパラチア山脈の間には、アメリカの山好き
ハイカーたち向けのトレイルはあまりない。この地理的宿命の
最たる例外は、アメリカの内陸高原地帯を形成するウォシタ山
脈とオザーク高原だ。高原地帯の最高峰であるマガジン山は
海抜わずか839メートルで、東西の高い山々と比べれば小さく
見えるかもしれないが、ここは見過ごされがちなバックパッキ
ング旅行の穴場で、とりわけウォシタ・トレイル（OT）はすばら
しい。

　アーカンソー州とオクラホマ州のウォシタ山脈を通って359
キロの距離を一周するOTは、1981年の開通以来、バックパッキ
ングの世界で注目を浴びてこなかった。ウォシタ山脈はこの国
で東西に延びる数少ない山脈のひとつだ。OTはエンジン付き
車両禁止の単線トレイルで、スタートからゴールまで標識がき
ちんとあり整備が行き届いている。これはウォシタ・トレイル愛
好者のボランティア団体（FoOT）の不断の献身のお陰だ。

　ウォシタ・トレイルの魅力は壮観な景色にあるとはあまりい

えない。それよりも、人里離れた場所とゆるやかな丘陵地帯、
そして豊富な種類の動植物との絶妙な取り合わせによさがあ
る。このトレイルはアメリカの無法者たちの波乱万丈の歴史に
も彩られている。1800年代半ばから後期、ウォシタの険しく野
生的な地形は、ジェシー・ジェームスやドルトン・ギャング、ベル・
スターなどの名うての悪党たちの格好の隠れ家となった。そ
ういうわけで、この地方は無法者の避難場所といわれ、作家
チャールズ・ポーティスの西部劇の古典『トゥルー・グリット』の
舞台になった。この小説をもとに2本のハリウッド映画が制作
された。1作目ではジョン・ウェインがアカデミー賞主演男優賞
を受賞し、リメイクではコーエン兄弟が監督し、ジェフ・ブリッ
ジスとマット・デイモンが主演に起用された。

　何世紀も昔、この地方は粗暴で荒れていたかもしれない
が、現代の旅行者がウォシタで体験できることは、もっと親し
みやすい。それは、絶対に素通りしてはいけないアーカンソー
州のストーリーという町で体験できる。ウォシタ・トレイルの中
間地点の目印に近いストーリー（人口197人）は、OTの主要な再
補給場所だ。うっかりすると見過ごしてしまうような小さな村
への訪問は、ブルーベル・カフェ&カントリー・ストアが中心に
なる。ここにはレストランや食料品店、ガソリンスタンド、ライ
ブハウスがあり、すべてをひとまとめにした、実質的なコミュニ

ティ・センターなのだ。カフェの食事は手頃な値段で量もたっぷ
りだ。トレイル沿いに南部特有のおもてなし気質を凝縮した場
所があるとしたら、それはまさにここ、ブルーベルだ。ていね
いに頼めば、スタッフが少額でトレイルまで車で送ってくれる
かもしれない!

　このような場所に立ち寄れば温かい歓迎を受けられる一方
で、おおむねウォシタ山脈の長いハイキング中は、静かなひとり
の世界をたっぷり体験できるだろう。それがこのトレイルが人
を惹きつけるいちばんの特徴である。OTはあなたを取り巻く
周囲との絆意識を高めてくれる道だ。会話を交わす可能性は
ほとんどないが、母なる自然の音楽は増幅する――夜明けに
鳥たちが奏でる美しいさえずりや、蛇行した小川の癒し効果の
あるあぶくの音、あるいは1日の終わりに眠りにつこうとしてい
るとき、テントに当たるパラパラという雨音。これがウォシタ・ト
レイルの静寂の音なのである。

このトレイルはアメリカの無法者たちの
波乱万丈の歴史にも彩られている。
1800年代半ばから後期、
ウォシタの険しく野性的な地形は、
ジェシー・ジェームスやドルトン・ギャング、
ベル・スターなどの名うての悪党たちの
格好の隠れ家となった。

← 雨氷と霧が立ち込める冬のOTの尾根。
↙ ウォシタ・トレイルへようこそ！　ピナクル・マウンテン州立公園ビジター・
　　センターのOTスタート地点。
↓ ピナクル山の日の出。
→ トレイルの東端から数キロの地点のリトル・マウメル川でカヌーを漕ぐ。

参考情報

スタート地点／ゴール地点
西端　オクラホマ州タリメナ州立公園
東端　アーカンソー州ピナクル・マウンテン州立公園

最高地点／最低地点
リッチ山（800メートル）
ピナクル・マウンテン州立公園
（82メートル）

季節
秋から春の期間が理想的。夏の間はとても暑く湿度が高い。また、ほかの時期と比べて水源もあまり当てにできない。

許可
ウォシタ・トレイル（OT）をハイキングするための許可は不要。

宿泊
オン・トレイル
OTのどの場所でもキャンプは可能。さらに、差し掛け小屋（3方向を壁で覆った木製シェルター）がコースの13〜16キロメートルごとにある。

オフ・トレイル
OTでのハイキング中、少し豪華な場所を探しているなら、クイーン・ウィルヘルミナ・ロッジで夜を過ごすのがよい。西端から80キロの場所にあるこのロッジは1800年代後期に設立され、快適な40室が自慢で、眺めのいい山頂の環境にあり、手頃な価格のレストランもある。一口メモ：いちばん景色がいいのは北向きの部屋だ。

お役立ちヒント

ピナクル・マウンテン山頂
ウォシタ・トレイルのいちばん景色のいい場所は、実は公式OT沿いではない。それは東端の登山口に近い場所にある、ピナクル・マウンテン山頂への3キロの往復の旅で見つかる。

基礎知識

アメリカの温泉
ウォシタ・トレイルを南へハイウェイ7号線に乗って車で30分以内の場所に、アーカンソー州のホット・スプリングスという名の町と国立公園がある。何世紀もの間、平均摂氏62度の温水は回復効果があることで知られている。ホット・スプリングス国立公園は（セントルイスのゲートウェイ・アーチに次いで）アメリカで2番目に小さい国立公園だ。イエローストーン国立公園より40年前の1832年に、連邦政府の保護地区に制定されたため、国立公園機構のなかではアメリカ最古の保護地区として傑出している。ハイキング後の休憩やレクリエーションに最適なスポットだ！

世界の水晶の都
ウォシタ山脈の奥にひっそりと佇む小さな町、マウント・アイダ（人口1007人）は「世界の水晶の都」を公言している。このあだ名はやや誇張であるにせよ、最高品質の水晶はブラジル、マダガスカル、そしてアーカンソー州のウォシタ山脈の中心部へと続く幅64キロの水晶ベルトから採取されていると、地質学者が認証している。

著者の裏話

ペントハウスからアウトハウス（屋外便所）まで
クイーン・ウィルヘルミナ・ロッジでの贅沢な夜を楽しんだ次の晩、私はとてつもない雷雨のなか、ワインディング・ステアー・キャンプグラウンドのトイレに避難しなければならなかった。雷が轟いている最中に山の尾根で野ざらし状態でいたら、贅沢はいえない。しかしすべてを考えてみると、私は自分の思いつきにかなり満足だった。トイレはきれいで、乾いていて、広々としていた。角には小さな除菌ジェル・ディスペンサーまで付いていた。何よりも重要なのは、周辺で起きている落雷から逃れて安全なことだった。これは2012年冬、ウォシタ・トレイルでのスルー・ハイキング最後の晩のできごとで、私は赤ん坊のようにぐっすりと眠った。日付が変わる前に私はふと思った、「トイレの中が、まるでヒルトン・ホテルのプレジデンシャル・スイートのように思い始めたなんて、野生の中で時間を費やしすぎたという証拠ではないか？」と。

ボーナス情報

ウォシタ山脈はルイジアナ州北東部に住むネイティブ・アメリカンの名前に由来する。この言葉自体はフランス語の翻字（ある言語のアルファベット表記から別の言語に変換するプロセス）で、南東部の数々の部族の集合体であるカドー・ネーションの言葉、「ウォシタ」から来たものだ。もともとの意味は「よい狩猟場」だった。ウォシタの別の語源によれば、ouacとchitoが結合したチョクトー族の言葉に由来し、両方を合わせて「大きなバッファローの国」の意味だという。

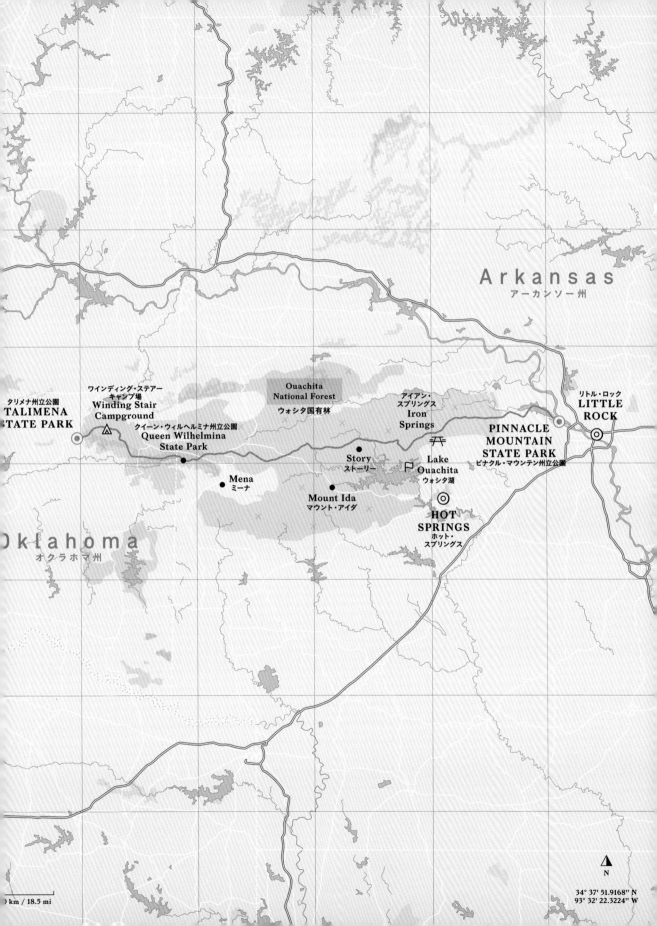

Arkansas
アーカンソー州

Ouachita
National Forest
ウォシタ国有林

ワインディング・ステアー
キャンプ場
Winding Stair
Campground

アイアン・
スプリングス
Iron
Springs

リトル・ロック
LITTLE
ROCK

タリメナ州立公園
TALIMENA
STATE PARK

クイーン・ウィルヘルミナ州立公園
Queen Wilhelmina
State Park

Story
ストーリー

Lake
Ouachita
ウォシタ湖

PINNACLE
MOUNTAIN
STATE PARK
ピナクル・マウンテン州立公園

Mena
ミーナ

Mount Ida
マウント・アイダ

HOT
SPRINGS
ホット・
スプリングス

Oklahoma
オクラホマ州

N

0 km / 18.5 mi

34° 37' 51.9168'' N
93° 32' 22.3224'' W

NORTHEAST

北東部

深い森と氷のように冷たい海が交わり、牧歌的な田舎に古い町々が点在する北東部は、
アメリカの長距離ハイキング発祥の地だ。
伝統と景色が絡み合い、すべての小道には語るべき物語がある。

THE LONG TRAIL
ロング・トレイル

バーモントの
原生林のなかの小道

Vermont
バーモント州

トレイルについて

→ 距離　　：439キロ
→ 所要時間：19〜22日
→ レベル　：上級

　1910年から1930年にかけて建設されたロング・トレイル（LT）は、アメリカ最古の長距離ハイキング・トレイルだ。バーモント州のグリーン山脈のなかを蛇行しながら、南のマサチューセッツとの州境から、北はカナダとの国境まで全長439キロ。バーモント州の原生林の中心を通り抜け、名前の付いた53の山々の山頂を登って越えて、数々の湖や池をめぐり、岩の多い無数の峡谷や轟音を立てる川、そして靴がはまりこんでしまう沼地を進んでいく。おだやかで美しく、頻繁にチャレンジが求められるロング・トレイルの景色に息をのむことがないなら、急勾配でごつごつとした、その伝説に名高い小道には、きっと息をのむことだろう。

　このトレイルのアイデアは、1909年にジェームズ・P・テイラーが「バーモントの山々がもっと人々の人生に大きな役割を果たすようになるため」に考え出した。それから20年の間、まさにその実現化を唯一の目的として設立されたグリーン・マウンテン・クラブ（GMC）の尽力によって、テイラーの夢は実現した。トレ

イル完成から90年近く経つが、トレイルの主要管理人は2019年現在、1万人以上の会員数を誇るGMCのままだ。バーモント州議会によってロング・トレイル機構の「設立団体、スポンサー、弁護団そして保護団体」として認められているので、実際にこのクラブのトレイルであるのと同義語だ。

　このような大規模で多様なボランティアの集団によって維持されている道にふさわしく、ロング・トレイルはどんなハイカーでも楽しめる。スタートからゴールまで道標がきちんと付けられ、トレイルの入口やキャンプ場のオプションもたくさんあるので、日帰りハイカーから1泊旅行者、あるいはまとめて数週間宿泊する人たちまで、すべての人に等しくアクセスしやすい。しかし、旅程が短いか、長いかにかかわらず、「生やさしい」と言えるようなトレイルの区間はほとんどないと覚えておく必要がある。歩道は常に岩がゴツゴツして、根が張り出し、しかもぬかるんでいる——これがロング・トレイルの「ビッグ3」である。アメリカ西部の遊歩道と比べると標高はさほど高くないが、上りと下りの高低差はかなりある（3万8404メートル）。

　全区間踏破に興味があるなら、ロング・トレイルで人里離れた山の中での体験をたっぷり味わえる。また、ロング・トレイルはバーモント州の文化遺産への窓口でもある。マンチェスター、ベニントン、州都モンテペリエなど、ハイカーたちは道中、

↖ 雲が立ち込める前に一瞬の日の光を楽しむ。
↑ ロング・トレイルは出発地点から終点まで規則的な白い道標が付いて
　いる。メインのトレイルから離れた脇道には青い道標。
↓ ミルクヘビ（Lampropeltis Triangulum）。
↘ ロング・トレイルの最高地点、マンスフィールド山（1339メートル）を
　登るときは、いくつもの梯子を登らねばならない。

歴史的な町や村を訪れる機会がある。ベニントンではグランマ・モーゼス（別名アンナ・メアリー・ロバートソン）の世界最大級の絵画コレクションを誇るミュージアムに行くといい。モーゼスはアメリカでもっとも優れ愛された20世紀の画家のひとりである。70代後半になるまで絵筆を持ったことがなかった無名の農家の妻で、彼女の楽しくノスタルジックな作品はアメリカの田舎の生活を描いたもので、自然界の美しさを鮮やかにとらえている。

ベニントンはもうひとつのアメリカ文化の象徴、ピューリツァー賞を4度受賞した詩人ロバート・フロストが眠る町だ。40年以上にわたってフロストはリプトンという町の近くの農家に住んでいた。ここで彼は詩集『A Witness Tree』を含む多くのすばらしい作品を作り上げた。著名なコミュニティ・メンバーであるフロストは、亡くなる2年前の1963年、バーモント州でもっとも優れた詩人に指名された。

ロング・トレイルに触発された、世界的に有名な道、アパラチアン・トレイル（AT）のことを語らずしてロング・トレイルのことは語れない。ATはジョージア州からメイン州まで3541キロ延び、ロング・トレイルの最南部分の167キロを共有している。ともに象徴的な白い道標と充実した小屋の設備があり、すべての区間を踏破する（スルー・ハイカーと呼ばれる）伝説的な人たちに広く知られている点でも共通している。

ロング・トレイルでもっとも有名なハイカーは、「三銃士」として知られる草分け的存在の女性3人組だ。1927年、キャサリン・ロビンとヒルダ・M・クーツ、キャスリーン・ノリスの3人は、スタート地点からゴール地点まで歩き通した最初の女性となった。そんなことは不可能（あるいは不適切）だと考えられていた当時、マサチューセッツ州からカナダまで全区間を踏破するため、3人の冒険家たちは悪天候と否定論者の両方に耐えた。それを成し遂げたことで、彼女たちの足跡をたどる何世代ものほかの女性たちを奮起させた。

1900年代初めの開通以来、ロング・トレイルは「バーモントの原生林のなかの小道」と愛着を込めて呼ばれるようになった。さらに、その全長439キロの道は、同州の名高い自然美を映し出すハイキング・トレイル以上の存在になっている。岩だらけの頂から谷底に至るまで、ロング・トレイルはここをすばらしい遊歩道にするために不断の努力をしている人々の魂と誇り、そして努力の現れなのだ。それは、バーモント州からアメリカ国立観光歩道システムへの支援であり、自然とコミュニティのきわめて重要な絆の証しである。つまり、私たちがその土地にかかわり大切にすればするほど、未来の世代にそれを残すため、より一層努力することになるだろう。

1900年代初めの開通以来、
ロング・トレイルは「バーモントの
原生林のなかの小道」と愛着を込めて
呼ばれるようになった。さらに、
その全長439キロの道は、同州の名高い
自然美を映し出すハイキング・トレイル
以上の存在になっている。

← 露頭からバーモントの秋の色を楽しむ。
→ キノコとコケ。
↓ コーリス・キャンプ。差し掛け小屋（3方向を壁で覆ったシェルター）や掘
　 建て小屋は約16キロごとにロング・トレイルの全区間に建っている。

参考情報

スタート地点／ゴール地点
バーモント＝マサチューセッツ州境、
マサチューセッツ州ウィリアムズタウン近く

バーモント州＝カナダ国境、
バーモント州ノース・トロイ近く

最高地点/最低地点
マンスフィールド山（1339メートル）
ジョーンズビル（99メートル）

季節
6月中旬〜10月中旬。ハエや膝までの泥
（地元の人たちは「vermud（バーマッド）」と
呼ぶ）が気になるなら、6月初旬以前にロ
ング・トレイルには行かないほうがいい。日
程調整が可能なら、9月中旬から10月初
旬がおすすめ。その頃には人も少なくなっ
ているし、虫もいない。何よりも重要なの
は、アメリカ北東部、ニューイングランド地
方自慢の、見事な秋の紅葉が見られること
である。

宿泊
オン・トレイル
トレイル沿いには差し掛け小屋（3方向を
壁で覆ったシェルター）、掘建て小屋、テン
ト場など、70ヵ所近い宿泊サイトがある。
小屋は約16キロおきに建っている。「イン
ドア」のオプションがかなりたくさんあるに
せよ、自分専用のシェルターも絶対に持参
すべきだ。差し掛け小屋や掘建て小屋が
混み合う夏場は特にそうだ。

市街地
トレイルから少しはずれて、ルート4号線
上の167.4キロのマークがある所に、イン・
アット・ロング・トレイルがある。この有名な
ホテルには快適な部屋と食事、そしてすば
らしいアイリッシュ・パブの雰囲気がある。
インドアの贅沢を少々楽しみたい（そして
セコイアの浴槽にも浸かりたい）ロング・

トレイルのスルー・ハイカーにとっては、こ
こは必ず泊まるべき場所だ。注：追加特典
として、このホテルにはハイカー用の補給
パッケージが置いてある。

基礎知識

食の巡礼
巡礼者のように熱心なアイスクリーム好き
なら、バーモント州は世界的に有名なアイ
スクリームのブランド、ベン＆ジェリーズの
本拠地であることを覚えておくといい。も
し工場を訪問したければ、州間高速道路
89号線（キャメルズ・ハンプとマント・マン
スフィールドの間）にたどり着いたら、絵の
ように美しいウォータベリーの町を目指し
て東へ進む。

ロング・トレイル・エール
もうひとつのオマージュは、味蕾の集合体
を介してやってくる。それは同州で20年以
上いちばん人気のクラフトビール、ロング・
トレイル・エールという名のフルボディのア
ンバー・エールだ。

ボーナス情報
ベン＆ジェリーズのアイスクリームのほかに、
バーモント州は世界でも最高のメープルシ
ロップの産地として有名だ。この甘味料は、
サトウカエデの樹液に含まれている水分がほ
とんどなくなるまで煮詰めたもので、シロップ
の糖度は66.9パーセントに達する。3.8リッ
トル（1ガロン）のシロップを作るには、約
151.4リットル（40ガロン）の樹液が必要
だ。
2018年だけでもバーモント州は7340万
リットル（194万ガロン）のメープルシロッ
プを生産した。これはアメリカの総生産量の
47パーセントに相当する。しかし、すべての
メープルシロップが同じように作られるわけ
ではない。バーモント・メープル・シュガー生
産者協会（1893年設立）によれば、シロッ
プは色に応じて4つに区分される：

1. 金色でデリケートな風味：パンケーキや
   ワッフル、フレンチトースト、またはヨーグ
   ルトに合わせて食べるとおいしい。
2. 琥珀色でリッチな風味：万能型として
   ぴったり。パンケーキにも、またサラダのド
   レッシングやカクテル、そして甘めのバー
   ベキューソースのどれにも等しくおいし
   い。
3. 濃い色で深い風味：これも万能型。パン
   チの効いた味で、野菜や肉の照りとして、
   「チポトレ・ペッパー、シラチャーソース、
   バーボンなど、スモーキーでスパイシーな
   味」との相性がよい。
4. とても濃い色で重厚な風味：糖蜜と同じ
   くらいの色で、一般的に料理やパンを焼く
   のに使われる。

バーモント州で最高のメープルシロップを作
る人は誰だろうか？——それは、ベルギー
やスイスで、誰が最高のチョコレートを作る
かを決めるのと同じようなもので、実質的に
不可能だ。しかし、すばらしいオプションが
多々あるなかで、グリーン・マウンテン・ステ
イト（訳注：緑の山の州、バーモント州の俗
称）でもっとも高く評価されているブランド
には、スロープサイド・シロップやブラウン・ファ
ミリー・ファーム、ブラッグ・ファーム、ギャ
ニエ・メープル、バターナット・マウンテン・
ファームがある。

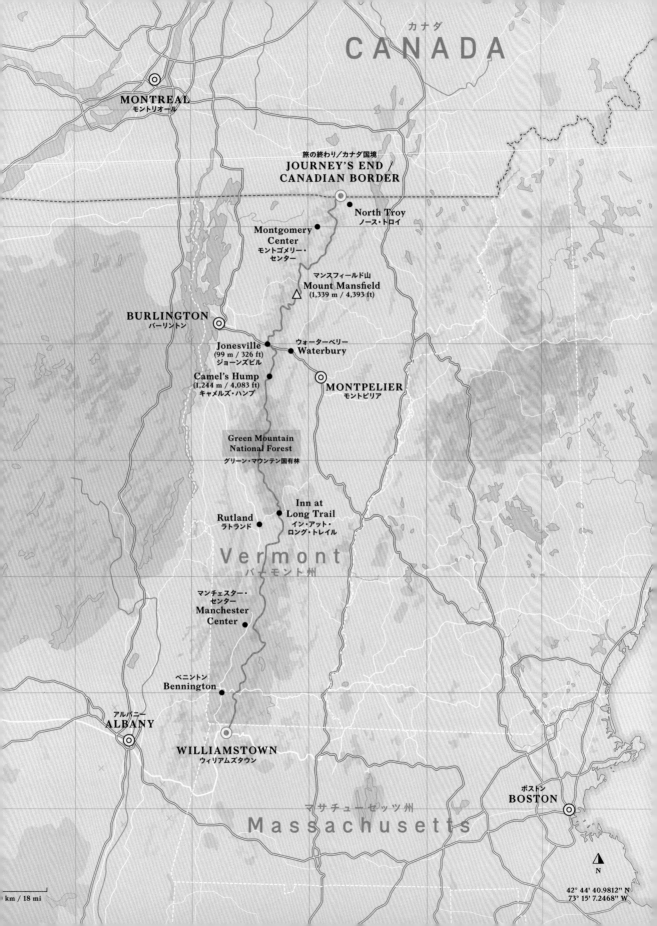

CANADA カナダ

MONTREAL
モントリオール

旅の終わり／カナダ国境
**JOURNEY'S END /
CANADIAN BORDER**

● North Troy
ノース・トロイ

**Montgomery
Center**
モントゴメリー・
センター

マンスフィールド山
Mount Mansfield
(1,339 m / 4,393 ft)

BURLINGTON
バーリントン

ウォーターベリー
Jonesville ● **Waterbury**
(99 m / 326 ft)
ジョーンズビル

Camel's Hump
(1,244 m / 4,083 ft)
キャメルズ・ハンプ

MONTPELIER
モントピリア

**Green Mountain
National Forest**
グリーン・マウンテン国有林

**Inn at
Long Trail**
イン・アット・
Rutland ロング・トレイル
ラトランド

Vermont
バーモント州

マンチェスター・
センター・
**Manchester
Center**

ベニントン
Bennington

アルバニー
ALBANY

WILLIAMSTOWN
ウィリアムズタウン

ボストン
BOSTON

マサチューセッツ州
Massachusetts

N

42° 44' 40.9812'' N
73° 15' 7.2468'' W

km / 18 mi

GORGE TRAIL
ゴージ・トレイル

湖とワイナリー、
そして空想的な峡谷

New York
ニューヨーク州

← 紅葉真っ盛りの10月はゴージ・トレイルをハイキングするのに最高の季節だ。
↑ ワトキンス・グレンの村。

トレイルについて

→ 距離　　　：4.8キロ
→ 所要時間　：2〜3時間
→ レベル　　：初級

ワトキンス・グレン州立公園は氷河によって1万年以上、削られてできた傑作である。ニューヨーク州の絵のように美しいフィンガー・レイク地方に位置する公園の目玉は、深さ120メートルの幻想的な峡谷だ。信じられないほど美しい石橋や趣のある洞窟、エメラルド色の池、そして19ヵ所の滝なども楽しませてくれる。こうしたさまざまな峡谷の不思議のなかをうねりながら進むのが、シンプルにゴージ・トレイルとして知られる2.4キロの道だ。

最初は1863年に個人所有の観光スポットとして一般公開されたワトキンス・グレンは、1906年に公式に州立公園として制定された。約24年後に大洪水が起きて、峡谷のもともとのトレイルは破壊され、のちに現在の石段や、橋そして歩道が建設された。ハイキングのシーズンは5月中旬から10月下旬まで。ゴージ・トレイルは、峡谷の北端を横切りゴージ・トレイル州立公園の中心を通り抜ける、風光明媚な4.8キロの環状道になってい

るインディアン・トレイルと、所々で合流する。

ゴージ・トレイルのハイキングを計画するとき、いちばん大事なことのひとつは時期だ。比較的交通の便がよく、ドラマチックな景色とくれば、人気の観光スポットであることは容易に想像がつくだろう。人混みを避けたいのであれば、とりわけ学校が休みになる夏期の週末は避けるのがよい。もし開園と同時に到着すれば、その努力は報われるだろう——アメリカでもっとも驚異的な峡谷のひとつにあげられる場所をひとり占めできるチャンスがある。

春と秋はゴージ・トレイルをハイキングするのに最適だ。気温も低めで、春はグレン川の流れが冬の雪解け水でピークに達する。水が流れるということは、峡谷にある数々の滝がもっとも美しくなることを意味する。道はいくつかの滝の非常に近くを通り、滝の下を通り抜ける場所も2ヵ所（キャバン・カスケードとレインボー・フォールズ）あり、力強い景観と音、そして感触は一見に値する。水の轟きは耳をつんざくほどで、足元の地面からは文字通り振動を感じる。秋のゴージ・トレイルでのハイキングも同じくらいに印象的だが、その理由は異なる。10月のワトキンス・グレンは紅葉が真っ盛りで、秋の色のコンビネーションと、コケとイワゴケに覆われた壁面、そしてリヴェンデル

冬のゴージ・トレイル。凍った滝とレインボーブリッジ。

ニューヨーク州の絵のように
美しいフィンガー・レイク地方に
位置する公園の目玉は、
深さ120メートルの幻想的な
峡谷だ。信じられないほど
美しい石橋や趣のある洞窟、
エメラルド色の池、
そして19ヵ所の滝なども
楽しませてくれる。

← ゴージ・トレイルが滝の下を通る場所は2ヵ所あり、
　そのひとつがレインボー・フォールズ（もうひとつは
　キャバン・カスケード）。
↓ ワトキンス・グレンの正門
→ ゴージ・トレイルは19ヵ所の滝と、膝がガクガクする
　832段の階段で構成されている。

（訳注：トールキンの小説『指輪物語』『ホビットの冒険』に登場
する土地。「裂け谷」）のような大滝も魅惑的だ。小さな妖精が
石畳をぴょんぴょん飛び跳ねていたり、小人たちが峡谷の湿っ
た場所や暗い洞窟の周りをあちこち飛び回っているのが見え
そうだ。

　ワトキンス・グレン州立公園はセネカ湖の南端に位置してい
る。この湖はニューヨーク州にある11のフィンガー・レイクスの
うち、いちばん深くて大きい。傾斜になった湖畔の周りには無
数のぶどう畑があり、ここは世界レベルのリースリングの産地
として名を知られている。徒歩で峡谷の奇観を満喫し終えた
ら、同じくらいに高い満足度が得られる味覚のトレーニングを
セネカ・レイク・ワイン・トレイルでするといい。ニューヨーク最大
のワイン・トレイルとして、ここにはぶどう畑が30ヵ所以上あり、
リースリング以外にもピノ・ノワール、シャルドネ、ゲヴェルツトラ
ミネール、カベルネ・フランなど、ほかのバラエティも楽しめる。

　ゴージ・トレイル／インディアン・トレイルは家族向けの環状
コースで、本書で取り上げたなかではたった4.8キロの最短距
離のトレイルだ。しかし、チェーホフの短編、あるいはオリン
ピックの100メートル走決勝戦のように、短いスペースのなかに
力強いパンチが詰まっている。さらに、美しいセネカ湖と数々
のすばらしいワイナリーとの三重奏とくれば、ゴージ・トレイル
に人々が繰り返し訪れハイキングするのも驚きではない。

ワイン産業が返り咲くことはなかったが、セネカ・レイク・ワイン・トレイルが1986年に開通してからだんだんと活気を取り戻し、年間100万人の観光客が訪れるようになった。

ボーナス情報

フィンガー・レイクス
ニューヨーク州中部に位置するフィンガー・レイクスは、広げた両手に似ている長細い11の湖の集まりだ。東から西へ順に、オティスコ、スカネアトレス、オワスコ、カユガ、セネカ、ケウカ、カナデーグア、ハニーオイ、カナダイス、ヘムロック、コニーシャス。これらの湖は最後の氷河期の終わり頃に形成され、この時期に氷河の融解によって水であふれたこうした細長い頁岩の渓谷だけでなく、ワトキンス・グレンの信じられない峡谷のような、注目すべき地質学的特徴も作られた。

この地方のそのほかのハイキング
ゴージ・トレイルのほかにも、フィンガー・レイクスのエリアにはたくさんのすばらしい日帰りハイキングのオプションがある。ベスト4は以下のとおり:

1. **グライムス・グレン**: 高さ18メートルの滝への往復1.6キロのショートコース。滝の下には、暑い夏の間に泳いで涼むのに最適なすばらしい滝つぼがある。
2. **コンクリン・ガリー・12フォールズ・トレイル**: ネープルズの町の近くにあり、滝がたくさんある5.5キロのトレイルは、この地域でより難易度の高いハイキングのひとつだ。静けさを求めている経験豊かなハイカーには最高のオプション。
3. **レッチワース州立公園**:「東のグランド・キャニオン」として知られ、レッチワースはおそらくフィンガー・レイクス周辺の24ヵ所の州立公園のなかでもっとも美しく、100キロ以上のバラエティに富んだハイキング・トレイルがある。
4. **ケウカ・レイク・アウトレット・トレイル**: フィンガー・レイクス地方の中心部に位置し、この11.3キロの多目的型トレイルは、ケウカ湖とセネカ湖、そして由緒あるクルックド・レイク・カナルに沿って続いている。

参考情報

スタート地点／ゴール地点
ワトキンス・グレン州立公園の正門から始まり終わる、環状ハイキングコース。

季節
5月中旬〜10月下旬

宿泊
人混みを避けるため、早朝に州立公園に到着することを計画しているなら、近くのワトキンス・グレン村に泊まるのがおすすめ。セネカ湖南岸の正門から1マイル弱の場所で、村にはいくつものオプションがある。どれかひとつを選ぶなら、ワトキンス・グレン・ハーバー・ホテルなら間違いない。

お役立ちヒント

方向選び
最高の景色を望むなら、公園の正門にある峡谷の底からハイキングをスタートするのがいい。そうすれば、上りのとき滝の方向を向いていることになる。峡谷にある800段以上の階段を登らずに済むよう、シャトルで上の入口から行くことを選んだ人たちは、このすばらしい滝を眺めるために下り道では常に後ろを振り返らなければならない。

トイレ事情
ゴージ・トレイル/インディアン・トレイル・ループを歩き始める前に、この公園の唯一のトイレは入口にしかないことを忘れずに。これは大切なことで、ハイキングの最中ほとんどずっと水が流れる音がつきまとうからだ、とりわけ春先の流れがピークのときは。

峡谷のための装備
峡谷は寒くて濡れやすい。そして切り裂かれた石の通り道は滑りやすい。レイン・ジャケットのほかに、軽量で速乾性の滑りにくいランニング・シューズが必須。

基礎知識

セネカ湖周辺のワイン作り
深層水（最大193メートル）と湖畔の起伏がゆるやかな丘の斜面との組み合わせのおかげで、セネカ湖はワイン作りに理想的な局地気象を誇る。この地方のワイン作りの歴史は1800年代中頃まで遡る。しかし禁酒法時代（1920〜1933年）の間、この産業は大打撃を受け、大企業のみがグレープジュースや聖餐式用のワインを作ることで生き残った。1970年代になるまでこの地域の

セネカ湖
Seneca Lake

Watkins Glen
Harbor Hotel
ワトキンス・グレン・
ハーバー・ホテル

ワトキンス・
グレン村
WATKINS
GLEN
VILLAGE

正面入口
MAIN
ENTRANCE

グレン川
Glen Creek

Watkins Glen
State Park
ワトキンス・グレン
州立公園

キャバン・カスケード・
スパイラル・トンネル
Cavern
Cascade &
Spiral Tunnel

UPPER
ENTRANCE
上の入口

インディアン・
トレイル
Indian
Trail

Central
Cascade
セントラル・
カスケード

South Rim
Trail
サウス・リム・
トレイル

Rainbow
Falls
レンボー滝

Gorge
Trail
ゴージ・
トレイル

グレン川
Glen Creek

Mile Point
Bridge
マイル・
ポイント橋

南入口
SOUTH
ENTRANCE

Six Nations
Campground
シックス・ネイションズ・
キャンプ場

New York
ニューヨーク州

N

00 m / 660 ft

42° 22' 33.0132" N
76° 52' 18.3684" W

PRESIDENTIAL TRAVERSE
プレジデンシャル・トラバース

ニューイングランドの
屋根を越えて

New Hampshire
ニューハンプシャー州

トレイルについて

→ 距離　：40.2キロ
→ 所要時間：2〜3日
→ レベル　：中級〜上級

プレジデンシャル・トラバースはニュー・ハンプシャー州のホワイト山地でいちばん標高が高く、剥き出しの区間がもっとも多い、難易度の高いトレッキングだ。コンチネンタル・ディバイドの東側に位置する最高のバックパッキング・アドベンチャーのひとつで、この伝統的な40キロのトレイルは総獲得標高が約6096メートルあり、長きにわたりニューイングランドのハイカーたちの間では通過儀礼とみなされてきた。このトレイルのジェットコースターのような道のりが、それよりはるかに重大な障害になりそうな天候の問題も相まって、プレジデンシャル・トラバースの難易度をかなり高めている唯一の要素である。吹雪や強風、そして雨は常に考慮に入れなければならず、ホワイト山地は「アメリカで最悪の天候」の場所で知られている。

一般的なプレジデンシャル・トラバースは、国道2号線のアパラチア・トレイルヘッドからスタートし、国道302号線のクロフォード・パス・トレイルヘッドがゴール地点になる。道中、すべて歴代のアメリカ合衆国大統領の名前が付けられた数々のそびえ立つ山の頂を越えながら、ロッキー山脈以東では最大の高山帯を通過する。北から南へ（このトラバースのもっとも頻度の高いハイキングの方角）、順に挙げると山の名前は以下の通り：

1. マディソン山　1636メートル
2. アダムズ山　1760メートル
3. ジェファーソン山　1741メートル
4. ワシントン山　1917メートル
5. モンロー山　1637メートル
6. アイゼンハワー山　1457メートル
7. ピアス山　1314メートル

草木が生えず吹きさらしの山頂としてその名が広く知られているものの、プレジデンシャル・トラバースは樹木限界線に到達する手前までは、数々のすばらしい生物地理区を登る、急傾斜のトレイルに両側をはさまれている。ハイキングはレッドオークやカエデ、カバノキなどの落葉性の木々からなる北部の広葉樹林から始まる。水がさらさらと流れる小川や見事な滝を越えて曲がりくねった道を行くと、地面が「軟木」常緑樹やシダやコケで覆われた、標高762メートルの冷温帯（または常緑針葉樹林帯）に到達する。

1219メートルあたりまで登り続けると、道は節だらけで、ねじれて風に打ちのめされた針葉樹林の、現実離れしたクルムホルツ（歪んだ木）の地帯に到達する。そしてついに標高1341メートルの高山帯に達すると、ホワイト・マウンテン国立森林局が立てた、アメリカでもっとも悲惨で単刀直入な原生自然に関する警告標識が、疲れ果てたハイカーたちを出迎える：「止まれ：この先はアメリカで最悪の天候地帯になる。夏季でも体温低下で命を落とした人がたくさんいる。天気が悪いなら、今、引き返せ」

この標識が少々行き過ぎだと思うなら、プレジデンシャル・トラバースで最高峰のワシントン山を登山中に、1849年以来、150人以上の人々が亡くなっていることを考えてみてほしい。毎年、準備を怠ったハイカーたちがホワイト山地の高地から救助されている。これでもまだ説得が必要だろうか？――1934年4月12日、ワシントン山の山頂で当時の気象観測史上最大の風速372キロ毎時が記録された。この数値は、1996年に西オーストラリア州の遠い島、バロー島で風速407キロ毎時の突風が観測されるまでは、最高記録だった。

プレジデンシャル・トラバースは長時間の日帰りハイキングか、2日あるいは3日に分けることもできる。どちらにせよ、体をしっかり鍛えて、適切な装備を携帯し、天候が下り坂になった場合の離脱地点も認識しておかねばならない。

↑ プレジデンシャル・トラバースは日帰りの長時間ハイキングか、2日あるいは3日にも分けることができる。
→ 魅惑的な森を抜ける曲がりくねった板張りの遊歩道。

↑ 冬のホワイト山地の空気のように、軽やかな雪のブランケットに覆われたこずえ。
→ 昇る太陽となかなか消え去らない雲。

コンチネンタル・ディバイドの東側に位置する最高のバックパッキング・アドベンチャーのひとつで、この伝統的な40キロのトレイルは総獲得標高が約6096メートルあり、長きにわたりニューイングランドのハイカーたちの間では通過儀礼とみなされてきた。

← 高山帯に到達するまで、プレジデンシャル・トラバースはさらさら流れる小川や轟音を立てる滝が特徴の北部堅木林を登っていく。
↓ 常緑樹のイチイの木、クリスマス・レッド・ベリー。

体調管理が行き届いて経験豊かなハイカーでも、このトレイルを全区間踏破するのに通常12〜14時間かかることを忘れずに。もし日帰りですませたいなら、日の出前の出発をおすすめする。そこまで激しくなく行きたいならば、ボリュームたっぷりの食事と2段ベッドがある、ホワイト山地で有名な小屋で夜を過ごすオプションとともに、(願わくば)ドラマチックな眺めを存分に味わえるよう、数日にスケジュールを分けるとよい(参考情報参照)。

ニューイングランドの屋根を越えるトレッキングに関する限り、母なる自然にはあなたの旅行日程など関係ないということを覚えておいたほうがいい。どんなに入念な準備をしていたとしても、気象上の見地から、ただ単に不可能ということもあり得る。そんな状況のときは、肩をすくめて受け入れるしかない。山の中の居心地のよい避難所で待ちながら、樹木限界線よりも低いキャンプ場所でじっと座っているか、ハイキングはキャンセルにして別の日にまた挑戦するしかない。ホワイト山地はどこへも行かないし、プレジデンシャル・トラバースはあらゆる意味で待つに値する冒険なのだ。

↑↑ プレジデンシャル・トラバースはロッキー山脈以東最大の高山帯を通る。
↑ ホワイト山地の高所のある湖畔の宿泊施設。

参考情報

スタート地点／ゴール地点

北端　アパラチアン・トレイルヘッド
　　　（国道2号線）
南端　クロフォード・パス・トレイルヘッド
　　　（国道302号線）

総獲得標高

約6096メートル

季節

6〜10月

お役立ちヒント

宿泊

プレジデンシャル・トラバースの道中、1ヵ所か数ヵ所の場所で泊まりながら宿泊旅行にすることも可能。北から南へ向かうルートのオプションは以下の通り。

1. **バレー・ウェイ・キャンプサイト**
　　テント用プラットホーム・スタイルのオプションあり
2. **マディソン・スプリングス小屋**
　　食事と男女兼用2段ベッドの客室設備
3. **レイクス・オブ・ザ・クラウズ小屋**
　　食事と男女兼用2段ベッドの客室設備
4. **ミズパ・スプリング小屋**
　　食事と男女兼用2段ベッドの客室設備
5. **ナウマン・キャンプサイト**
　　テント用プラットホーム・スタイルのオプションあり

動物＆植物

プレジデンシャル山地には20平方キロ以上の高山帯があり、ロッキー山脈以東の高山ツンドラとしては最大である。木が高さ8フィート（243センチ）以下のエリアと定義される高山帯は、むき出しで荒れ果てた場所で、気候も厳しいにもかかわらず、イワウメやラブラドル・ティのような繊細な極地高山植物に恵まれている。高山帯をハイキングする際は、ハイカーたちは印がついた

トレイル内に留まるよう忠告される。一度踏み潰されたら元には戻らないかもしれない植物を踏まないためだ。
樹木限界線を越えた地点に向かうハイカーたちを「高山帯...育つのが大変な場所」と書かれたトレイルの標識が迎えてくれる。

基礎知識

ワシントン山の5つの事実

1. 1934年4月12日、ワシントン山山頂で当時最高の風速372キロ毎時を記録した。
2. ワシントン山山頂の平均風速は時速56.3キロ。
3. 山頂は55パーセントの確率で雲に覆われている。
4. 伝統的にはワシントン山では毎月雪が降る。
5. あまり体力がない人たちのためには歯型式鉄道があり、温かくて居心地のよいカフェテリアと印象的なパノラマが待っているワシントン山の頂上まで連れて行ってくれる。

ボーナス情報

ニューハンプシャー州のワシントン山の頂上までもっと楽に行く方法を探している人には、山頂までの電車に乗ることができる。そう、読み間違えではない。1869年に開通し、「コグ」の愛称で親しまれているワシントン山コグ鉄道は、世界初の登山用歯型式鉄道なのだ（現在でも、スイスのピラトゥス鉄道に次いで2番目に険しい傾斜と格付けされている）。150年を経過して、観光客は今も北東部の最高峰へこの鉄道で登り続けているが、今はバイオディーゼル列車か、ビンテージの蒸気機関車のどちらかが選べる。

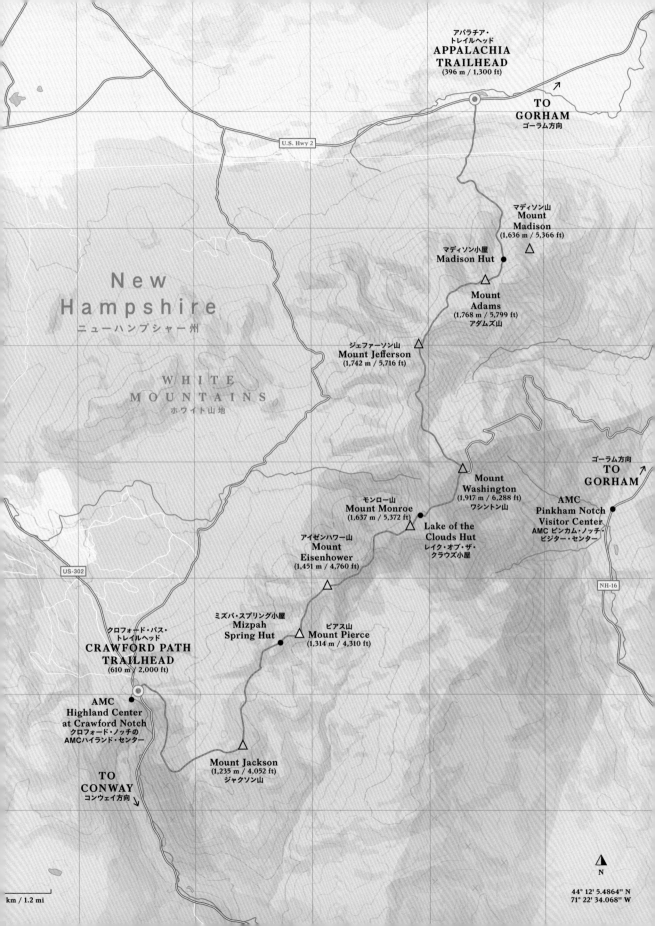

アパラチア・
トレイルヘッド
**APPALACHIA
TRAILHEAD**
(396 m / 1,300 ft)

**TO
GORHAM**
ゴーラム方向

U.S. Hwy 2

New
Hampshire
ニューハンプシャー州

マディソン山
**Mount
Madison**
(1,636 m / 5,366 ft)

マディソン小屋
Madison Hut ●

**Mount
Adams**
(1,768 m / 5,799 ft)
アダムズ山

ジェファーソン山
Mount Jefferson
(1,742 m / 5,716 ft)

W H I T E
M O U N T A I N S
ホワイト山地

**Mount
Washington**
(1,917 m / 6,288 ft)
ワシントン山

ゴーラム方向
**TO
GORHAM**

モンロー山
Mount Monroe
(1,637 m / 5,372 ft)

**AMC
Pinkham Notch
Visitor Center**
AMC ピンカム・ノッチ・
ビジター・センター

**Lake of the
Clouds Hut**
レイク・オブ・ザ・
クラウズ小屋

アイゼンハワー山
**Mount
Eisenhower**
(1,451 m / 4,760 ft)

US-302

NH-16

ミズパ・スプリング小屋
**Mizpah
Spring Hut** ●

ピアス山
Mount Pierce
(1,314 m / 4,310 ft)

クロフォード・パス・
トレイルヘッド
**CRAWFORD PATH
TRAILHEAD**
(610 m / 2,000 ft)

**AMC
Highland Center
at Crawford Notch**
クロフォード・ノッチの
AMCハイランド・センター

Mount Jackson
(1,235 m / 4,052 ft)
ジャクソン山

**TO
CONWAY**
コンウェイ方向

N

km / 1.2 mi

44° 12' 5.4864" N
71° 22' 34.068" W

OCEAN PATH (ACADIA NATIONAL PARK)
オーシャン・パス（アーカディア国立公園）

北の木々が
大西洋と出会う場所

Maine
メイン州

アーカディアはアメリカ最東端の
国立公園であるだけでなく、
アメリカでもっとも早く
大西洋からの日の出が拝める
場所なのである。

↑ ビーハイブ・トレイルは、ゴーラム・マウンテン・トレイルとオー
　シャン・パスが合流して、9.4キロのすばらしいループを作り
　出している。
→ キャデラック山から眺める大西洋の日の出。
↗ バス・ハーバー・ヘッド・ライトハウス。

トレイルについて

→ 距離　：7.1キロ；もしゴーラム山とビーハイブ・トレイル経由で戻るなら、さらに2.3キロ
→ 所要時間：2〜3時間；もしゴーラム山とビーハイブ・トレイルを加えるなら、さらに4〜5時間
→ レベル　：初級〜中級

　一言で言えば、アーカディア国立公園とはメイン州のことだ。見事な海岸線、深い森、花崗岩で覆われた山頂と絵葉書のような湖、これらすべてがパイン・ツリー・ステート（訳注：松の木の州）として知られるメイン州の自然の不思議を具現化している。1年中、探索ができるので、年齢や体力レベルに関係なく、すべてのアウトドア愛好家たちが楽しめる公園で、とりわけ早起きの人にはうってつけだろう。なぜか？――それは、アーカディアがアメリカ最東端の国立公園であるからだけでなく、アメリカでもっとも早く大西洋からの日の出が拝める場所だからだ。

　1916年に開園したアーカディア国立公園は、メイン州のマウント・デザート島とスクーディック半島の土地全体、約190.2平方キロを占める。アメリカでもっとも愛されている国立公園のひとつとして、何世代ものアウトドア好きのニューイングランドの人々が、都会暮らしの喧騒から逃れるために、長きにわたってここに引き寄せられてきた。アーカディアには海で縁取られた境界線の内側に、193キロ以上におよぶ整備されたトレイルがある。家族向けの湖畔の散歩や海岸沿いの散策から、急勾配で吹きさらしの場所をよじ登ることまで、ここには誰もが楽しめるものが何かしらある。そして、アメリカ国内のほかの大きな国立公園とアーカディアが異なる点は、1〜6時間のウォーキングでその自然の驚異に簡単に触れられることだ。テントや寝袋、そして数日分の食料を備えた大荷物を持って行く必要がない。アーカディアはアメリカの国立公園の日帰りハイキングのメッカといえるだろう。

　アーカディアのもっとも景色がよい徒歩旅行のオプションのひとつは、オーシャン・パスだ。サンド・ビーチとオッター・ポイン

アメリカ国内のほかの大きな国立公園と
アーカディアが異なる点は、
1〜6時間のウォーキングで
その自然の驚異に
簡単に触れられることだ——
テントや寝袋、そして数日分の食料を
備えた大荷物を持って行く必要がない。

← ビーハイブへの険しい登り道。
→ オーシャン・パス沿いの海岸の景色。
↘ サンド・ビーチ、オールド・ソーカー・アイランド、そしてオーシャン・パスを望む
　ゴーラム・マウンテン・トレイルからの眺め。

トの間を合計7.1キロ往復するもので、断崖絶壁や砂浜、波によって岩盤が侵食されて形成された海食柱とピンク色の花崗岩などが連続する海岸線が広がっている。道中、たくさんの枝分かれしたトレイルがあり、そこから浜辺の探索もできるし、大西洋の壮大さを味わうための、ひっそりとしたスポットを見つけられるかもしれない。このハイキングのすばらしい特色に、モニュメント湾とサンダー・ホールがある。ここは岩にぶつかった波の轟きが響く、小さいが感動的な入江だ。

　落ち着いた小道と見事な景色があり、当然ながら、オーシャン・パスはアーカディアでもっとも人気の高いトレイルのひとつだ。午前9時から午後3時までがいちばん人混みの多い時間帯であることを忘れずに。もっと静かなひとときを望むなら、夜明け前にハイキングを開始するのがよい。オッター・クリフの辺りからの日の出を見逃さないようにしたい。夜明けの光線に照らされたピンクの花崗岩の岬、トウヒの森、そしてきらめく水は、崇高な海の芸術を生み出す。そして、あなたはこう思うかもしれない、「毎日これくらい早く起きてみようかな？」と。

　さらに長距離で難易度が高いものが好みならば、ゴーラム・

マウンテン・トレイル経由でサンド・ビーチに戻る手もある（地図参照）。オーシャン・パス全体が遠くに小さく見えるゴーラム山の頂上（158メートル）からの景色は見事だ。（注：7月の下旬から9月中旬にかけて、山頂にあるたくさんの茂みの中からブルーベリーをおやつ代わりに楽しめる。）スタート地点に戻る最後の区間で、昔からあるビーハイブ・トレイル経由で下れば、さらにループを遠回りできる。もっとも上級レベルのビーハイブ・トレイルには、花崗岩の階段と手すり、そして鉄製のはしごの助けを借りて崖肌を下るスポットも含まれている（写真参照）。このオプションは高所恐怖症の人や悪天候の際にはおすすめしない。

　アーカディアの多様な自然の魅力を体験するには、徒歩や日の出以上に満足する方法はない。特別な装備は必要ない。体を鍛えておく必要もないし、ハイキングの経験を積んでおく必要もない。絶対的に必要なのは、1日を始めるための頼りになるアラーム時計と濃いコーヒーだけだ。結局のところ、アメリカでいちばん最初に太陽を拝める人のひとりになれるチャンスなんて、何回あるのだろう？

参考情報

スタート地点／ゴール地点
サンド・ビーチ駐車場

季節
1年中

許可
アーカディア国立公園のハイキングに許可は不要だが、5〜9月のピークシーズンの期間はすべての来園者は入口で入場料を払わなければならない。

お役立ちヒント

メイン・ロブスター
絵画のように美しい村、バー・ハーバーはアーカディア国立公園の中心で、メイン州が世界に誇るロブスターを味わえる、すばらしいシーフード・レストランには事欠かない。サーストンズ、ビールズ、トレントン・ブリッジ、トラベリンズ・ロブスター、サイド・ストリート・カフェ、サースティ・ホエールズなどがおすすめ。

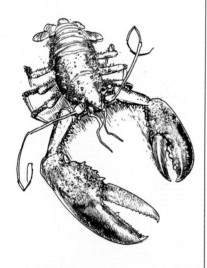

人混みを避けるために
毎年アーカディア国立公園を訪れる85パーセント以上の人は、6〜9月の間にやって来る。もし人混みを避けたいのであれば、春か秋（紅葉がすばらしい）、あるいは冬の寒い時期に訪問を計画するのが理想的だ。もし仕事、あるいは家族の都合で夏しか来られないのであれば、週末あるいは祝日を避けて、トレイルには日の出に到

着するようにすれば人混みを回避できる。

アーカディアの
そのほかのハイキング・オプション
1. プレサパス・トレイル
2. ジョーダン・ポンド・ループ
3. ペノブスコット山（スプリング・トレイル経由）
4. キャデラック・マウンテン・サミット・ループ
5. バブル・ロック・トレイル
6. バス・ハーバー・ヘッド・ライト（灯台）

動物＆植物

ハヤブサの復活
近年、アーカディアのいくつかの崖と遊歩道はハヤブサの巣ごもりを保護するため、定期的に一般の立ち入りを禁止している。プレサパス・トレイル、ジョーダン・クリフ・トレイル、そしてバレー・コーブ・トレイルなどがそれに該当する（オーシャン・パス、ゴーラム山とビーハイブ・トレイルは常時開いている）。ハヤブサは地球上でもっとも速い動物で、獲物を目掛けて飛んでいくときは時速322キロを超えるスピードが出せる。この驚くべき鳥はアメリカ東部原産だが、1960年代半ばになると、もはや繁殖種ではなく絶滅危惧種とみなされていた。科学者たちは、この原因は人間にあると考えた——すなわち、農薬、公害、巣の略奪、狩猟である。アメリカ東部にハヤブサの自己持続可能な個体群を復活させるという「ハヤブサ復活プログラム」の目標に、アーカディアは重要な役割を果たしている。このアーカディアの巣ごもりプログラムの成功は、公園の優れた保護事例のひとつだと、公園管理者は評している。

基礎知識

ロックフェラーの馬車道
193キロ以上のハイキング・トレイル以外にアーカディアが誇るのは、園内にある72キロの自動車乗り入れ禁止の馬車道だ。1913年から1940年にかけて整備されたこのシステムは、「砕石」で作られた道と等しく見事な石橋を使って完璧に建設され、慈善家ジョン・D・ロックフェラーが資金を提供した。この道はハイカーと自転車に乗る人、乗馬者、そして馬車専用になっている。

近隣：100マイル自然保護公園

アーカディア国立公園の北西に2時間少々のドライブで、メイン州でいちばん有名な山の麓に行き着く。南のモンソンから北のバクスター州立公園まで広がり、100マイル自然保護公園は、それ自体が伝統的なハイキング旅行であるだけでなく、世界的に有名なアパラチアン・トレイル（AT）の最北端でもある。広範囲にわたるパノラマを満喫するのに

うってつけの非常に高い山頂が時折出現する一方、道中は困難で人の気配もなく、たいていぬかるんでいて、数えきれないほどの小川や滝、池そして湖を通り抜けていく。100マイル自然保護公園の北端は、州内で最高峰（1605メートル）の伝説的なカタディン山で、この名前はこの地の先住民、ペノブスコットの人々に由来し、「もっとも見事な山」の意味をもつ。カタディン山の頂上まで登るのは、おそらくこのトレイルのなかでいちばんのチャレンジだろう——登り道ではわずか8.4キロの距離で1219メートルを登りながら、巨大な断崖を乗り越えなければならない。しかし、その努力はやがて報われる。頂上からの眺めはニューイングランドでもっとも美しい景色だからだ。挑戦度が高いハイキングに、これ以上ふさわしいフィナーレは想像できない。

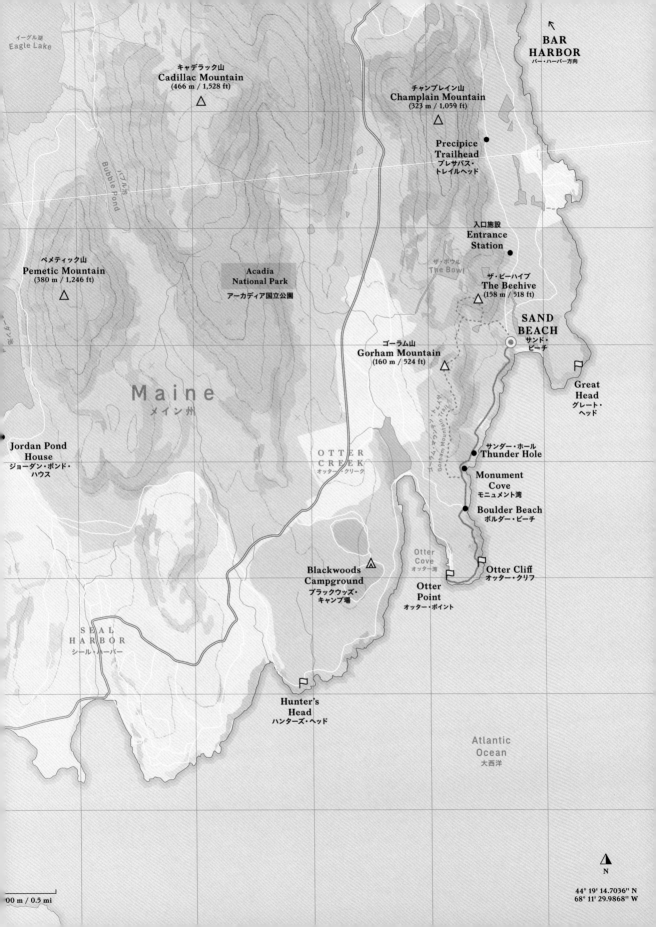

イーグル湖
Eagle Lake

キャデラック山
Cadillac Mountain
(466 m / 1,528 ft)
△

チャンプレイン山
Champlain Mountain
(323 m / 1,059 ft)
△

BAR
HARBOR
バー・ハーバー方向

Precipice
Trailhead
プレサバス・
トレイルヘッド

入口施設
Entrance
Station

ペメティック山
Pemetic Mountain
(380 m / 1,246 ft)
△

Acadia
National Park
アーカディア国立公園

ザ・ボウル
The Bowl

ザ・ビーハイブ
The Beehive
(158 m / 518 ft)
△

SAND
BEACH
サンド・
ビーチ

Bubble Pond

ゴーラム山
Gorham Mountain
(160 m / 524 ft)
△

M a i n e
メイン州

Great
Head
グレート・
ヘッド

OTTER
CREEK
オッター・クリーク

サンダー・ホール
Thunder Hole

Jordan Pond
House
ジョーダン・ポンド・
ハウス

Monument
Cove
モニュメント湾

Boulder Beach
ボルダー・ビーチ

Otter Cove
オッター湾

Blackwoods
Campground
ブラックウッズ・
キャンプ場
△

Otter Cliff
オッター・クリフ

Otter
Point
オッター・ポイント

SEAL
HARBOR
シール・ハーバー

Hunter's
Head
ハンターズ・ヘッド

Atlantic
Ocean
大西洋

N

00 m / 0.5 mi

44° 19' 14.7036'' N
68° 11' 29.9868'' W

SOUTHEAST

南東部

南東部でのハイキングは荘厳な景色を求めてするのではない。
その美しさは、ドラマチックというよりは、繊細で瞑想的であることが多い——
荒れ狂う川の代わりにさらさら音を立てて流れる小川、
そそり立つ山頂の代わりになだらかな丘、そして高山湖の代わりに透き通った池。

DEEP CREEK TRAIL
(ST. MARKS NATIONAL WILDLIFE REFUGE)

ディープ・クリーク・トレイル
（セント・マークス国立野生生物保護区）

たくさんの鳥と蝶と
アリゲーター

Florida
フロリダ州

トレイルについて

→ 距離　　　：19.8キロ
→ 所要時間　：5〜7時間
→ レベル　　：初級

　1931年に創立されたフロリダ州北東部沿岸のセント・マーク
ス国立野生生物保護区（NWR）は、アメリカ国内でもっとも古
い野生生物保護区のひとつだ。ほぼ1年中静かな場所で、人よ
りもアリゲーターと出くわすことのほうが多く、車のエンジン音
よりもカエルの鳴き声のほうがよく聞こえてくる。275平方キロ
の沼地と島、砂浜そして潮が満ち引きする入江に囲まれたセン
ト・マークスの河口の環境は、小さいけれども整備の行き届い
たトレイル・システムを誇る。ここではさまざまな種類の動植物

のなかで、ひとり探検旅行をしながら、おだやかなハイキング
体験ができる。
　ビジター・センターの南東方向に車で数分の場所がスタート
とゴール地点で、ディープ・クリーク・トレイルはセント・マークス
野生生物保護区のなかの主要道だ。距離は19.8キロで、白い
道標が立てられており、古い伐採道路と小さな池を囲む土手
をたどっていく。景色のよい環状コースはマツの平林やイトスギ
ギの沼、広々とした沼地などのさまざまな生態系の間を通り抜
ける。トレイルで野生生物を観察できる機会は多く、鳥類とア
メリカン・アリゲーターは特筆に値する。
　もともとセント・マークスは渡り鳥のための保護区として設
立され、敷地内では300種以上の羽の生えた生き物が記録さ
れている。この鳥類の楽園はたくさんの種類の水鳥や猛禽類、

ほぼ1年中静かな場所で、人よりも
アリゲーターと出くわすことのほうが多く、
車のエンジン音よりも
カエルの鳴き声のほうがよく聞こえてくる。

← リング・レビーのキャンプ場所。
↓ メキシコ中部に戻る途中のモナーク・バタフライ。
↓↓ スナガニ（Uca）。

浜鳥や渉禽類の生息地だ。より繊細な羽の生えた蝶の仲間
では、モナーク・バタフライ（オオカバマダラ）も毎年10〜11月に
このNWRで観察できる。毎年越冬のため南へ移動する際に、
何千匹ものモナーク・バタフライが豊富なトウワタを食べるた
めにやってくる。そして、メキシコ湾を越えてメキシコ中部の高
地への3219キロの旅を続ける。毎年秋にセント・マークスでは
モナーク・バタフライ・フェスティバルが開催され、ためになる実
演会や野生生物に関する展覧会、ライブミュージックやおいし
い食べものが楽しめる。
　たくさんの鳥や蝶のほかに、セント・マークスは1年中アリ
ゲーターがいる場所でもある。この有史以前の驚くべき動物
は、1億5000万年以上前から存在し、母なる自然の究極のサバ
イバーの一種といえる。同時代の恐竜とは異なり、アリゲー

↑ アメリカでもっとも手付かずの湿原のひとつ、フロリダ州のビッグ・ベンド・コーストを南に眺める。
↓ オオアオサギ（Ardea herodias）。

ターは約6500万年前に起きた白亜紀第三紀の絶滅をなんとか乗り切った（その仲間にはサメやウミガメ、カモノハシ、ハチ、ヘビ、そして残念なことにゴキブリもいる）。

　成熟したオスのアメリカン・アリゲーターは体長3.4〜4.6メートル、体重は453キロを超える。メスは2.4メートル程度まで成長する。ディープ・クリーク・トレイルの土手をハイキングしていると、沼の水のなかに潜んでいたり岸辺でひなたぼっこをしていたりする多くのアリゲーターに遭遇するだろう。肉食の捕食動物ではあるが、アリゲーターは元来おとなしい動物だ。人間が常識に従う限り（エサをやらないことと、常に少なくとも20メートルの距離を保つこと）、アリゲーターに攻撃されるよりも、雷に打たれるか宝くじが当たる確率のほうが高いだろう。

　ディープ・クリーク・トレイルの環状コースを一周するには5〜7時間かかる。ハイキングの前か後に、車ですぐの距離にある、この保護区でもっとも有名な人造の見どころであるセント・マークス灯台に立ち寄ることをお忘れなく。1842年に建造され、フロリダ州では2番目に古い灯台である。日の出や日没の瞬間に海の信号灯のシルエットを見るのは、心を奪われる体験だ——そして、アメリカ沿岸の真の至宝であるセント・マークス国立野生生物保護区の豊かな生態系を堪能する一日には、うってつけの場所である。

↑ セント・マークスのバイユーをパトロールするアリゲーター。
↓ 低湿地を抜ける板道。

参考情報

スタート地点／ゴール地点
ディープ・クリーク・トレイルヘッド
ライトハウス・ロード（少数の駐車スペースあり）

季節
10〜5月

許可
ディープ・クリーク・トレイルのハイキングに許可は不要だが、野生生物保護のために少額の入園料を払う。自転車と馬もトレイルに入れる。

お役立ちヒント

トレイルの状況
- 鳥も哺乳類もともに早朝あるいは遅い時間がいちばん活動的だ。野生動物観察のチャンスを増やすなら、それに応じてトレイルに行く時間を計画するのがいい。
- セント・マークスにはたくさんの動物がいるので、ここでのハイキングには双眼鏡を持参することを大いにおすすめする。もし持っていなければ、ビジター・センターで借りられる。
- 動植物の野外観察図鑑はビジター・センターで入手可能。
- トレイルには飲料水がないので、水をたくさん持って行くこと。3〜4リットルを推奨する。

動物＆植物

アリゲーターの5つの事実
1. アリゲーターには74〜80本の歯がある。歯がすり減ってなくなると新しい歯が生えてくる。アリゲーターは生涯を通じて2000本以上の歯が生えると推測されて

いる。
2. アリゲーターとクロコダイルの見分け方はいくつかあるが、いちばん簡単なのは、鼻の形だ。アリゲーターの鼻先は広くてU字型だが、クロコダイルはV字型でより尖っている。

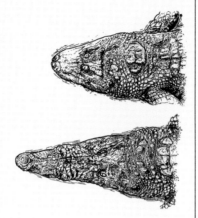

3. クロコダイルとは異なり、アリゲーターは主に淡水動物で、沼や湖、川、低湿地に生息する。注：数日間ならアリゲーターは海水環境でも生存できる。
4. アリゲーターは水中でも音が聞き取れる。
5. アリゲーターの平均寿命は50年。

基礎知識

フロリダ・トレイル
ディープ・クリーク・トレイルは、そのほぼ半分の距離をフロリダ・ナショナル・シーニック・トレイル（FNST）と共有している。全長は、ルート選択によって1770キロから2092キロの範囲で、北はペンサコーラのビーチから南のビッグ・サイプレス国立保護区までFNSTは広がっている。オレンジ色の道標ではっきり表示されたトレイルは、湿原や低木地帯、松林、ハードウッド・ハンモックとパルメット・ヤシの平原を通過する。いちばん高い地点がわずか海抜82.3メートルで、世界でもっとも平坦なトレイルかもしれない。
FNSTのバラエティに富んだ環境は、同じく多種多様な動物の生息場所にもなっている。道中、ブラックベアやアナホリゴファーガメ、イノシシ、ヌママムシ、アリゲー

ター、そして多くの鳥類を見かけるだろう。代表的な存在のフロリダ・パンサーを見ることができたらとても幸運だ。隠れて暮らすクーガーの亜種であるこの動物は、フロリダ州南西部の沼地や森に生息し、アメリカの絶滅危惧種のなかではいちばん大きい。1970年代にはたった20頭の野生のパンサーしか生息していないと推測されていたが、近年復活し始めて、2018年現在では200頭以上に増えたといわれている。

著者の裏話

有史以前のベッドのお供
2011〜2012年の冬、私はペンサコーラ・ビーチからビッグ・サイプレス国立保護区までのフロリダ・ナショナル・シーニック・トレイルを歩いていた。このハイキングでの私のお気に入りのキャンプスポットは、ディープ・クリーク・トレイルの南地区にあるリング・レビー・キャンプ場だった。入江の端に腰を下ろし沼や湖に囲まれると、北フロリダの有名なビッグ・ベンド・コーストの信じられないほど素晴らしい広がりが見える。景色に加えて、セント・マークス国立野生生物保護区で過ごしたお気に入りの夜の思い出は、私のキャンプ仲間だった。
とある12月の曇った日の午後、リング・レビーに到着するまでの間に、黒みがかった水のなかやセント・マークスの土手沿いにいたアリゲーターの数は、17頭を下らなかった。この有史以前の動物に、私は魅了されていた。その一方で、彼らは私の存在をまったく気に留めていない様子だった――そして、私のほうもそのことにまったく問題はなかった。タープを張り終えると、別のアリゲーター（18番目）をキャンプする場所からそう遠くない所に見つけた。ライトを消して暗闇がやってくると、私はこんなことを考えて楽しんでいたのを覚えている、「もしや、フロリダの人たちは眠りに落ちるとき、羊の代わりにアリゲーターを数えるのではないか？」と。

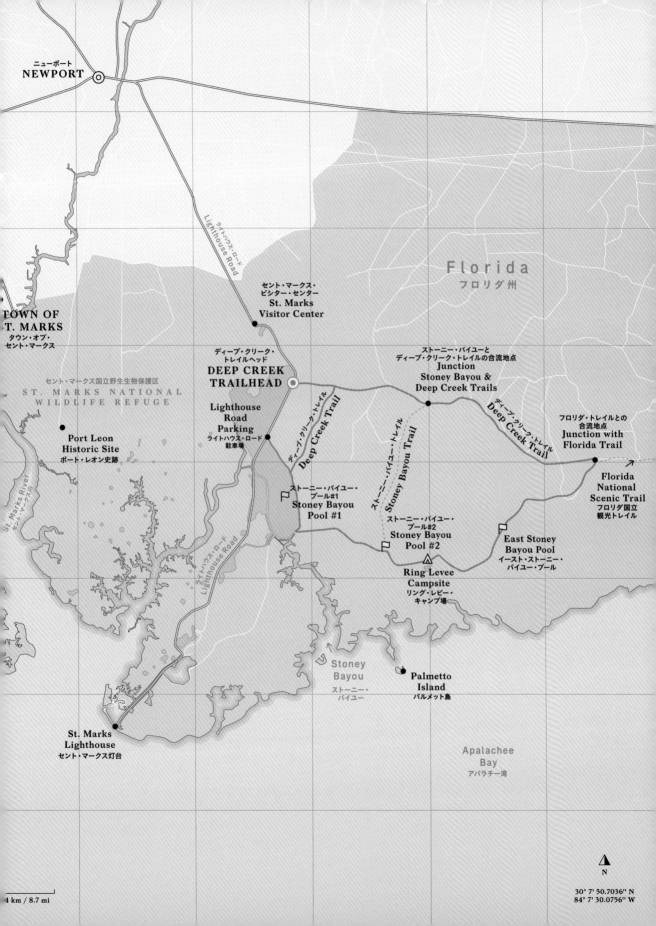

ニューポート
NEWPORT

Florida
フロリダ州

セント・マークス国立野生生物保護区
ST. MARKS NATIONAL
WILDLIFE REFUGE

TOWN OF
ST. MARKS
タウン・オブ・
セント・マークス

セント・マークス・
ビジター・センター
**St. Marks
Visitor Center**

ライトハウス・ロード
Lighthouse Road

ディープ・クリーク・
トレイルヘッド
**DEEP CREEK
TRAILHEAD**

Lighthouse
Road
Parking
ライトハウス・ロード
駐車場

Port Leon
Historic Site
ポート・レオン史跡

ディープ・クリーク・トレイル
Deep Creek Trail

ストーニー・バイユー・
プール#1
**Stoney Bayou
Pool #1**

ストーニー・バイユー・トレイル
Stoney Bayou Trail

ストーニー・バイユーと
ディープ・クリーク・トレイルの合流地点
**Junction
Stoney Bayou &
Deep Creek Trails**

ディープ・クリーク・トレイル
Deep Creek Trail

フロリダ・トレイルとの
合流地点
**Junction with
Florida Trail**

**Florida
National
Scenic Trail**
フロリダ国立
観光トレイル

ストーニー・バイユー・
プール#2
**Stoney Bayou
Pool #2**

East Stoney
Bayou Pool
イースト・ストーニー・
バイユー・プール

ライトハウス・ロード
Lighthouse Road

St. Marks River
セント・マークス川

Ring Levee
Campsite
リング・レビー・
キャンプ場

Stoney
Bayou
ストーニー・
バイユー

Palmetto
Island
パルメット島

St. Marks
Lighthouse
セント・マークス灯台

Apalachee
Bay
アパラチー湾

4 km / 8.7 mi

N

30° 7' 50.7036" N
84° 7' 30.0756" W

CEDAR RUN-WHITEOAK CANYON LOOP
(SHENANDOAH NATIONAL PARK)

シーダー・ラン＝ホワイトオーク・キャニオン・ループ
（シェナンドー国立公園）

ブルー・リッジ山脈で
滝を追いかけて

Virginia
バージニア州

トレイルについて

→ 距離　　：21キロ
→ 所要時間：6〜9時間
→ レベル　：中級

ワシントンDCの西120キロの場所に位置するシェナンドー国立公園（SNP）は、アメリカ合衆国国立公園局におけるチリである——細長くて山に囲まれた地形だからだ。バージニア州ブルー・リッジ山脈の頂上をまたぐように広がるこの公園は、アメリカ東海岸に住むハイカーやバックパッカーたちのメッカで、園内には805キロ以上の道が走っている。なかでも特筆すべきは、アメリカでもっとも美しい滝のトレイルのひとつ、シーダー・ラン＝ホワイトオーク・キャニオン・ループだ。

シェナンドーのもっとも深い2つの峡谷を結ぶこの環状コースの距離は21キロで、総獲得標高は1260メートル。トレイルはきちんと表示がされていて歩きやすいが、岩だらけの地形と傾斜が急なので、簡単と言うには程遠い。ほとんどのハイカーはここを一周するのに6〜9時間かけるが、道中にとてもいいキャンプ場所のオプション（参考情報参照）があるので、すばらしい宿泊の旅にもなる。シーダー・ラン＝ホワイトオーク・キャニオン・ループには、始まりと終わりの地点がいくつもあるが、東端のウィークレー・ホロー・ファイヤー・ロードから出発するのがおそらく一番いいだろう。時計回りに進めば、道中のいちばんきつい登り道は、まだ元気がある1日の早い時間帯に済ませることができる。シーダー・ラン・トレイルを登るとき、地面は一様に険しく、そして印象的だ。いくつもの連なったほとばしる滝と、湧水、そして背景にコケやシダが生えていて、思わず飛び込みたくなる池が次々と出てくるだろう。巣ごもりしているウグイスやエボシクマゲラ（キツツキ）のような、峡谷に住む鳥たちに注意を払って、耳と目を開いておくといい。

シーダー・ラン峡谷の半分までやってくると、「大きな滝」に立ち寄って、ハーフ・マイル・クリフを愛でることを忘れずに。長い岩の滑り台から深くて冷たい滝つぼに飛び込めるのがこの場所で、夏の暑い日には必須だ！　危険に見えるが、みんな怪我をせずに安全に飛び込んでいる（一口メモ：道中、小さな滝に立ち寄るのも忘れずに。大きい滝は注目［そして人混みも］を集めるが、少し横道に外れて進むと、ご褒美として滝と滝つぼをひとり占めできる）。

滝を過ぎて間もなく、トレイルはスカイライン・ドライブに近づくにつれ勾配がゆるやかになってくる——ここはSNPの全長に相当するブルー・リッジ山脈の頂上をたどる、有名な169キロの道だ。ここから、トレイルはさらに垂直に215メートル登り、この国立公園の地理学上の最高峰、ホークスビル山の頂上（1235メートル）に到着する。西に広がるシェナンドー・バレーの景色と、東側にはバージニア州のピードモント地方のゆるやかに起伏する丘があり、そのパノラマは壮観だ。運がよければ、頂上の下の崖に巣ごもりしている、威厳のあるハヤブサが見つけられるかもしれない。

ホークスビル山を下りて、絶滅危機にあるシェナンドー・サラマンダー（サンショウウオ）の名前に由来する（参考情報参照）

← ランチあるいは物思いにふけるのに最高の場所。アッパー・フォールズはホワイトオーク峡谷でいちばん高い滝（26メートル）だ。
↑ ホワイトオーク峡谷の岩だらけで険しい道。

道中、小さな滝に立ち寄るのも忘れずに。
大きい滝は注目（そして人混みも）を
集めるが、少し横道に外れて進むと、
ご褒美として滝と滝つぼを
ひとり占めできる。

この公園は、
アメリカ東海岸に住む
ハイカーやバックパッカー
たちのメッカで、園内には
805キロ以上の道が
走っている。

↑ ホークスビル山の頂上（1235メートル）からシェナンドー・バレーを見下ろす。
← ピンクのツツジ（Rhododendron periclymenoides）。
↗ 赤い斑点の紫の蝶（Limenitis arthemis）。
→ ホワイトオーク・キャニオンのアッパー・フォールズのすぐ上にあるロビンソン川を越える。

サラマンダー・トレイルを西へ向かうと、世界的に有名なアパラ
チアン・トレイル（AT）に合流する。AT沿いにはもっとすばら
しい景色があり、ベティーズ・ロックへの短時間の寄り道は時
間を費やす価値がある。スカイランドの少し手前にあるホワイ
トオーク・キャニオン・トレイルとの合流地点にたどり着くまで
北へ進む。ここまで来たら、ホワイトオーク峡谷にある6つの
大きな滝のなかで最長の、見事なアッパー・フォールズに着くま
で、南東に徐々に下っていく。おやつを食べたり、大滝の上にあ
る崖から見る広々とした景色を楽しめる、のどかなスポットだ。

　アッパー・フォールズを過ぎた後は、足元に用心しなければ
ならないような険しい区間もあるほど、トレイルは急激にロー
ワー・フォールズへ下っていく。もし一帯に広がった岩や流路、
そして、またすぐに飛び込める眼下の大きな滝つぼのことを考
えると、ローワー・フォールズはこのハイキング全体を通してい
ちばん美しいかもしれない。ここでのんびりと景色を楽しんで
いると、ホワイトオーク・キャニオンを形成する役目を担った、ロ
ビンソン川の流水の音に癒されるだろう。ここから道はさらに
なだらかになり、曲がりくねりながらウィークレー・ホロー・ロー
ドの登山口へと戻る。

　シーダー・ラン＝ホワイトオーク・キャニオン・ループは、シェナ
ンドー国立公園の見どころのひとつだ。ブルー・リッジ山脈の
魅力的な景色や、数々の滝、様々な種類の野生生物とともに、
アメリカで6番目に大きい都市、ワシントンDCまで近いことが
このハイキングを印象的にしている。もしこの町あるいは、そ
の近くに滞在していたら、2時間以内のドライブで公園に行け
るので、週末の充電に最適だ。

参考情報

スタート地点／ゴール地点
ローワー・ホワイトオーク・キャニオン・トレイルヘッド
ウィークレー・ホロー・ファイヤー・ロード上にある（日中使用料）

代替コース
- ホークスビル・ギャップ駐車場、スカイライン・ドライブの45.6マイル地点（入園料あり）
- アッパー・ホワイトオーク・キャニオン駐車場、スカイライン・ドライブの42.6マイル地点（入園料あり）

最高地点／最低地点
ホークスビル山（1235メートル）
ローワー・ホワイトオーク・キャニオン・トレイルヘッド（350メートル）

季節
１年中。春には野の花やハナミズキ、アメリカ・ハナズオウ、アメリカ・シャクナゲが咲く。秋には生い茂った落葉樹林が一面をオレンジや赤、黄色に染めて活気づく。氷点下の天候が気にならなければ、冬もすばらしい。秋の紅葉のおかげで、凍った滝と尾根からのさらに際立った眺めが楽しめる。夏は暑くて湿度も高いが、峡谷の池で泳ぐのはいっそう気持ちがよい。

見どころ
1. ホワイトオーク・キャニオンの高さ10.7〜26.2メートルの大きな6つの滝。
2. シェナンドー・サンショウウオを見つけること。
3. シェナンドー国立公園の最高峰、ホークスビル山の頂上からの眺め。
4. 世界的に有名なアパラチアン・トレイルの区域をハイキングすること。
5. シーダー・ランの滝を滑り降りて、冷たい水のなかを泳ぐこと。

お役立ちヒント

頂上から見る日の出
時間があれば、ホークスビル山の麓付近にキャンプをして翌朝、頂上からの日の出を見るために登るのもいい。アパラチアン・トレイルを西に往復2キロの迂回路にあるロック・スプリング・ハットの近くには、たくさんのいいキャンプ場がある。

動物＆植物

ワシントンDCから近いことを考えると、シェナンドー国立公園では思いのほか野生が感じられる。植物に関しては、峡谷の下方はシダやコケ、湧水が多く、雨林のようだ。
トレイル沿いでは、ハイカーたちはヒッコリーやドクニンジン、どこにでもある赤いカエデはもちろん、ホワイト・オークやレッド・オーク、チェスナット・オークの林を通り抜けていく。
野生動物に関しては、ヤマネコ、コヨーテ、カワウソ、ハヤブサ、ワタリガラス、シェナンドー・サンショウウオのほかに、堅実な数のブラックベアも生息している。

シェナンドー・サンショウウオ
シェナンドー国立公園の固有種である、絶滅危惧種のシェナンドー・サンショウウオはプレトドン科（訳注：両生網有尾目に属する科の一種）の仲間で、肺がなく皮膚を通じて呼吸する。体長は7.5〜11センチで、細い赤あるいは黄色の線が背中全体についたものと、線なしで鉛色の斑点があるものの2種類がいる。

ボーナス情報

ブルー・リッジ山脈は、昔からハイキング愛好家たちと音楽愛好家たちにも賞賛されてきた。後者に関しては、何十年にもわたり、多くのフォークやカントリーミュージックのアーティストたちが、この有名なアパラチアン山脈にまつわる曲や、アルバム丸ごとさえも捧げてきた。なかでも、アラン・ジャックソンの『ブルー・リッジ・マウンテン・ソング』とドリー・パートンの『マイ・ブルー・リッジ・マウンテン・ボーイ』が有名だ。バンジョー好きなら、フラット＆スクラッグズの1957年の名曲『ブルー・リッジ・キャビン・ホーム』を気に入るだろう。もっと歴史的に遡ったものに興味があるなら、『ザ・トレイル・オブ・ザ・ロンサム・パイン』がある。1913年に発表され、愛する女の子とまた会うためにブルー・リッジ山脈に帰りたいと歌うこの有名なバラードは、ローレル＆ハーディの「極楽コンビ」が出演した1937年の映画『宝の山』に起用された。
この曲の「家へ帰る」というテーマはブルー・リッジ山脈にまつわる歌の多くに見られる。ほっとする気持ちになり、この地方から来た人々に親近感や共有する経験を思い起こさせるのがこの山脈なのだ。ノースカロライナ州出身の伝説的カントリー・ミュージシャン、ロニー・ミルサップの言葉を借りれば、次の通りだ：

ブルー・リッジ・マウンテンが緑になった／また家に帰りたい、山の友に会いに／春の季節はぼくの心を開かせる／山のいつものいい空気を分かち合いたくなる。

誰にとっても人生は始まったばかりで自由だ／ブルー・リッジ・マウンテンの呼びかけに答える人たちには／ブルー・リッジ・マウンテンが緑になった／また家に帰りたい、山の友に会いに。

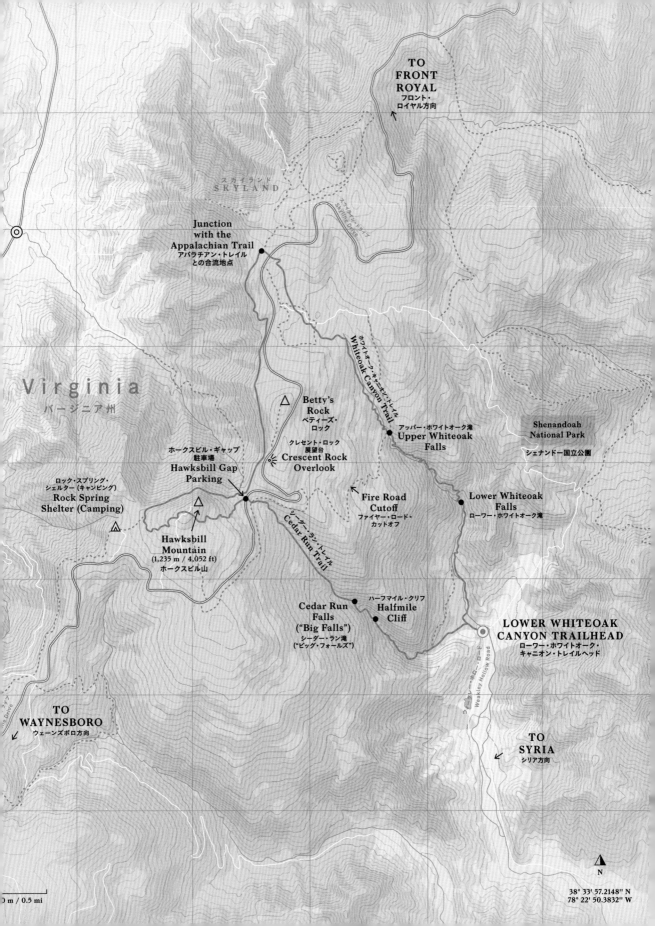

TO
FRONT
ROYAL
フロント・
ロイヤル方向

SKYLAND
スカイランド

Junction
with the
Appalachian Trail
アパラチアン・トレイル
との合流地点

Whiteoak Canyon Trail
ホワイトオーク・キャニオン・トレイル

Virginia
バージニア州

Betty's
Rock
ベティーズ・
ロック

Upper Whiteoak
Falls
アッパー・ホワイトオーク滝

Shenandoah
National Park
シェナンドー国立公園

Crescent Rock
Overlook
クレセント・ロック
展望台

ホークスビル・ギャップ
駐車場
Hawksbill Gap
Parking

Fire Road
Cutoff
ファイヤー・ロード・
カットオフ

Lower Whiteoak
Falls
ローワー・ホワイトオーク滝

ロック・スプリング・
シェルター（キャンピング）
Rock Spring
Shelter (Camping)

Cedar Run Trail
シーダー・ラン・トレイル

Hawksbill
Mountain
(1,235 m / 4,052 ft)
ホークスビル山

Cedar Run
Falls
("Big Falls")
シーダー・ラン滝
("ビッグ・フォールズ")

ハーフマイル・クリフ
Halfmile
Cliff

LOWER WHITEOAK
CANYON TRAILHEAD
ローワー・ホワイトオーク・
キャニオン・トレイルヘッド

Weakley Hollow Road

TO
WAYNESBORO
ウェーンズボロ方向

TO
SYRIA
シリア方向

0 m / 0.5 mi

N

38° 33' 57.2148" N
78° 22' 50.3832" W

BARTRAM TRAIL
バートラム・トレイル

「花の狩人」の
足跡をたどって

Georgia and North Carolina
ジョージア州、ノースカロライナ州

トレイルについて

→ 距離　　：187キロ
→ 所要時間：5〜7日
→ レベル　：中級

　バートラム・トレイル（BT）はアパラチア山脈南部にある、知る人ぞ知る特別な遊歩道である。ジョージア州とノースカロライナ州のおだやかな森林帯を187キロ、曲がりくねりながら、BTは世界的に有名なアパラチアン・トレイルがかつてどのような雰囲気だったかを垣間見せてくれる。同じ山に同じ動植物があり、徒歩の人の往来はごくわずかなので、アパラチアン・トレイルよりも孤独を求めるハイカーやバックパッカー向けの静けさが残されている。

　このトレイルは、18世紀の植物学者でありアーティストであり、文筆家、そして万能なアウトドア人間でもあったウィリアム・バートラムにちなんで名付けられた。歴史学者のジュディス・マギーによると、「独立以前のアメリカの自然史においていちばん影響をおよぼした唯一無二の人物」で、バートラムは1773〜1777年の間にアメリカ南東部を広く旅した。そして、この地方の動植物や先住民に関する観察記録を詳細なメモと絵にしてまとめた。それらの作品を集めた『バートラムの旅行記（Bartram's Travels）』は1791年に出版され、この地域の先住民の文明が進んでいるという印象――著者は彼らと互いに尊重し合う関係を奨励していた――と、植物科学の世界に果たした多大な貢献の両面で、またたく間に認められた。

　バートラムの功績はアート界においても明らかで、もっとも顕著なのがイギリスのロマン派詩人サミュエル・テイラー・コールリッジと、友人であり共同制作者のウィリアム・ワーズワースの作品に現れている。コールリッジの『老水夫行(The Rime of the Ancient Mariner)』と『クーブラ・カーン (Kubla Khan)』の一部は、ワーズワースの『抒情民謡集 (Lyrical Ballads)』のなかの「ルース」と同様に、バートラムからインスピレーションを受けている。

　名前の由来が植物学者であることからも期待が湧くように、このトレイル沿いには印象的な植物が勢ぞろいしている。ときには野イチゴやクロバナロウバイ、フレーザー・マグノリア、チョウセンニンジン、アメリカ・シャクナゲ、フ

↖ バートラム・トレイルのジョージア州区間にある文字が刻まれた石標。
↑ 木々の間から差し込む日光。

↑ バートラムのイキシア(Calydorea coelestina)。
↓ ノースカロライナ州区間で道案内をする黄色の長方形の道標。

レーム・アザレア、シャクナゲの茂みなどが見られる。森林に覆われた丘をゆっくりと進み、霧が立ち込める谷を下っていくと、トレイルには流れ落ちる滝や、さらさら流れる小川も出現する。バックパックを背負ってBTを旅することに関して言えば、手付かずの自然のなかでのさまざまな体験をする上で、臭覚、触覚、聴覚、味覚は、視覚と同等の位置づけである。

バートラム・トレイルの道案内については、ジョージア州では黄色いダイヤモンド型の道標、ノースカロライナ州では黄色い長方形の道標がきちんと表示されている。さらにジョージア州の区間では、きれいに彫り込まれた石の道標が独特だ。昔ながらのフォントと風雨にさらされた外観から、これがいちばんのお気に入りのトレイル標識だと思っているベテランのハイカーがたくさんいる。これ以外のトレイル上の特筆すべき人工物に、ラブン・ボールドとワヤ・ボールドの上に立つ石塔がある。晴れた日に、これらの地理的な高所から見渡せる360度のパノラマの景色は見事だ——日の出か日の入りの時間帯に到着するように計画するとよいだろう。

所々にある丘の上の展望台を除けば、バートラム・トレイルのほとんどは森林に覆われた道沿いにあり、広々とした眺めはほとんどなく、その間隔も長い。しかし、それでもいい。美しさにはさまざまなタイプがあり、ドラマチックよりもむしろ繊細な、そして距離感よりも親密感を宿している点がBTの魅力なのである。それはまさに、生涯の大半を植物の詳細を書き留めることに費やし、アメリカ南東部のセミノール族の人々の間で「花の狩人」として親しまれていたウィリアム・バートラムという男に捧げられたトレイルのあるべき姿だ。

所々にある丘の上の展望台を除けば、バートラム・トレイルのほとんどは森林に覆われた道沿いにあり、広々とした眺めはほとんどなく、その間隔も長い。しかし、それでもいい。美しさにはさまざまなタイプがあり、ドラマチックよりもむしろ繊細な、そして距離感よりも親密感を宿している点がバートラム・トレイルの魅力なのである。

↑ 低く垂れ込める雲の海から顔を出す丘の頂上。
← 秋のバートラム・トレイルのハイキングの最中、枯れ葉が散らばる滝。

参考情報

スタート地点／ゴール地点
北端
ノース・カロライナ州チェオア・ボールド
南端
ジョージア州ラッセル・ブリッジ

最高地点/最低地点
ワヤ・ボールド（1641メートル）
チャトゥーガ川（460メートル）

季節
4〜11月。春と秋が理想的。前者は野花のシーズンのピークで、後者には秋の色彩の万華鏡で輝く森が楽しめる。

見どころ
1. ジョージア州の全区間に置かれている文字が彫られたトレイルの標石。
2. ワヤ・ボールドから360度見渡せるパノラマの日の出の光景。
3. ひとりでいること。
4. さらさらと流れる小川と軋む木橋。
5. ほとばしる滝とエメラルドの池。

お役立ちヒント

フランクリンのパンプキン・フェスティバル
バートラム・トレイルは、187キロのコースのうち、たったひとつの町しか通過しない。それがノースカロライナ州フランクリンだ。アパラチア山脈のなかの主要なアウトドアの町として広く知られているこのフランクリンでは、必需品の供給に最適だし、レストランでの心暖まる食事もできるし（1食だけでなく2食でも）、数あるホテルのひとつでかなり豪華な夜を満喫するのもよい。
10月にフランクリンを訪れたら、毎年恒例のパンプキン・フェスティバルで行われる世界の先駆け（唯一？）であるカボチャ転がし競争に参加するチャンスがある。1983年から開催され、ストリートパフォーマーや山の工芸などを楽しめる。そして転がし競争を逃したとしても、パンプキンパイ食い競争で運試しもできる。

基礎知識

バートラム・トレイルの不思議
2000年代の初めに、バートラム・トレイルは『バックパッカー』誌の読者投票で、アメリカの長距離トレイルの孤独部門で1位になった。確かにそのとおりで、BTをハイキングしていて多くの（もし仮にいたとしても）ハイカーとすれ違うことは滅多にない。しかし、ここで謎が浮上する。トレイルが孤独さで1位に選ばれたが、ほとんどハイキングする人がいないとしたら、一体、投票したのは誰なのだろうか？

ボーナス情報

ノースカロライナ州フランクリンの近くにあるワヤ・ボールドはバートラム・トレイルでいちばん標高が高い、海抜1641メートルの場所だ。1937年、市民保全部隊によって建設された火事の見張り塔は「ワヤ」という名称で、チェロキー族の言葉で「オオカミ」を意味する。アメリカアカオオカミがかつて山や谷で叫び声を上げていたからそう呼ばれている。この景色のよい展望スポットはBTのハイライトのひとつだ。晴れた日には、北にチェオアやグレート・スモーキー山脈、南にはリトル・テネシー・リバー・バレーとサザン・ナンタハラ自然保護公園が見渡せる。

著者の裏話

アパラチア山脈を通る938キロのサウスイースタン・サーペンタイン・トレイル（SST）の一部分がバートラム・トレイルである。SSTは4本の別々のトレイル──グレート・スモーキー・マウンテンズ国立公園区間のアパラチアン・トレイルと、フットヒルズ、バートラム、ベントン・マッケイ──が組み合わさり、南アパラチアのあまり人の往来がないエリアを通過しながら、延々と続く長距離のハイキング・ルートを形成している。
サウスカロライナ州のテーブル・ロック州立公園から始まり、ジョージア州のスプリンガー山で終わるSSTは、4つの州を通過する（ほかの2州はノースカロライナ州とテネシー州）。多くのハイカーたちはここを踏破するのに30〜35日をかける。スモーキー・マウンテンズとフットヒルズを除けば、大半はトレイルをひとり占め状態にできる（全区間の約7割）。これは人気のあるアパラチア山脈では珍しいことだ。
サウスイースタン・サーペンタイン・トレイルをハイキングするのは、アパラチアン・トレイルが50年前の昔はどのようであったかを思いながら、時間を遡ることのようだ。山々はかつてのままで、開発も少なく、人の往来はさらに少ない。私は2011年秋にこの全区間を歩いた。その時のトレッキングの主な記憶は、毎年11月にアパラチア山脈の大部分を覆う落ち葉の海のなかをザクザクと踏み鳴らして進んでいく私の足音とともに体験した、孤独と静けさのひとときだ。

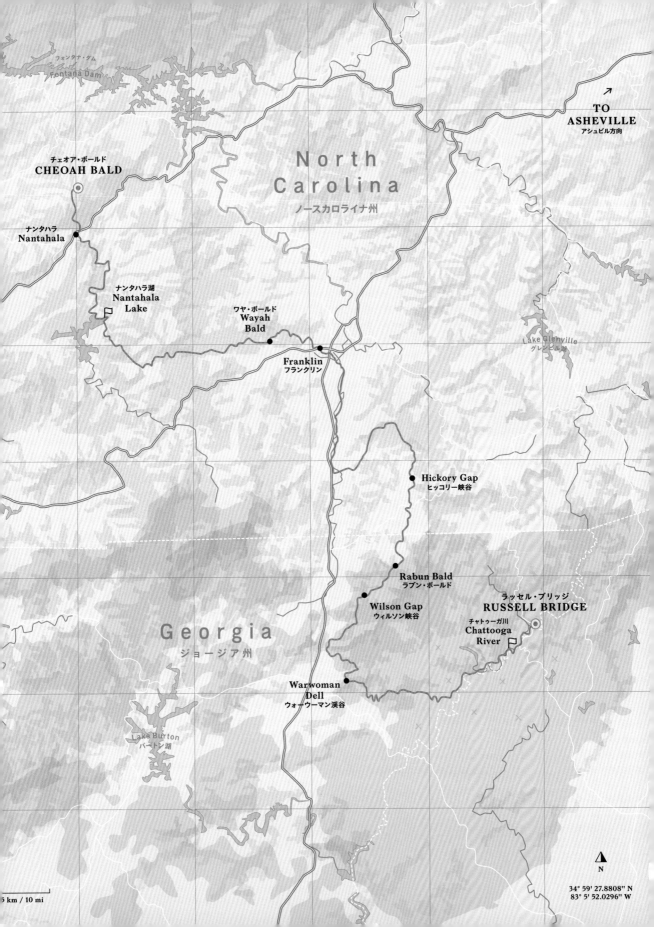

フォンタナ・ダム
Fontana Dam

TO
ASHEVILLE
アシュビル方向

チェオア・ボールド
CHEOAH BALD

North
Carolina
ノースカロライナ州

ナンタハラ
Nantahala

ナンタハラ湖
Nantahala
Lake

ワヤ・ボールド
Wayah
Bald

Franklin
フランクリン

Lake Glenville
グレンビル湖

Hickory Gap
ヒッコリー峡谷

Rabun Bald
ラブン・ボールド

Wilson Gap
ウィルソン峡谷

RUSSELL BRIDGE
ラッセル・ブリッジ

チャトゥーガ川
Chattooga
River

Georgia
ジョージア州

Warwoman
Dell
ウォーウーマン渓谷

Lake Burton
バートン湖

N

34° 59' 27.8808" N
83° 5' 52.0296" W

5 km / 10 mi

WEST

西部

アメリカ西部は長年、アウトドア愛好家にとってのインスピレーションの源である。
往古から変わらない海岸線から、そそり立つ火山や容赦ない砂漠地帯、荘大なシエラ・ネバダまで、
この地域には何度も眺めたくなる景色が随所にあり、唯一変わらないのは、
その景色が変化し続けていることである。

HALF DOME (YOSEMITE NATIONAL PARK)
ハーフ・ドーム（ヨセミテ国立公園）

巨大な石造りの
殿堂と空間

California
カリフォルニア州

トレイルについて

→ 距離　　：27.4キロ
→ 所要時間：10〜12日
→ レベル　：上級

　ハーフ・ドームは世界でもっとも有名な岩のひとつだ。ヨセミテ渓谷の上に、1466メートルを超える高さにそびえる花崗岩の一枚岩は、その巨大な存在感が何世代にもわたって訪れる人々を驚かせてきた。畏怖の念を抱いてただ見上げるだけでなく、その丸みのある頂上へ登ろうと試みる人たちを待っているのは、息をのむような、そして心が舞い上がるような、想像を絶する景色である。

　ハーフ・ドームを登ることは、景色が美しいと同時に、ロジスティックの面や肉体面では難易度が高い。ここは人気がある

ので、まずハイカーたちは許可取得審査の過程で、お役所の官僚的形式主義の厳しい試練に遭う（参考情報参照）。もし許可が取得できたら、総獲得標高2932メートルの、ヨセミテ国立公園でもっとも象徴的な目印である、頂上までの困難な往復の旅が待ち構えている――このすべてが27.4キロの範囲内で繰り広げられる。

　ハイキングはハッピー・アイルズ・トレイルヘッドから始まる（一口メモ：必ず起きる、日中の山頂での人混みを避けたいなら、夜が明ける1〜2時間前に出発するといい）。ヨセミテで有名なふたつの滝、バーナル・フォールとネバダ・フォールを越えて登っていく前に、まずトレイルは巨大なセコイアの森をゆるやかに進む。この区間を行くには、いくつかの選択肢がある：ミスト・トレイルかジョン・ミューア・トレイルだ。往路には後者の道、下り（復路）には前者を歩くのがおすすめだ。そうすれ

ヨセミテ渓谷は常に私にとって、巨大な
石造りの殿堂と空間のなかの朝焼けであり、
緑の輝きであり、黄金の奇跡である。
花崗岩の崖とドームのそそり立つ形、
岩と森に差すまばゆい光、そして滝と
小川の轟音やささやきを超えるほど、
人の心をつかんで離さない霊力をもった
彫刻や絵画や音楽を私は知らない。
最初はその巨大さに圧倒されるだろう。
やがて、私たちは繊細で説得力のある
自然の複雑さを理解し反応するのである。
—
アンセル・アダムス

← サブドームの頂上から、ハイカーたちは伝説のハーフ・ドームの頂上への上り道を初めて間近に見る。
↓ 金属ケーブルと木製のへぎ板が頂上への最後のひと押しを助けてくれる。

ば、夜明けのハーフ・ドームのすばらしい眺めが期待でき、その後、太陽が沈むときにはバーナル・フォールを間近に見る、ドラマチックな景色が待っている。

滝の上にはリトル・ヨセミテ・バレーという、束の間の休息が取れる場所がある。道はすぐに北に向かい、「サブドーム」と呼ばれる場所に到着するまで、さらにセコイアが生い茂る場所を登って行くので、可能なうちに平坦なエリアを楽しんでおくといい。最終の登りの手前の、険しいむき出しの場所は、トレイルのなかでもジグザグの道と階段を上って通過する区間で、わずか20〜30分の間に200メートルの高さを登る。頂上に到達すると、ハイカーは有名なハーフ・ドームの頂上と向かい合っていることに気付くだろう。

傾斜45度の恐ろしい坂なので、一枚岩の頂上への最後のひと押しには、金属ケーブルと木製のへぎ板の助けが必要だ。

クラウズ・レストの頂上から見えるハーフ・ドーム、テナヤ・キャニオン、ヨセミテ渓谷。

↑ アルペン・リリー(Lilium parvum)。
→ 人けのない場所にある滝と巨大な花崗岩の一枚岩。
↓ アワニー橋。

言うまでもなく、非常に険しい場所なので、多くのハイカーの膝はガクガク震え、気持ちがくじける原因となってきた(ほんの少しの間だけ!)。だが、心配は無用だ。一旦、出発してケーブルとへぎ板が——あえて言うが——岩のようにしっかりしていることがわかれば、登山は見た目ほど困難ではないと、多くの人が実感するだろう。この最後の部分は、ケーブルが混んでいなければたった15分程度、そうでなければ45分くらいかかる。ハーフ・ドームのハイキングでの上り下りが、自分のペースと人混みがない状態でできればさらに楽しめるので、夜明け前に出発した甲斐はまさにここで現れる。

一旦、頂上に到達したら、ひとつ深呼吸(20回でも)をして、この広い眺望に浸るといい。ついにやった! 数ある驚くべき景色の見どころのなかには、クラウズ・レスト(参考情報参照)やスター・キング山、ユニコーン・ピーク、そしてもちろんあなたが4時間か6時間前にハイキングを開始した渓谷の底がある。下山する前に、5万2609平方メートルの広々としたハーフ・ドームの冠の周りを歩くのがいいだろう。静かな場所を見つけて、風や雲が誘うままに心を解き放つといい。

ヨセミテ国立公園は、母なる自然のもっとも驚くべき創造物のひとつであり、多くの伝説の人々がこの場所で詩を吟じてきた。そのひとりが風景写真家のアンセル・アダムスである:「ヨセミテ渓谷は常に私にとって、巨大な石造りの殿堂と空間のなかの朝焼けであり、緑の輝きであり、黄金の奇跡である。花崗岩の崖とドームのそそり立つ形、岩と森に差すまばゆい光、そして滝と小川の轟音やささやきを超えるほど、人の心をつかんで離さない霊力をもった彫刻や絵画や音楽を私は知らない。最初はその巨大さに圧倒されるだろう。やがて、私たちは繊細で説得力のある自然の複雑さを理解し反応するのである」。

参考情報

スタート地点／ゴール地点
ヨセミテ渓谷ハッピー・アイルズ

ジョン・ミューアとミストの両トレイルを組み合わせた経路で、ハーフ・ドーム山頂への往復。

総獲得標高

1466メートル

季節

5月下旬〜10月。登頂の最後122メートルが急勾配なので、国立公園局は金属ケーブルと木製のへぎ板を戦没者追悼記念日（メモリアル・デー、5月最終月曜日）あたりに設置し、コロンブス・デー（10月第2月曜日）に取り外す。状況によってこの日程は毎年変動する。

許可

ハイキング・シーズン中、ハーフ・ドームの登頂には許可が必要（ヨセミテ国立公園局を通じて）。2019年現在、1日300件の許可が発行されている。225件がハイカー、75件がバックパッカー用。ほとんどの許可はシーズン前の毎年3月に抽選によって発行されるが、限定数は数日前にも入手可能。手に入れる確率を高めるために、週末や祝日は避けたほうがいい。

お役立ちヒント

キャンプ

ハーフ・ドームの日帰りハイキング許可を入手するのは難しいかもしれないが、バックパッキング許可はさらに手に入りにくい。そのため、多くの人はハーフ・ドームに登る人は丸1日じっくり時間をかける。断固として宿泊許可を入手する運にかけるならば、主なキャンプの選択肢はハッピー・アイルズ・トレイルヘッドから7キロの場所にあるリトル・ヨセミテ・バレー・キャンプグランドだ。

装備品

トレイル・ランニング・シューズ、ヘッドランプ、手袋（ケーブル用）、デイパック、頂上はたいてい寒いので保温効果のある衣服、レイン・ジャケット、丸1日のハイキングに必要な食料。

水

トレイル上で唯一飲料水が確保できるのは、ハッピー・アイルズ・トレイルヘッドから歩いてわずか20〜30分程度のバーナル・フォール・フットブリッジの飲水用噴水だけだ。ここを過ぎたら、リトル・ヨセミテ・バレーまでマーセド川で水が確保できるが、フィルターを使用するか、あるいは薬品で浄化する必要がある。

基礎知識

クラウズ・レスト

人混みは少なめだが、同じくらいに壮観なヨセミテのハイキング体験をしたい人は、近隣のクラウズ・レスト（3025メートル）への登頂を検討するのもいいかもしれない。サンライズ・トレイルヘッドに始まり終わる往復22.5キロのこのハイキングに許可は不要だ。登りの獲得標高は701メートルで、ほとんどの旅人は往復するのに8〜10時間を費やす。テナヤ峡谷、センチネル・ドーム、ホフマン山、そしてケーブル側のハーフ・ドームを、山頂から360度見渡せる全景は圧巻だ。ハイキングを完了したら、テナヤ湖の水晶のように透き通る冷たい水のなかで泳いで、自分にご褒美をあげることを忘れずに。

ボーナス情報

ヨセミテ国立公園のハイキング・シーズンは通常5月下旬から10月まで。そのシーズンの積雪とハイキングする標高（ヨセミテの標高は600メートルから4000メートル超えまで幅がある）によって、月ごとにさまざまな賛否両論がある：

6月：渓谷のコンディションは理想的だが、もし公園の高所まで思い切って進みたいと思うなら、かなりの量の残雪と付き合わなければならないことを念頭におくこと。まだ夜間の気温が氷点下になることも多い。

7月：雪解けのピークなので、標高が高い場所でのハイキングでは、渡るのに苦労しそうな荒れた川があるかもしれない。気温は上がっていて、平均摂氏13〜32度の間。

8月：一般的に天候は理想的だが、ヨセミテで名高い蚊が最悪の時期に当たる。ヘッドネットと虫除けでなんとか乗り切れるだろう。

9月：最高の季節。蚊とともに、学校が夏休み期間中の観光客の混雑も減り、夜は再び涼しくなるが気温は通常おだやかだ。さらに秋の紅葉の美しい色彩を体験できる。夜は短く、月末には早い降雪の可能性も高まってくる。

アクティビティ

ハイカーの楽園である以外に、ヨセミテは昔からロック・クライマーたちの安息の地としても知られている。毎年、世界中から登山家たちがエル・キャピタンやハーフ・ドームのような象徴的な巨大な岩に魅せられてこの渓谷に移住する。

新たに登る山を探している経験の浅い登山家たちは、ハーフ・ドーム・ビレッジとトゥオルミ・メドウズで講座を開催しているヨセミテ・マウンテニアリング・スクール＆ガイド・サービスから始めるのがいちばんいいかもしれない。1969年に創設されたこの学校は、グループ・レッスン（講師1人につき生徒数は最高6人まで）あるいは個人レッスンも提供している。クライミングのほかにも、宿泊バックパックの旅のガイドや冬にはクロスカントリーのスキー・クラスもある。

ベースキャンプの話

歴史上、山は男性優位の地形とみなされてきた。19世紀後期にヨセミテの頂上にどうにかよじ登った女性たちは——重くて着心地の悪いブルマーやレギンス、長袖シャツとつばの広い帽子を着用して——冷静さとスマートさをもって成し遂げた数々の登山によって、しなやかにこの認識を打ち砕いていった。

著名な西部の写真家、カールトン・ワトキンスのアシスタントだったサラ・ルイーザ・ダッチャーは、1875年にハーフ・ドームを登頂した最初の女性になった。20年後、怖いもの知らずの4人組——ステラ、バーサ、メイベルのスウィット3姉妹と、友人のベイベル・デイビス——は園内の最高峰、ライエル山に登頂した。彼女らは登頂を成し遂げた3組目の女性だったが、トゥオルミ峡谷経由で初めて下山した——そして、彼女たちはブルマーを尻に敷いて氷河を滑り降りることで、下山の速度を速めた最初の女性だった！

しかし、この公園における初期のもっとも有名な女性冒険家はキティ・タッチだろう。近くのセンチネル・ホテルのウェイトレスだったタッチは、渓谷の上空914メートルのオーバーハンギング・ロックの縁で、高く足を上げキックをしている姿が、写真家ジョージ・フィスケの写真に収められたのだ。この象徴的な写真には、彼女の友人でウェイトレス仲間のキャサリン・ヘイゼルストンが加わった。

見どころ

どんな基準であれ、ヨセミテは世界でもっとも美しい国立公園のひとつである。そのため当然、訪れる人が壮観な景色を見ることができる地点はたくさんある。注目に値しアクセスしやすい展望ポイントには、トンネル・ビュー、エル・キャピタン・メドウ、グレイシャー・ポイント、オルムステッド・ポイントがある。裏技：これらの景色のいいスポットは非常に「踏み固められた道」だ。したがって、この景色をほかの多くの旅行客たちと共有するのは避けられない。

とはいうものの、少し努力をすれば、このヨセミテでもっとも有名な一角でも静かで平和な景色が手に入る。オルムステッド・ポイントの場合、駐車場の向かい側にあるドームの頂上へ10～15分ほど登ればいい。800メートル弱も行けば、ご褒美としてハーフ・ドームやクラウズ・レスト、ホフマン山、テナヤ湖のすばらしい景色が見られる小さな頂上にたどり着く。

近隣：ジョン・ミューア・トレイル

「山々に登り、山のよい便りを受け取るのだ。陽の光が木々の中に流れ込むように、自然の安らぎがあなたのなかに流れ込むだろう。風がその爽やかさをあなたに吹き込み、嵐がそのエネルギーをあなたに吹き込む、その一方で心配事は紅葉のように落ちていく」。ジョン・ミューア著『OUR NATIONAL PARKS』より (1901年)

ハーフ・ドームへのトレイルの一部は、ジョン・ミューア・トレイル(JMT)の最北端部分と並行している。アメリカでもっとも名高い長距離トレイルのひとつであるJMTは、ヨセミテ渓谷のハッピー・アイルズから、アメリカ本土のなかの最高峰、ホイットニー山の頂上まで340キロ続く。道中、トレイルはぎざぎざの花崗岩の頂上や広々とした氷河の谷、何千もの滝、そして何百ものサファイア色の湖といった高山の理想郷を披露しながら、3ヵ所の国立公園（ヨセミテ、キングス・キャニオン、セコイア）と、2ヵ所の指定自然保護地区（ジョン・ミューアとアンセル・アダムス）を通過する。

JMTの名前は、有名な19世紀のスコットランド系アメリカ人の自然愛好家・自然保護家に由来している。ジョン・ミューアはアメリカの自然保護のために真っ先に闘った人物で、国立公園組織を確立するために貢献した。彼の名前を冠したトレイルの建設は1915年の彼の死後に始まり、生誕100周年にあたる1938年に完成した。

長い歴史

ヨセミテ博物館から少し歩くと、アワニーのミウォーク村を再現した所がある。1870年代にオリジナルが存在していたのとまったく同じヨセミテ渓谷内の場所にあり、儀式に使われる円形の建物や、祈祷や癒しに使われるスウェット・ロッジ、ドングリの貯蔵庫、樹皮で作ったティピー、そして酋長の小屋から成る。アワニーはミウォーク族がヨセミテ渓谷に付けた名前で、この素晴らしい場所に住んでいる人々は、自らをアワニーチーと呼んでいた。よそからやってきた探鉱者たちが彼らの生活をひっくり返す前までは、アワニーチーたちはハイ・シエラとその周辺に住んでいた。彼らはイチゴや球根、種子やドングリなどを採集し、シカを射止め、山の池からマスを釣った。またアワニーチーたちは葉や花、木などを生薬や家庭用雑貨、武器、そして今でも時折、儀式のために作る特別な一品、マンザニータ・ベリー・サイダーにも活用した。

Mirror
Lake
ミラー湖

△
Ahwiyah Point
(2,693 m / 8,835 ft)
オーウィヤ・ポイント

△
Half Dome
(2,695 m / 8,842 ft)
ハーフ・ドーム

ジョン・ミューア・
トレイル
John Muir Trail

ハッピー・アイルズ
HAPPY ISLES

ブローデリック山
Mount Broderick
(2,044 m / 6,706 ft)
△

LITTLE
YOSEMITE
VALLEY
リトル・ヨセミテ・バレー

リバティー・キャップ
Liberty Cap
(2,156 m / 7,076 ft)
△

ジョン・ミューア・トレイル
John Muir Trail

バーナル滝
Vernal
Fall
●

ミスト・トレイル
Mist Trail

ミスト・トレイル
Mist Tra

ミスト・トレイル
Mist Trail

Merced River
マーセド川

ヨセミテ国立公園
Yosemite
National Park

PANORAMA
CLIFF
パノラマ・クリフ

John Muir Trail
ジョン・ミューア・トレイル

John Muir Trail
ジョン・ミューア・トレイル

John Muir Trail
ジョン・ミューア・トレイル

Nevada
Fall
ネバダ滝
●

California
カリフォルニア州

m / 660 ft

△
N

37° 43' 56.424'' N
119° 33' 28.6812'' W

WILLOW HOLE TRAIL (JOSHUA TREE NATIONAL PARK)
ウィロー・ホール・トレイル（ジョシュア・ツリー国立公園）

南カリフォルニアの
砂漠の夢

California
カリフォルニア州

トレイルについて

→ 距離　　：11.1キロ
→ 所要時間：3〜4時間
→ レベル　：初級

　不規則に枝を広げたジョシュア・ツリーは、聖書に登場する預言者ジョシュアが天に向かって手を伸べて祈りを捧げる姿を思い起こさせるので、モルモン教徒の開拓者たちがその名前を与えた、という伝説がある。その真偽には議論の余地があるかもしれない。しかし、これらの独特な砂漠の植物やそれを取り巻く現実離れした不毛な地形は、長い間、開拓者や作家、ミュージシャン、そしてハイカーたちに等しくインスピレーションを与えてきたという事実には、議論を挟む余地はない。

　環境的な見地からすると、ジョシュア・ツリー国立公園は2つの砂漠が交差した事象だ。ロサンゼルスから約210キロ西に位置し、低地の乾燥したコロラド砂漠と、標高が高くもっと緑地帯のあるモハビ砂漠がある。前者は公園の西側に位置し暑く乾燥し、ウチワサボテンやオコティーヨが有名だ。後者は東部と南部地域で、何十億年も前からある岩石層のほかに、名前の由来となったジョシュア・ツリーがある。

　実際に自分で公園に足を運ぶまで、多くの人々が実はジョシュア・ツリーは木ではないのだと気付かない。ユッカの仲間であるジョシュア・ツリーは、可能な限りの潤いを吸収できるように水分を溜め込む多肉植物で、母なる自然によってデザインされた根の組織を張り巡らす。高さは12.2メートルくらいまで伸び、平均寿命は150年だが、300〜500年間も生きているものもある。おもしろい事実：ジョシュアの「樹」の繊維質の幹は、1年ごとの年輪を形成しない。植物学者たちは、形や高さによってその年数を推定する。

　ウィロー・ホール・トレイルは国立公園に昔からある散策路のひとつだ。難易度の低い往復の11.1キロのハイキングは、幅広い年齢と経験レベルの人が楽しめる。ボーイ・スカウト・トレイルヘッドから出発し、平坦で整備の行き届いた道は、ジョシュア・ツリーが広く自生している地帯を通過して、まず北東に進んでいく。1.9キロ地点以降は、ボーイ・スカウト・トレイルから分かれて、ジョシュア・ツリーでもっとも象徴的な特徴のある、ワンダーランド・オブ・ロックスに向かう。その名前の通り、家の大きさほどの巨礫や巨大な岩山、花崗岩ドーム、一枚岩などが31平方キロに集まっているこの区間の道は、踏み固められた地面から柔らかい砂地に変わり、足を踏み外さないように注意する必要のある、いくつもの迷路のような浸食と側峡谷を横切る。ワンダーランド・オブ・ロックスの探索をさらに進めていくと、主要な浸食が広がり、トレイルがやっと折り返し地点、ウィロー・ホールのオアシスに到達するまで、地層はさらに大きく、より幻想的になっていく。

　季節性の水場は、鬱蒼と茂った緑地帯の間にある。ウィロー・ホールは園内に生息する有名なビッグホーン・シープ（参考情報参照）のような大きい動物のほかにも、多くの鳥類の水のライフラインだ。ここは日陰の憩いの場もたくさんあり、ハイキング中盤の絶好のピクニック・スポットになる。ウィロー・ホールは日帰り利用のみで、キャンプは認可されていない。

↑ ジョシュア・ツリーを貫く太陽の光。
→ ゴールドの色彩を帯びる高地砂漠の地面。

これらの独特な砂漠の植物や
それを取り巻く現実離れした
不毛な地形は、長い間、開拓者や作家、
ミュージシャン、そしてハイカーたちに
等しくインスピレーションを与えてきた。

コロラド砂漠区域はモハビ砂漠より暑く乾燥しており、ウチワサボテンやオコティーヨのような植物で有名だ。

一旦休憩したら、2時間の復路の旅以外にやることは残されていない。帰り道には、多くの側峡谷を探索してみるとよい。さらに驚くような地層や、もしかしたらほかにも古代の宝が発見できるかもしれない。1700年代後期にヨーロッパからの開拓民たちがやってくる前は、ジョシュア・ツリー国立公園は季節ごとにカウィーア族、チェマウェヴィ族、セラーノ族の人々が使っていた。彼らの存在の形跡は、ワンダーランド・オブ・ロックスのエリアで、絵文字や岩面彫刻の形で見つかる。こうした小さいが重要な場所は、バーカー・ダムの近く、ウィロー・ホール・トレイルのすぐ南のヒドゥン渓谷に位置する。

アメリカに数あるほかの国立公園と同じように、ジョシュア・ツリーも日の出や日の入りがいちばんありがたく感じる場所だ。気温が低く、野生動物を見るチャンスも多い時間帯である以外に、この公園と同名の「ツリー」が生き生きとする時間でもある。鮮やかなオレンジ色の空を背景に、ジグザグの枝たちはまるで導きを乞うかのように、天に向かってその手を伸ばす。そして結局のところ、モルモン教徒開拓民たちの理屈は事実からそうかけ離れていないと、人は納得する。

鮮やかなオレンジ色の空を背景に、
ジグザグの枝たちはまるで導きを
乞うかのように、天に向かって
その手を伸ばす。そして結局のところ、
モルモン教徒開拓民たちの理屈は
事実からそうかけ離れていないと、
人は納得する。

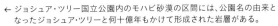

← ジョシュア・ツリー国立公園内のモハビ砂漠の区間には、公園名の由来と
　なったジョシュア・ツリーと何十億年もかけて形成された岩層がある。
↙ ウチワサボテン (Cylindropuntia fulgida)。
→ ジョシュア・ツリーでは野花が咲くのは毎年恒例の出来事ではない。冬に
　相当量の雨が降った後にしか起こらない。
↓ ワンダーランド・オブ・ロックスに近づく。

↑↑ チョラ・カクタス・ガーデンを歩く。
↑ ジョシュア・ツリー国立公園の夜空。

参考情報

スタート地点／ゴール地点
ボーイ・スカウト・トレイルヘッド

季節
ジョシュア・ツリー国立公園のハイキング・シーズンは、9月下旬から6月中旬まで。冬季の日中の温度は快適だが、夕方になると氷点下を下回ることもある。夏は気温が摂氏38度を超える日も頻繁で猛烈に暑い。

許可
ジョシュア・ツリー公園での日帰りハイキングに許可は不要。すべての宿泊には公園周辺にある13ヵ所のバックカントリー登録協会のいずれかで登録（無料）が必要。

スカル・ロック
ジョシュア・ツリー国立公園のもっとも知られている名所のひとつであるスカル・ロックは、骸骨の目玉の穴が2つくり抜かれたような、とがった頭の独特な形をした岩だ。パーク大通りのすぐ脇にあり、ジャンボ・ロックス・キャンプグランドで始まり終わる、2.7キロの自然歩道における地質学的なハイライトだ。

そのほかのジョシュア・ツリー国立公園のおすすめハイキング・オプション
1. ライアン山（4.8キロ）
2. パイン・シティ（7.1キロ）
3. ザ・メイズ・ループ（8.1キロ）
4. ウォーレン・ピーク（9.4キロ）
5. サミット・スプリングス（18.3キロ）

お役立ちヒント

持っていくべきものは？
帽子、日焼け止め、サングラス、軽量ランニングあるいはトレイル・ランニング・シューズ、2～3リットルの水。

トレイル・ランニング・シューズ VS ハイキング・シューズ
ジョシュア・ツリー国立公園のような不毛地帯をハイキングするときには、重い防水ブーツは家に置いて、軽量で通気性のいいトレイル・ランニング・シューズで出かけること。きっと足が喜ぶだろう。なぜか？ まず、一般的にブーツよりも快適で扱いやすいからだ。第2に、ハイキング用シューズの安定性は、しっかりとしたソール部分と硬いヒールカウンター（モデルのヒールの高さのことではな

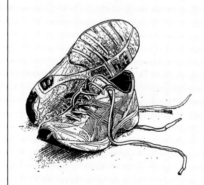

い）に基づいている。これらはともに高品質のトレイル・ランニング・シューズには備わっている。第3に、乾燥した地域をハイキングするときは、通気性の低い防水ブーツは汗をかきやすいので、まめや真菌感染症になる可能性が非常に高くなる。

さらに説得が必要だろうか？ 毎年、何百人ものスルー・ハイカーたちが、トレイル・ランニング・シューズかグリップのしっかりしたランニング・シューズを快適に履きこなして、パシフィック・クレスト・トレイルやコンチネンタル・ディバイド・トレイルのような、数千キロもの距離のトレッキング――両方ともかなり長い距離の砂漠地帯が含まれている――に成功している。*個人的見解：30年以上にわたり世界中、10万キロ以上をハイキングしてきて（最初の10年はほとんどずっとレザーブーツを履いていた）、現在は凍傷の危険を避けるために防水靴が必要となる、積雪あるいは氷点下の気候の極寒の旅の際しか防寒ブーツは履かない。*

渋滞
ロサンゼルスから車を運転して公園に行くなら、通勤ラッシュの時間帯を避けるようにすること。通勤する人たちが高速道路で出勤あるいは帰宅する時間帯にうっかり出発したら、大きな差が出る。2～3時間の運転が、5～6時間かかるかもしれない。

動物＆植物

夜行性の野生動物
この地域の極端な気温と水源の少なさに適応する方法として、デザート・ビッグホーン・シープやコヨーテ、オオヤマネコ、カンガルー・ネズミ、ヘビを含む多くのジョシュア・ツリーの動物は夜行性だ。観察目的ならば、こうした動物を見るには、彼らが起きたばかりかあるいは1日を終える、夜明けか夕暮れが最適だ。

デザート・ビッグホーン・シープ
カリフォルニア州南東部とネバダ州、アリゾナ州北東部、ユタ州南部の固有種、デザート・ビッグホーン・シープ（Ovis canadensis nelsoni）は、ほかのビッグホーン・シープと実質的にすべての面で似ているが、唯一異なるのが、水を飲まずに長時間、過ごせる点だ。米国魚類野生生物局によると、「ほとんどの哺乳類と異なり、デザート・ビッグホーン・シープは水分を体重の最高30パーセントまで（ラクダを上回る）失っても生存できる能力をもつ。ビッグホーンは、寒い時期には数週間あるいは数ヵ月も水を飲まずにやっていける可能性がある。暑く乾燥した夏の間は、3日から最高7日まで水を飲まなくても、食べ物だけで体内の水分を維持できる」。デザート・ビッグホーン・シープはジョシュア・ツリー国立公園の代表的な動物で、ウィロー・ホールのオアシスの近くなら、園内を歩き回る200～300頭のなかの1頭を見つける可能性が高いだろう。

基礎知識

アイルランドから愛をこめて
1980年代後期から、ジョシュア・ツリー国立公園を訪れる人が急増した。空前のベストセラー・アルバムであるロックバンド、U2の『ジョシュア・ツリー』のおかげである。訪れた多くの人たちが知らないのが、アルバムのジャケットを飾ったジョシュア・ツリーは、同名のこの国立公園にはない、ということだ。実は、採用されたユッカの樹は、ジョシュア・ツリー国立公園から322キロ以上も離れた、デス・バレー国立公園のザブリスキー・ポイントにある。*注：突風により、1980年にその樹は倒れてしまった。*

インディアン・キャニオン
寄り道旅行する価値があるのは、ジョシュア・ツリーから西に1時間ほどのパームスプリングスにあるインディアン・キャニオンだ。北米最大の自然のヤシのオアシスであるイ

ンディアン・キャニオンは、何千年もの間、青々と茂った緑地帯で栄えてきた先住民族、アグア・カリエンテ・バンド・オブ・カウイラの人々の先祖伝来の地だ。インディアン・キャニオンにはあらゆる難易度レベルの100キロのハイキング・トレイルがある。さらに人気が高いハイキングのオプションには、マレー・キャニオン、アンドレアス・キャニオン、イースト・フォーク、そして難易度の高いハーン・ブエナ・ビスタがある。

著者の裏話

ガラガラとブーン

ハイカーの立場からすると、ガラガラヘビのいちばんいいところはガラガラと音を立てる点だ。基本的にそれは、ヘビが「野郎、お前はおれの縄張りに入り込んでいるぞ」と言っているのだ。私は、ヘビがもっとコソコソと人目をはばかっている（そして有毒）のが一般的な、オーストラリアという国の出身なので、アメリカ南西部とメキシコ北部を何千キロもハイキングしていたときに、この爬虫類的な注意喚起には感謝したものだ。

こうした旅のなかで、私はジョシュア・ツリー国立公園でのハイキング旅行を3回した経験がある。2011年6月の2回目の旅では、それまでのアウトドア経験のなかでもっとも至近距離でヘビと対面した。ワンダーランド・オブ・ロックス周辺のオフ・トレイルを歩いていたときだった。何ヵ所か、技術を要する地形と格闘して、大きな丸石に飛び乗ったそのとき、ヘビがそこにいた。ガラガラヘビは首をもたげ、私が着地した場所から1メートルも離れていなかった。そして、その有名なブーンという特徴的な音を間違いなく立てていた。まるで自分の体内にあるポーゴー・スティック（訳注：先端にバネがついた一本棒の竹馬）で進んだかのように、私は本能的に隣の大きな岩へ跳び移った。ヘビも同じくらい、こちらの動きに注意を払い続けている間、私のアドレナリンは湧き上がり、括約筋を収縮させながら、安全な距離からこの新しい友人を観察した。開放されて大きな笑みを顔に浮かべ、私は数分前よりもさらに用心深くなって先へ進んだ。

ベースキャンプの話

ジョシュア・ツリーと音楽

ジョシュア・ツリー国立公園は独自の周波数で振動する——それは、この現実離れした砂漠の風景のなかを私たちが歩いて通るときに伴う、特有のエネルギーのことをいっているのではない。長年、アーティストやミュージシャンがインスピレーションを求めてこの公園や周辺地域に集まっている。また2003年からは、隔年で毎回5月と10月にそれぞれ4日間、ジョシュア・ツリー・ミュージック・フェスティバルも開催されている。幅広いジャンルのミュージシャンのほかに、イベントではヨガや社会的な運動など、さまざまな自己啓発系のワークショップが自慢で、さらには子ども向けの催し物まであり、国内でも主要な家族向けのフェスティバルなのだ。

そのほか、デザート・スターズというジョシュア・ツリーのダウンタウンで開催される毎年恒例のイベントもある。これは地元のミュージシャンたちが、サイケデリック・ロックやシューゲイザー、そして自分たちの故郷である高地砂漠への敬意をもって始めたものだ。2007年からは主要な顔ぶれとして、ムーン・デュオやザ・ダンディ・ウォーホールズ、ルナ、スピンドリフト、ザ・レヴォネッツ、スワーヴドライヴァー、ダイナソー・ジュニアなどが参加し、完全な地元業者による出店も含め、フェスティバルは規模が大きくなっている。

フェスティバルに加えて、この地域では1年中ライブ・ミュージックのような催しが頻繁に行われている。ポール・マッカートニーやエリック・バードン、ロバート・プラントのような著名人が出演した地元の有名なスポット、パピー・アンド・ハリエッツもある。もう少し落ち着いた店を探しているなら、フロンティア・カフェのアコースティックなサウンドや、ビートニック・ラウンジのサイケデリックな音色を試してみてはどうだろうか。さらに、新進気鋭のミュージシャンのためにステージだけでなく、公園でハイキングをして長い1日を終え喉が渇いた人々に、冷えたビールを提供してくれるランダース醸造所もある。

パイオニアタウン

前述したパピー・アンド・ハリエッツはパイオニアタウンという一風変わった名前の町にある。ジョシュア・ツリーの北側の外れに位置し、パイオニアタウンは西部劇のセットを再現して1940年代に作られた。その後、数十年の間に『ロイ・ビーン』や『シスコ・キッド』などのカウボーイ映画やテレビ番組がここで撮影された。近年も、パイオニアタウンはハリウッド映画にかかわり続けているだけでなく、数軒のブティックやホテル、そしてバーも

あり、公園を訪れる人たちが立ち寄る人気スポットになっている。

パームスプリングス

パイオニアタウンから南に40分ほど車で行くと砂漠のリゾートタウン、パームスプリングスがある。ここは1930年代にハリウッド・セレブたちの保養地となり、それから数十年の間、さまざまなリゾートやブティック・ホテル、ゴルフ場や高級レストラン、そして終わりがないかと思うほどの買い物天国で、人気の観光スポットとして開発されてきた。またパームスプリングスはリタイヤした人々や「スノー・バード」と呼ばれる避寒のために北部の州からやってくる人たちのメッカでもある。建築学的にパームスプリングスは、ミッドセンチュリーモダン様式（1933〜1965年）の建物で広く知られている。毎年2月には建築、デザイン、ファッション、アート、そして文化を讃えるモダニズム・ウィークが開催される。11日間のフェスティバルには10万人近い人が訪れ、映画、講義、ライブ・ミュージック、モダン様式の庭や建造物ツアーを含む350以上のイベントも行われる。パームスプリングスでもっとも有名なミッドセンチュリーモダン様式の場所としては、トラムウェイ・ガス・ステーション、ハウス・オブ・トゥモロー、デル・マルコス・ホテルとカウフマン・デザート・ハウスがある。

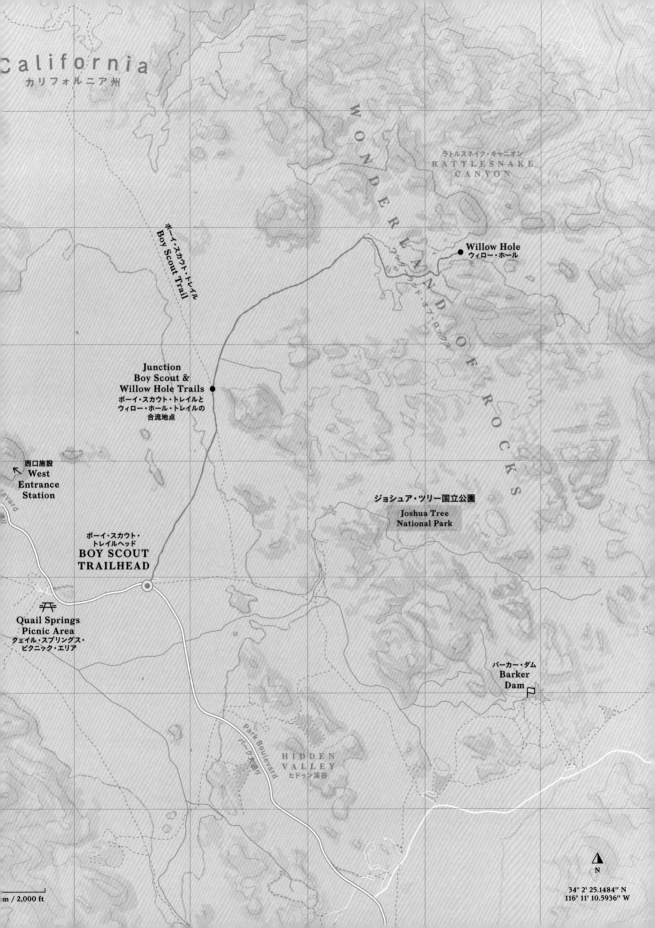

California
カリフォルニア州

WONDERLAND OF ROCKS

ラトルスネイク・キャニオン
RATTLESNAKE
CANYON

ボーイ・スカウト・トレイル
Boy Scout Trail

● Willow Hole
ウィロー・ホール

Junction
Boy Scout &
Willow Hole Trails
ボーイ・スカウト・トレイルと
ウィロー・ホール・トレイルの
合流地点 ●

西口施設
West
Entrance
Station

ジョシュア・ツリー国立公園

Joshua Tree
National Park

ボーイ・スカウト・
トレイルヘッド
BOY SCOUT
TRAILHEAD

Quail Springs
Picnic Area
クェイル・スプリングス・
ピクニック・エリア

バーカー・ダム
Barker
Dam

Park Boulevard
パーク大通り

HIDDEN
VALLEY
ヒドゥン渓谷

m / 2,000 ft

N

34° 2' 25.1484" N
116° 11' 10.5936" W

火の山、復活

Washington
ワシントン州

トレイルについて

→ 距離　　：45キロ（トレイルにたどり着くまでの距離は含まず）
→ 所要時間：3日
→ レベル　：上級

セント・ヘレンズ山はワシントン州のカスケード山脈にある活動している成層火山だ。過去数百年もの間、この地方の先住民たちはその荒々しい気性から「煙の山」あるいは「火の山」という呼び方をしてきた。もっと近年では、アメリカ史上最悪の自然災害だった1980年の噴火のことが、ほぼ単独で関連付けられる。現在のセント・ヘレンズ山は、母なる自然の威力と、破壊に直面したときの驚くべき回復力の両方を強く思い出させるものとして存在している。難易度の高いルーウィット・トレイルを経由してその麓をハイキングすれば、この忘れがたいほどに美しい火山を間近で体験できる。

距離にして45キロのルーウィット・トレイルは、深いガリー（訳注：急な岩場にある大きな岩溝）や溶岩石の岩場、そして火砕物の軽石でできた、花の咲く平原を経由して、セント・ヘレンズ山のゆるやかに波打つ側面を一周する。トレイルはケルン（訳注：人によって積み重ねられた石）や色とりどりのテープ、そして木製の標柱で表示され、崩壊箇所や土砂崩れによる迂回は頻繁にある。ルーウィット・トレイルで唯一、不変であり続けて

いるのは、変化し続けているということだ。岩だらけの地形なので、よいルートを探し当てるスキルを持った、経験豊かなバックパッカーに最適のトレイルだ。

ルーウィット・トレイルは、地形学的に厳しいのと同じくらい、水分補給の面でも難易度が高い。ほかの多くの太平洋岸北西部のトレイルと異なり、ルーウィット・トレイルでの飲料水源は乏しい。真夏までに季節性の小川はたいてい枯れ果てる。そして、通年存在している水路はたいてい沈殿物だらけ（一口メモ：ルーウィット・トレイルでは水のフィルターがすぐに目詰まりする。浄化剤か浄化液がおすすめ）。ありがたいことに、透き通って味も申し分ない水を年中補給できる場所も数ヵ所かある（参考情報参照）。この乾き切った地形が、夏の暑い日々（摂氏30度台半ば）と、浸食した火山の斜面には日陰がないことが合わさると、トレッキング中は1日最低4リットルの水を飲む計画を立てるべきだ、ということを意味している。

水のほかにルーウィット・トレイルで考慮すべきことは、キャンプをする場所の選定だ。火山の北側のサウス・フォーク・トゥートル川とウィンディ・パスの間に16キロ延びたトレイルがあるが、宿泊は禁止されている。この区間は噴火した区域と一致しているので、1980年5月18日にセント・ヘレンズ山の地殻が激変した、あの噴火の大きさを身近に感じることができる。

ルーウィット・トレイルを歩いていると、
荒涼とした火山の風景に、
紛れもない再生の気配が漂っている。
途方もなく大きなスケールの
過去の破壊にもかかわらず、
母なる自然は復活を果たしたのだ。

← スピリット湖に向かう。
↑ セント・ヘレンズ山のクレーターには、世界でいちばん新しい氷河のひとつが
　ある。
← インディアン・ペイントブラシ(Castilleja miniata)。

179

野花が咲き誇る尾根では火山のすばらしい景色が楽しめる。

　小さな地震や小規模な火山活動があった数ヵ月後の、あの運命の春の日、セント・ヘレンズ山の北側一帯はすべて吹き飛ばされ、2950メートルだった頂上は、最高標高2549メートルの馬の蹄鉄型のクレーターに縮小されてしまった。結果は、記録に残されている歴史上、最大の土砂崩れで57人が命を落とし、何千もの動物が死に、噴火堆積物の下に約518平方キロの原始林が埋もれてしまった。米国農務省林野部の環境学者で、現場に入った最初の科学者のひとりでもあるチャーリー・クリサフリはこのように回顧する：「まったく、あるいはほとんどのものが生き延びられないだろうと、第一印象で感じた。まるですべてが破壊されたかのようで、生命の痕跡があるものはすべて消滅していた」

　あれから40年の月日が経過した。ルーウィット・トレイルの噴火した区域を横切っていると、地にしっかりと足をつけたシロイワヤギや、歩き回っているエルクの群れを見かけることもあり、その上、岩だらけの道周辺の軽石でできた平原は野花

でいっぱいだ。この地域からわずか数キロ北は、ワシントン州でもっとも有名な大自然の名所、スピリット湖だ。被害を被った地域で、おそらくここがもっとも如実に自然の復興を示している例だろう。土砂崩れの後、約70メートルも湖の水底が上がり、ここは永久に消え失せるだろうと思われていた。しかしありがたいことに、雨や雪解け水が流出して、スピリット湖はすぐに自力で回復し、実のところ、ほぼ40年経過した現在では、面積はより広くなり（以前より相当浅くなってしまったが）、水中の生命が元気に息づいている。

　ルーウィット・トレイルを歩いていると、荒涼とした火山の風景に、紛れもない再生の気配が漂っている。途方もなく大きなスケールの過去の破壊にもかかわらず、母なる自然は復活を果たしたのだ。そして、今も活動しているセント・ヘレンズ山は、永遠に「煙の山」であるかもしれないが、自然に任せておけば、生命は進むべき道を見出すのだと再び証明し、現在では、1980年以降にそうなるだろうと思われた荒地とは程遠い姿をしている。

ルーウィット・トレイルで唯一、
不変であり続けているのは、
変化し続けているということだ。
岩だらけの地形なので、よいルートを探し
当てるスキルを持った、経験豊かな
バックパッカーに最適のトレイルだ。

← セント・ヘレンズ山に咲くルピナス。
↓ 溶岩の巨礫の平原を通り抜ける。
→「煙の山」のすぐ近くにあるルーウィット・トレイルの多く
　のガリーを下る。

参考情報

スタート地点／ゴール地点
ルーウィット・トレイルはセント・ヘレンズ山の周りの環状ハイキング。トレッキングをスタート／ゴールできる数々の場所は以下のとおり:

1. **クライマーズ・ビバーク／ターミガン・トレイルヘッド**（3.2キロ）
2. **ジューン・レイク・トレイルヘッド**（2.6キロ）
3. **ウィンディ・リッジ・トレイルヘッド**（6.4キロ）

ジューン・レイクはいちばん距離の短いトレイルであるだけでなく、おそらくもっとも景色が美しい。注：括弧内の距離は登山口からルーウィット・トレイルまでの距離を意味する。

総獲得標高
約1828メートル。

季節
6月下旬〜10月初旬。

許可
ルーウィット・トレイルのバックパッキングに許可は不要だが、どの登山口でも車を駐車するためのノースウエスト・フォレスト・パスが必要（オンラインで入手可能）。

キャンプ
サウス・フォーク・トゥートル川とウィンディ・パスの間の16キロを除いて、ルーウィット・トレイルのどの区間でもキャンプは可能。

お役立ちヒント

永続的な水源のある場所
1. ウィンディ／ルーウィットの合流地点から西へ800メートル。
2. ルーウィットとトゥートルの合流地点から400メートルのルーウィット・トレイル沿い。

3. ビュート・キャンプ／ルーウィット合流地点から1600メートルのビュート・キャンプ・トレイル沿い。

セント・ヘレンズ山に登頂する
セント・ヘレンズ山の頂上への寄り道は、ルーウィット・トレイルのハイキングを完璧なものにする。火山の南側のモニター・リッジ経由でアクセスが可能で、ルートはルーウィットとターミガン・トレイルヘッド（クライマーズ・ビバーク）の合流地点から始まり、4.6キロ先のクレーターの縁に到着するまで、急勾配の巨礫の平原ともろい軽石と灰のなかを通り抜けていく。
頂上からハイカーたちは、セント・ヘレンズ山周辺の被害を受けたエリアだけでなく、近隣火山のフッド山、レーニア山、アダムズ山などの信じられない景色を見ることができる。さらに、1980年の噴火後に火山のクレーターにできた世界でいちばん新しい氷河の現実離れした眺めも満喫できる。

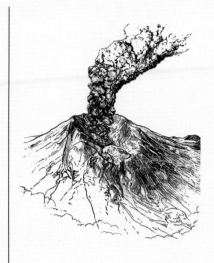

基礎知識

セント・ヘレンズ山の4つの事実
1. **噴火の歴史**
   過去4000年以上、セント・ヘレンズ山はカスケード山脈にあるどの火山よりも頻繁に噴火している。約3600年前、推定では1980年5月18日の噴火の4倍の規模の噴火で大きな被害を受けた。
2. **頂上を吹き飛ばす**
   1980年5月18日の噴火でセント・ヘレンズ山の高さは401メートル低くなった。
3. **経済的負担**
   命（人間、動物、植物）の大きな損失に加え、1980年の噴火は経済の面でもアメリカ史上最大の火山噴火で、10億ドル（現在の価値で33億ドル）以上の損害があった。
4. **灰の雲**
   3日間のうちにものすごい量の火山灰の雲がアメリカ中に漂流し、15日以内に地球を覆っていた。

ボーナス情報

1879年創立のアメリカ合衆国地質調査所（USGS）は、この国の火山（現在、約169ヵ所の火山が活動中と推測）のすべての調査や測定を担っている。全米にいる職員が地震学、測地学、水文学、そして地球化学に関するデータを監視し、大きな変動についての査定を行う。
2018年にUSGSは、危険度ランクにつながる24項目のハザード・モデルについて点数をつけて、溶岩を噴き出す山々の危険度レベルに基づいたレビューを編集、出版した。火山は5つのカテゴリーに区分される：非常に低い、低い、中くらい、高い、非常に高い。詳細なレポートによると、18ヵ所の火山が「非常に高い」とランク付けされた。この危険な火山リストのトップに挙がったのは、2018年夏に噴火したハワイのキラウエア火山で、近隣住民1700人が避難を余儀なくされた。2番目がセント・ヘレンズ山で、近い将来の噴火は予測されていないが、科学者たちはワシントン州バンクーバーにあるカスケード火山観測所（CVO）から日々観測を続けている。

Spirit Lake
スピリット湖

W a s h i n g t o n
ワシントン州

● Windy Ridge
Trailhead
ウィンディ・リッジ・
トレイルヘッド

セント・ヘレンズ山
火山国定公園

PUMICE
PLAIN
パミス平原

Mount St. Helens
National
Volcanic Monument

スプリングス
Springs

Toutle River
ー・トゥートル川

No camping zone between
South Fork Toutle River &
Windy Ridge Trail
サウス・フォーク・トゥートル川と
ウィンディ・リッジ・トレイルの間には
キャンプ場はない

Clean creek
water
クリーン・クリーク・
ウォーター

PLAINS
OF ABRAHAM
アブラハム平原

Muddy River
マディー川

Sheep
Canyon
シープ・
キャニオン

セント・ヘレンズ山
Mount
St. Helens
(2,550 m / 8,366 ft)
△

Muddy River
マディー川

Monitor Ridge
Trail
モニター・リッジ・トレイル

△
Butte Camp
Dome
ビュート・キャンプ・
ドーム

Junction
合流地点

Butte Camp
Trail
ビュート・キャンプ・
トレイル

June Lake
ジューン・レイク

June Lake
Trail
ジューン・レイク・
トレイル

Climber's Bivouac &
Ptarmigan Trailhead
クライマーズ・ビバーク&
ターミガン・トレイルヘッド

Lake Road
イク・ロード

Merrill Lake Road
メリル・レイク・ロード

Red Rock
Pass
Trailhead
レッド・ロック・パス・
トレイルヘッド

JUNE LAKE
TRAILHEAD
ジューン・レイク・
トレイルヘッド

オレゴン州
ポートランド方向
TO
PORTLAND,
OREGON

N

46° 12' 4.4424'' N
122° 11' 22.3332'' W

5 km / 1 mi

Castle
Lake
ー湖
Castle
Lake
キャッスル湖

LOST COAST TRAIL
ロスト・コースト・トレイル

海からの
贈り物

California
カリフォルニア州

トレイルについて

→ 距離　　：40キロ
→ 所要時間：3〜4日
→ レベル　：中級

ロスト・コーストは、カリフォルニアでもっとも素朴な海岸線の地域だ。道がなく、携帯の電波も届かない。崖の上にそびえる豪邸もない。そそり立つ崖や孤立した砂浜、脈打つ波が個性的な、わずか129キロの開発の手が伸びていない海岸線だ。岩だらけでアクセスも不便な特徴のため、この地形を横切る州または郡のハイウェイ建設には莫大な費用が必要とされ、いつも計画は頓挫する。その結果、手付かずの美しさを敢えて徒歩で探検してみようと思う人以外には、この海辺の聖域は閉ざされた状態のままでいる。そして、それを実行するにはロスト・コースト・トレイル（LCT）経由がいちばんいい行き方だ。

キング・レンジ国立自然保護区（サンフランシスコから北に車で約5時間）内にすっぽりおさまるLCTは北のマットール・ビーチから南のシェルター・コーブまで40キロ延びている。背中に追い風を受けられるので、ほとんどの場合、旅人は南方向にトレッキングをし、3〜4日かけて踏破する。道中、トレイルは岩だらけの絶壁の岬や広々とした砂丘、花が咲く草原、流木と貝がところどころに落ちている黒い砂浜など、さまざまな海岸環境を通過する。

LCTはほぼどんな経験値のハイカーにも適しているが、チャレンジがないわけでない。それは主に潮の干満だ。LCTを歩くのは、最初から最後まで文字通り太平洋の潮流のスケジュールに従うことになる。LCTの全距離のほぼ30〜40パーセントが満潮で通行不可能になる。つまり1日に2回、かなりの部分の「トレイル」が水面下に消えてしまうのだ。もしこうした潮間帯で身動きが取れなくなったら、特に天候が荒れていれば、西に向かう以外に方法はない。

潮見表のコピーを携帯してそれに従って計画さえすれば、幸いなことに潮流関連のトラブルはほぼ完全に回避できる。LCT旅行の計画を立てるときは、できる限り融通を持たせること。スケジュールよりも遅れていたり（あるいは早かったり）したら、道中にはキャンプをする場所のオプションはたくさんある。

海の潮の干満と渡り合うだけが、LCTの障害ではない。地形の問題もある。ほとんどの区間で柔らかい砂やぐらぐらする小石、そして滑りやすい岩や岩棚を歩くことになる。固くない地面だと足をくじいたり、ひねったり、引っ張られたりしやすく、LCTではよく起こる。しかし、以下のコツを心得ておけば、ハイキング中、足首や膝のコンディション維持に役立つ。

1. 荷物はできる限り軽くすること。
2. トレッキング・ポールはバランスを保つのに役立つ。
3. 仲間がどんなに早く進んでいようとも、常に自分が快適なペースで歩くこと。
4. 濡れた岩の上をハイキングするときは、足元に集中すること。かかとから爪先ではなく、可能であれば地面に足全体を一気に着地させること。

← まれにしか足を踏み入れられることがないロスト・コースト・トレイルの南部区間は、森林に覆われた谷を抜け風光明媚な尾根沿いを通る。
↑ 砂の上の足跡。

それはロスト・コースト・トレイルそのものだ。潮流であれ、地形であれ、海岸線沿いのハイキングはそれ自体の自然の世界を受け入れることにほかならない。それは自分のなかにある方位磁針を環境に合わせて、太平洋の潮の満ち引きと調和したペースに順応することなのだ。

↑ ロスト・コーストはカリフォルニア州でもっとも原始
のままの海岸線地域だ。道はなく、携帯の電波も届
かない。崖の上にそびえる豪邸もない。
→ 日光浴をするアシカ。

5. 滑りやすい場所を通り抜けているときに景色を満喫したい
   なら、歩くのは中断すること。急いでいるときと並び、ロスト・
   コースト・トレイルでハイカーが怪我をするいちばんの理由
   は、景色に見惚れて足を滑らせることだ。

　陸地が恋しくなった人たちのために、ロスト・コースト・トレイ
ルは野花があふれるスパニッシュ・フラットとミラー・フラット
も横切る。見事な海沿いの牧草地を通過する道はしっかりと
しているだけでなく、花が咲く草地はシカやエルク、おそらくオ
オヤマネコやブラックベアなどを含めて、このトレイルの野生
動物を観察する機会も与えてくれる。LCTに生息するこうした
陸上動物の鳴き声は印象的だ。

　しかし、もし野生の王国からどれかひとつだけ選べといわ
れたら、それはトレイルの海岸線によく姿を現すカリスマ的な
アシカだろう。独特な鳴き声や唸り声とともに、「海の犬」と呼
ばれる彼らは、哺乳類のなかでもっともやんちゃで、騒々しい
動物の一種だ。砂浜で波の合間を上下に揺れ動く姿や、気ま
まに岩の地層にだらりと身を委ねて日光浴している姿を見か
けるだろう。

　アン・モロー・リンドバーグの傑作、『海からの贈り物』のなか
で、彼女はこう書いている。「海は心配し過ぎる人、欲張り過ぎ
る人、いらいらし過ぎる人には報いを与えない……我慢、我慢、
我慢とは、海が教えてくれたことである」。そして結局のところ、
それはロスト・コースト・トレイルそのものだ。潮流であれ、地形
であれ、海岸線沿いのハイキングはそれ自体の自然の世界を
受け入れることにほかならない。それは自分のなかにある方
位磁針を環境に合わせて、太平洋の潮の満ち引きと調和した
ペースに順応することなのだ。

↑ カリフォルニア・ポピーは州花で、トレイルの湾岸沿いの平原で見られる。
↓ 満潮時、ハイカーは濡れて滑りやすい岩場をはい登って通らざるを得ないか
　もしれない。

参考情報

スタート地点／ゴール地点
北端 マトール・ビーチ
南端 ブラック・サンド・ビーチ
（シェルター・コーブ）

季節
1年中。5〜10月が理想的。この時期は気温が通常おだやかで、豪雨や強風の可能性も低くなる。

許可
キング・レンジ自然保護地区での宿泊には、無料でその場で取得できる許可が必要。登山口で自己申請できる。

ベア・キャニスター
（クマ対策用の食料保管箱）
キング・レンジ自然保護地区でのバックパッキングには、ベア・キャニスターの携帯が公式に義務付けられている。もし持っていなければ、地元の土地管理局か、シェルター・コーブやペトロリア（マトールの近く）にあるREIストアあるいはジェネラル・ストアでもレンタル可能。

キャンプ
ロスト・コースト・トレイルの道中、キャンプ場のオプションはたくさんある。多くの場所はトレイルに数ある小川の近くにあり、水がたやすく手に入る。

お役立ちヒント

潮の干満
ロスト・コースト・トレイル全体のほぼ30〜40パーセントが満潮時は通行不可能になる。デジタルか紙の潮位表を持参すべき。詳細はNOAA Tides & Currentsのウェブサイトを参照。

南部ロスト・コースト・トレイル
もう少し長距離トレッキングをしたいなら、LCTのなかでもあまり足を踏み入れられることがない南部区間の追加を検討するといい。北のヒドゥン・バレー・トレイルヘッド（シェルター・コーブから6.4キロ）から南のウサル・ビーチまでから約45キロ延びるこの区間は、ほとんどが内陸で、森林に覆われた谷を抜け、風光明媚な尾根沿いを通る。

動物＆植物

羽の付いた友
ロスト・コースト沿いでは300種類近くの在来種あるいは渡り鳥が観察できる。よく見かける鳥のなかにはウ、カモメ、ブラウン・ペリカン、ハヤブサ、ウミガラス、ミサゴ、ヒメコンドルなどがいる。

巨大なセコイア
ハイキングを始める前か後に、近隣のハンボルト・レッドウッズ州立公園で数日間の探索も検討するといい。海岸沿いから車で1時間弱の距離にあるハンボルトは、世界で最大の長寿セコイアの森が広がる場所だ。

基礎知識

アルカトラズの灯台
歴史的なプンタ・ゴルダ灯台は、トレイルの北端から6.4キロ弱の場所に位置している。1911年の建設開始まで、非常に鋭い岩礁や岩の地層、そして濃い霧のために、ロスト・コースト沖の海域は海上交通にとって危険だった。遠く離れてアクセスしにくい場所にあったので、「アルカトラズの灯台」と名付けられたプンタ・ゴルダは、航海技術の発展によって不要になる1951年まで操業が続いた。

著者の裏話

サンセット・コースト
私はオーストラリアの東海岸育ちなので、物心ついた頃から太平洋は生活の一部だった。泳いだり釣りをしたり、潜ったり、サーフィンをしたり。海岸沿いを歩いたり、走ったりもした。早起きをして、はるかかなたの水平線から昇る日の出を見るために浜辺へ向かったものだ。
そして時は流れて2014年春、世界最大の海の反対側。私が育った場所から北東へ約1万2000キロ。ここの海は、太陽が昇るのではなく、沈む場所だ。カリフォルニア州のロスト・コースト・トレイルでハイキングをしている最中ずっと、私は毎日太陽が沈む瞬間を見逃さなかった。オーストラリアで過ごした成長期以来、私はあらゆる所へ旅をしてきたが、地球の自転と太平洋の組み合わせは、何年経っても変わらぬ同じ感動と可能性で私を満たしてくれた。

ボーナス情報

ロスト・コースト・トレイルはキング・レンジ自然保護地区の内部に位置する。ここはカリフォルニア州北部にある、原始のままの275平方キロにおよぶ海岸沿いの大自然だ。この全区間が、ハリー・S・トルーマン大統領が1946年に連邦政府機関として設立した土地管理局（BLM）の管轄下にある。現在、BLMはアメリカ合衆国の約10パーセントに相当する100万平方キロ以上の土地を管理している。

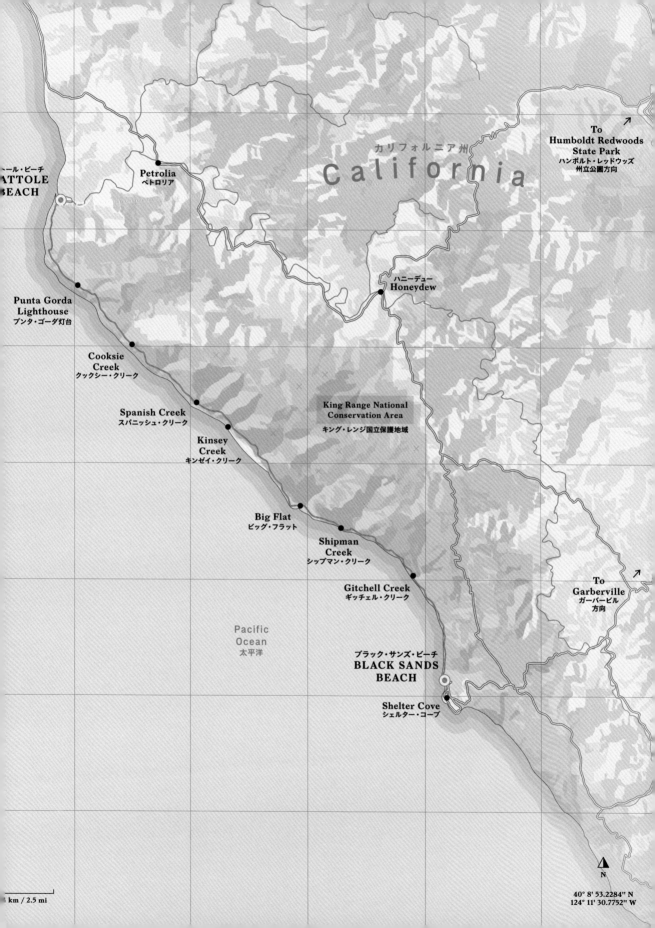

ハール・ビーチ
ATTOLE
BEACH

Petrolia
ペトロリア

California
カリフォルニア州

To
Humboldt Redwoods
State Park
ハンボルト・レッドウッズ
州立公園方向

ハニーデュー
Honeydew

Punta Gorda
Lighthouse
プンタ・ゴーダ灯台

Cooksie
Creek
クックシー・クリーク

Spanish Creek
スパニッシュ・クリーク

King Range National
Conservation Area
キング・レンジ国立保護地域

Kinsey
Creek
キンゼイ・クリーク

Big Flat
ビッグ・フラット

Shipman
Creek
シップマン・クリーク

Gitchell Creek
ギッチェル・クリーク

To
Garberville
ガーバービル
方向

Pacific
Ocean
太平洋

ブラック・サンズ・ビーチ
BLACK SANDS
BEACH

Shelter Cove
シェルター・コーブ

km / 2.5 mi

N

40° 8' 53.2284" N
124° 11' 30.7752" W

PACIFIC CREST TRAIL
パシフィック・クレスト・トレイル

母なる自然の
パッケージ・プラン

California, Oregon, and Washington
カリフォルニア州、オレゴン州、ワシントン州

トレイルについて

→ 距離　　：4281キロ
→ 所要時間：5ヵ月
→ レベル　：上級

　パシフィック・クレスト・トレイル（PCT）は世界最長のトレイルだ。メキシコとカナダの間を、カリフォルニア、オレゴン、ワシントンの各州を通る、気が遠くなるような、そして膝がガクガクするほどの全長4281キロ。道中、7ヵ所の国立公園、24ヵ所の国有林を通り、多くのハイカーは全区間を踏破するのに、約5ヵ月の時間と相撲取りをほうふつさせる60万カロリーを費やす。こうした統計以上に、PCTは手付かずの自然を旅する卓越したトレイルだ。ここを踏破した幸運な旅人たちにとって、それはトレイルの端から端まで歩くのに要した、約600万歩の歩みをはるかに超える人生経験になるだろう。

　ほかの多くの長距離トレイルとPCTが異なる点のひとつは、驚くほどの生態系の多様性だ。米国林野局によると、PCTは北米に存在する7つの生物地理区（エコゾーン）のうちの6つを横断する（参考情報参照）。南端のカリフォルニア州の高山砂漠から、カナダのブリティッシュ・コロンビア州にある北端のマニング州立公園の生い茂った森林まで、母なる自然による最高傑作のオールスターが勢揃いしていることがわかるだろう。

　トレイル上にはアメリカでもっとも適切な名前が付けられた地形のイーグル・ロックや、奇怪にねじれたジョシュア・ツリーのあるモハビ砂漠、比類なき高山の景色が見られるハイ・シエラ、そしてカスケード山脈の威厳ある成層火山などがあり、これらはほんの一部に過ぎない。なかでもオレゴン州南部にあるクレーター湖は巨大なカルデラ湖で、アメリカでいちばんの深さ（594メートル）を誇る。およそ7700年前に巨大なマザマ火山の崩壊によって形成され、雨や雪解け水が溜まったクレーター湖の透明度は世界一のひとつといわれている。深いコバルトブルーの色彩効果と、湖を囲む急勾配の崖、そして異世界のウィザード島──火山のなかの火山──は想像し得るかぎり、もっとも荘厳な景色のひとつを作り上げている。1911年に初めてクレーター湖を見たとき、著名な冒険作家のジャック・ロンドンはこのような感想を述べている。「地上の美しい場所を訪ねて何千キロも旅をして何年も過ごした私は、自然界におけるすべての美しいものを見つめてきたと思っていた。しかし、クライマックスには達していなかった。クレーター湖は、今まで見たどれよりも上回っていた」

　数々の自然の驚異はさておき、おそらくパシフィック・クレスト・トレイルは、1暦年のうちに全区間を踏破するスルー・ハイカーでいちばんよく知られているだろう。そのなかで、もっとも崇拝されている旅人は、スコット・“ビンク”・ウィリアムソンとジョージ“ビリー・ゴート”・ウッダードだ。

　ウィリアムソンは1990年代初頭からPCTでは有名な人物だ。彼は超軽量化バックパッキング・ムーブメントの先駆者のひとりで、このトレイルを少なくとも13回踏破し、最短時間記録を何度も樹立している。2006年に、彼は1シーズンでメキシコからカナダを往復するという、信じられない8500キロの旅、俗に

← ゴート・ロックス自然保護公園内のナイフ・エッジをハイキングする。遠くで大きく迫るのがレーニア山。
↑ パシフィック・クレスト・トレイルの北端は、マニング州立公園に隣接するパセイテン自然保護公園のアメリカ・カナダ国境上にある。

> パシフィック・クレスト・トレイルは変化を
> もたらしてくれる体験だ。
> 手付かずの自然のなかを数ヵ月も歩くと、
> ハイカーたちは肺活量が増し、
> 脚も強くなり、笑い皺もいっそう
> 深くなったと感じるだろう。

↑ モハビ砂漠を通り、ロサンゼルス上水路をたどる。
→ イーグル・クリーク迂回ルート上のトンネル・フォールズ。

数々の自然の驚異はさておき、
おそらくパシフィック・クレスト・
トレイルは、1暦年のうちに
全区間を踏破するスルー・ハイカーで
いちばんよく知られているだろう。

↑ PCTは世界中のどの長距離ハイキング・ルートよりも、何度でも見たくなる景
　色にあふれているかもしれない。
→ PCTの最南端1126キロの区間には、砂漠の野花がたくさん咲いている。

言うPCTの「ヨーヨー」を達成した最初の人物だ。ウィリアムソンが歩いてきた測りきれないほどの距離以上にすばらしいのは、この男のとてつもない決断力と忍耐力だ。1996年1月20日、カリフォルニア州のコンビニエンスストアでのシフト勤務中に、彼は武装した強盗に顔面を撃たれた。病院に担ぎ込まれたが、医者は銃弾を取り除くことに反対した。なぜなら銃弾が脊髄の近くに留まっていて、麻痺の危険性があったからだ。しかし彼はくじけることなく、3ヵ月もしないうちにPTCに戻ってきて、再びカナダへと向かったのだ。

この著名な旅行者2人のうちのもうひとりはジョージ・ウッダードだが、バックパッカーの世界では"ビリー・ゴート"として広く知られている。メイン州出身の電車の元車掌で、49歳でリタイヤ後に長距離ハイキングを始めて以来、年間150日は歩いている。30年以上かけて8万467キロを歩き、元気な80代の彼はパシフィック・クレスト・トレイルでもっとも尊敬されるハイカーとなった。パタパタとなびく広いつばの帽子をかぶり、くしゃくしゃの髪とサンタクロースよりはるかに長い髭が生えたビリー・ゴートにとってのPCTは、トールキンの小説に出てくるトム・ボンバルディにとっての中つ国のようなもの。つまり、彼が長い間、故郷と呼んできた森からは切り離せない。

パシフィック・クレスト・トレイルは変化をもたらしてくれる体験だ。手付かずの自然のなかを数ヵ月も歩くと、ハイカーたちは肺活量が増し、脚も強くなり、笑い皺もいっそう深くなったと感じるだろう。肉体的な変化とともに、今まで知らなかった心の平安と明らかな考えも発見するかもしれない。これを、母なる自然がもたらすパッケージ・プランと名付けてみよう――600万歩のプランは、人々の可能性を引き出してくれるのだ。

↑ 警戒しているシカ。
↓ 秋のワシントン州のグレイシャー・ピーク自然保護公園。

↑↑ 裂けた山間の狭い道。
↑ カリフォルニア州ハイ・シエラのコバルトブルーの湖。多くのPCTハイカーたちのお気に入りの場所だ。

参考情報

スタート地点/ゴール地点

北端 アメリカ/カナダ国境のカナダ、ブリティッシュ・コロンビア州マニング州立公園付近

南端 アメリカ/メキシコ国境のアメリカ、カリフォルニア州カンポー付近

最高地点/最低地点

フォレスター・パス、カリフォルニア州（4421メートル）

コロンビア川、オレゴン州/ワシントン州（55メートル）

季節

北回り：4～10月初旬

南回り：6月中旬～10月下旬

トレイルの見どころトップ10

1. クレーター湖、オレゴン州
2. エボルーション渓谷、カリフォルニア州
3. イーグル・ロック沿いの滝、オレゴン州
4. シュラン湖、ワシントン州
5. ハイ・シエラ湖の爽快な水の中で泳ぐこと
6. ゴート・ロック自然保護公園、ワシントン州
7. レイ湖、カリフォルニア州
8. モハビ砂漠で日没時刻にシルエットになったジョシュア・ツリー、カリフォルニア州
9. イーグル・ロック、カリフォルニア州
10. 4281キロを歩き通して、北（あるいは南）端に到着したときの喜びの気持ち。

お役立ちヒント

トレイル沿いの町トップ5

1. ワシントン州ステヘキン
2. カリフォルニア州エトナ
3. オレゴン州カスケード・ロックス
4. オレゴン州アシュランド
5. カリフォルニア州アイディルワイルド

レストランのトップ5

1. ステヘキン・ペーストリー・カンパニー、ワシントン州ステヘキン（おそらくアメリカでいちばんのベーカリー）
2. ティンバーライン・ロッジ、オレゴン州ガバメント・キャンプ（朝食かバイキング式ランチ）
3. パラダイス・カフェ、カリフォルニア州パームス・トゥ・パインズ・ハイウェイ（ハンバーガー）
4. モーニング・グローリー・カフェ、オレゴン州アシュランド（朝食メニューなら何でも）
5. カリブー・クロスローズ・カフェ、カリフォルニア州ベルデン（ミルクシェイク）

動物＆植物

生態系の多様性

数々の疑似事実のなかで、PCTに関しておそらくもっとも驚くべきは、北米に7つある生物地理区（エコゾーン）のうちの6つを通過していることだろう。米国林野局は、以下のように区分している：「高山ツンドラ（樹木限界線以上）、亜高山帯森林、高地山林、低地山林、高地ソノラ（オーク森林、低木林/草原）、低地ソノラ（モハビ砂漠/ソノラ砂漠）」。唯一PCTに存在しない生物地理区は亜熱帯。

動物

ガラガラヘビ、ワシ、ミチバシリ、オオヤマネコ、タカ、コヨーテ、マーモット、キツツキ、クマ、シカ、シロイワヤギ、ヤマネコ、クーガー。これらはPCTで見かける野生動物のごく一部。

著者の裏話

ロン・"トレイン"・ウルリック

2012年、私は2度目のパシフィック・クレスト・トレイルを歩いた。カリフォルニアの焼けつくような暑さのモハビ砂漠を通過している最中に、ロン・ウルリックという名のハイカー仲間の噂を耳にした。ほかに何百人もいるメキシコからカナダまでハイキングをする旅人とロンが違うところは、彼の洋服の好みだった。長袖シャツと軽量のズボンというお決まりのスルー・ハイカーの制服に嫌気がさして、ロンはPCTの4281キロ全区間を、ウェディングドレス姿で歩いたら楽しいだろうと思いついたのだ。しかも1着ではなく、平均161キロごとに1着で、合計26着だ。旅を始めた最初の頃に、彼には「トレイン」というトレイルでのあだ名が付けられた。それは彼が蒸気機関車のように速く歩くからではなく、カナダ国境に向かって北へ滑走していると、ウェディングドレスの裾の長い部分が、彼の後ろで流れるように動いていたからだ。

おすすめ用品

PCTのような長距離トレイルをどう歩くべきかについての普遍的な計画など存在しない。モチベーションや必要性、そして経験値が人それぞれだからだ。とはいうものの、誰もが同意することがひとつある。それはよく言われるように、荷物が重くなければ、ハイキングはもっと楽に、そしてもっと楽しくなるということだ。個人的なニーズと、これから思い切って行こうとしている環境が命じるもの、この両方を満たす機能的で軽量で、耐久性に優れ、値段もほどほどのものを探すことがコツだ。

まず手始めに、いわゆるバックパッキング用品の「三種の神器」と呼ばれるバックパックとシェルターと寝袋に焦点を絞るのがいい。これらは通常、携帯する荷物のなかでいちばん重いアイテムなので、重量を軽減させられる鍵はここにある。以下に示すすべてのおすすめ用品は、どれも長年スルー・ハイカー向けに高品質のバックパッキング用品を製造してきた、定評がある会社だ。

バックパック
プロのアドバイス:
重いバックパックは重い荷物を運ぶために作られている。バックパックの重さが1.36キロ以下で、容量が65リットルを超えないものが、あなたとあなたの荷物をメキシコからカナダまで運ぶのに十分である。それ以上大きいものは過剰だ。

おすすめのバックパック・メーカーは以下の通り(順不同):グラナイト・ギア;ウルトラライト・アドベンチャーイエクイップメント;オスプレー;マウンテン・ローレル・デザインズ;ハイパーライト・マウンテン・ギア;シックス・ムーン・デザインズ;ゴッサマー・ギア

シェルター
プロのアドバイス:
スルー・ハイキング用のシェルター選びには3つの点に注意が必要:
1.軽量であること(1.36キロ以下);2.嵐に耐えられること;3.快適さにおいて個人的なニーズを満たしていること。4〜5ヵ月のバックパッキングは長い。その3分の1の時間をシェルターで過ごすため、居心地がいいテントは不可欠だ。

おすすめの軽量テント・メーカーは以下の通り(順不同):タープテント;ビッグ・アグネス;MSR;NEMO;シックス・ムーン・デザインズ;マウンテン・ローレル・デザインズ;ゴッサマー・ギア

寝袋(またはキルト)
プロのアドバイス:
寝袋について、最高の耐久性と、暖かさ対重量の比率はダウンのモデルによる。少なくとも800フィルパワーで、重量が1.13キロを超えないものを探すこと。温度のランク付けに関しては、平均的なPCTの男性ハイカーならば正確には摂氏マイナス7度モデル、通常女性なら摂氏マイナス9度モデルだと快適だろう。*注:寝るときに女性は男性より寒がりの傾向がある。*

おすすめの寝袋(またはキルト)メーカーは以下の通り(順不同):ウェスタン・マウンテニアリング;フェザード・フレンズ;モンベル;マーモット;カタバティック・ギア(キルト);ヌナタク(キルト)。

最高のパフォーマンス:スルー・ハイキングのメンタル面について

「スルー・ハイキングはメンタルが9割」。これは、アメリカの長距離ハイキングのコミュニティでもっともよく耳にするスローガンだ。長年、記事やオンライン・フォーラムや本などで繰り返され、ほとんどではないにしても、多くのスルー・ハイカーに、ほぼ福音のように受け入れられているようだ。だが実際のところ、それは真実ではない。それどころか、事実から程遠い。「メンタルが9割」説以外にも、バックパッキングにまつわる根拠のない説はある。たとえば、ハイキングにはブーツが必要だとか、寝るときは裸のほうが温かいとか、分解性の石けんなら水源で使用してもよい、という作り話だ。実際、スルー・ハイキングに伴う精神的な課題は疑いようもなく重要だが、個人によっても、またハイキングによっても大きく異なる。メンタルが全体の9割というのは(あるいは8割だとしても)、率直に正確ではない。身体的要因に対する心理的要因の比率は、2つの重要な要因によって決まる:1.これから挑もうとする環境に対してのハイカーの経験値。2.どの程度まで、手付かずの自然のなかにいることを無条件に楽しみ、愛せるか。

経験
つまり、実地で経験を積むほど、スルー・ハイキングに対してのメンタル面の課題は軽減されるだろう。長距離ハイキングに出る前に、オンライン・フォーラムをあちこち覗いてみたり、自己啓発書を読んでみたり、バックパッキング・コースを体験したり、ハイキング日記をたくさん読んでみるといい。しかし、概して森のなかで過ごすのが嫌いなら、こうしたことは無意味だ。5ヵ月連続でハイキングとキャンプを楽しめるかなんて、どうやったらわかるのだろうか? 特別なことは必要ない。旅を始める前に、いろいろな状況でバックパッキングをして、できる限りの時間を過ごすことだ。宿泊したり、1週間の小旅行をしたり、できることは何でも構わない。もちろん、これでスルー・ハイキングをやり遂げられるかが保証され

るわけではない。しかし、ゴールに到達する確率が上がり、もっと大切なのは、その過程を楽しめることだ。母なる自然との関係だと思えばいい。事前にデートを重ねれば重ねるほど、いずれ結婚したとき(つまりスルー・ハイキング)、うまくいく可能性が高いのと同じだ。

無条件の楽しさ
自然のなかで時間を過ごすことを無条件で楽しんでいるなら(それを愛と呼んでみよう)、スルー・ハイキングで避けて通ることができないチャレンジ——退屈や寂しさ、身体的な不快さ、悪天候——は、ハイキングを辞めることの潜在的な理由というより、通常の場合、むしろ些細なことだ。実際、もう一歩踏み込んで言うと、苦難はつまずきの石というよりは、飛び石のようなものだ。なぜか? それは、何かを無条件に愛していたら、努力を惜しまずにやり遂げるからだ。目新しさは数週間あるいは数ヵ月経っても擦り減らない。その結果、ハイカーとして常に進歩し成長し続けることになる。問題が起きたら、それを受け入れ、何ができるかを学び、成し遂げる——まさに、健全な長い恋愛関係や友情と同じだ。やがて、そうするうちに、何ヵ月もハイキングやキャンプをして過ごすことは、精神的な課題ではなくなり、確信と喜びになっていくのだ。

CANADA
カナダ

マニング・パーク
MANNING PARK

ステヘキン
Stehekin

Lake Chelan
シュラン湖

SEATTLE
シアトル

Snoqualmie Pass
スノコルミー・パス

Washington
ワシントン州

コロンビア川
Columbia River
(55 m / 180 ft)

Goat Rocks
ゴート・ロックス

フッド山
Mount Hood
(3,429 m / 11,249 ft)

PORTLAND
ポートランド

ジェファーソン山
Mount Jefferson
(3,199 m / 10,497 ft)

ベンド
Bend

Oregon
オレゴン州

Crater Lake
クレーター湖

アシュランド
Ashland

シャスタ山
Mount Shasta
(4,322 m / 14,179 ft)

オールド・ステーション
Old Station

Sierra City
シエラ・シティ

Lake Tahoe
タホ湖

Sonora Pass
ソノラ・パス

Yosemite
National Park
ヨセミテ国立公園

Tuolumne Meadows
トゥオルミ・メドウズ

フォレスター・パス
Forester Pass
(4,009 m / 13,153 ft)

SAN FRANCISCO
サンフランシスコ

Kings Canyon
National Park
キングス・キャニオン国立公園

ホイットニー山
Mount Whitney
(4,421 m / 14,505 ft)

Sequoia
National Park
セコイア国立公園

Kennedy Meadows
ケネディ・メドウズ

California
カリフォルニア州

アグア・ダルシー
Agua Dulce

Pacific
Ocean
太平洋

アイディルワイルド
Idyllwild

LOS ANGELES
ロサンゼルス

Warner Springs
ワーナー・スプリングス

SAN DIEGO
サンディエゴ

CAMPO
カンポー

メキシコ

MEXICO

0 km / 75 mi

N

36° 22' 20.154" N
121° 2' 14.1324" W

PACIFIC NORTHWEST TRAIL
パシフィック・ノースウエスト・トレイル

アメリカの国立観光歩道の
ワイルド・チャイルド

Washington, Idaho, Montana
ワシントン州、アイダホ州、モンタナ州

トレイルについて

→ 距離　　：1931キロ
→ 所要時間：65日
→ レベル　：上級

　パシフィック・ノースウエスト・トレイル（PNT）は、モンタナ州のロッキー山脈からワシントン州のオリンピック・コーストまで続いている——地理的な特色のあるトレイル両端の間を、3つの国立公園と7つの国立森林が横切り、全長1931キロにおよぶアメリカでもっともすばらしい山の景色が広がっている。アメリカの長距離ハイキング界におけるワイルド・チャイルドであるPNTは、非常に才能あふれた芸術家のように、人々の注目から身を潜めている手付かずの自然だ。疑問に思うのは、もしも、ではなく、いつ、この並外れた資質が世界中に広まるのか、ということだ。

　大陸分水嶺と太平洋を結び、カナダとの国境線に沿って進むトレイルの計画は、1970年に自然保護家ロン・ストリックランドによって考え出された。7年後、この荒野の細い道を整備し保存、保護する目的で、パシフィック・ノースウエスト・トレイル協会が設立された。数十年の尽力と支援を重ねたのち、2009年にPNTはアメリカに11ヵ所ある国立観光歩道のひとつとして議会で承認された。しかし、パシフィック・クレスト・トレイルのような、もっと古くから確立されている兄貴分たちと違って、PNTはまだインフラの面では子どもだ。

　きれいに整備された道よりもバックカントリーのルートのほうが多いPNTは、砂浜歩きや、下生えや枝を切り払いながら進む森林地、林道、はって登る岩、舗装された道、古い鉄道の枕木、そしてトレイルなど、すべてが融合している。標識や道標はほとんどなく、未整備の所が大半で、草木が伸び過ぎている場所もある。あえて言うなら、PNTは孤独を愛し、地理感覚に優れ、冒険心を忘れない経験豊かな長距離ハイカーに最適だ。

　PNTはどちらの方向からも行くことができるが、東からスタートして、太陽が沈む西へ向かうハイカーがほとんどだ。このトレイルの見どころはたくさんあるが、なかでも際立っている区間として、ワシントン州のマウント・ベーカー自然保護公園や、ほとんど人が訪れることがないアイダホ州のセルカーク山、そしておそらく世界中の長距離ハイキング・トレイルのなかでもっとも壮大な出発・終着ラインである、グレイシャー国立公園とオリンピック国立公園が挙げられる。

　モンタナ州西部の100万エーカー以上を占めるグレイシャー国立公園のことを、アメリカの自然保護運動の父のひとりであるジョージ・バード・グリネルは「大陸の冠」と形容した。それはスケールの大きな原野であり、氷河時代に削られてできた荒々しい花崗岩の峰々のすばらしい場所、広々とした渓谷とドラマチックな圏谷（けんこく）、そして澄み切った高山の草地である。グレイシャーの荘厳な風景は、同じくらいに印象的な大物の野生動物たちの生息地だ。シロイワヤギやムース、バイソン、カナダ・オオヤマネコ、オオカミ、クーガー、ウルバリン、ブラックベア、グリズリーベアなどがそこに含まれる。ハイカーとしては、長距離トレッキングのスタートとフィニッシュするのによい場所を決める

↑ モンタナ州の荘厳なグレイシャー国立公園。
↘ ハイカーたちを観察する好奇心旺盛なマーモット。

グレイシャー国立公園のことを、
アメリカの自然保護運動の
父のひとりである
ジョージ・バード・グリネルは
「大陸の冠」と形容した。

→ モンタナ州のグレイシャー国立公園のほとばしる滝。
↑ ワシントン州のマウント・ベーカー自然保護公園内のベーカー川を渡る。

最後の100キロは、昔のままの海岸線に沿って進む。そこは波によって削られた海食柱や、ヒトデやイソギンチャクがひしめきあう潮溜まり、高く舞い上がるハゲタカ、そして今までに見たなかで最上級のひとつになりそうな海の景色が特徴だ。

↑ ワシントン州東部のパセイトン自然保護区域をトレッキングする。
← クモの巣状の網をかける毛虫たち。

のは非常に難しい——PNTの西の端、オリンピック国立公園について話しているのでなければ。

　シアトルからピュージェット湾の向かいにあるオリンピック国立公園は、生態学的にアメリカでもっとも多様性に富んだ公園であることに議論の余地はない。約100万エーカーの敷地内（グレイシャー国立公園とほぼ同サイズ）には、温暖な雨林、低地（より乾燥している）森林、高山、そして海岸という、4つの異なる環境が詰まっている。それぞれに独自の雰囲気があり、PNTハイカーたちは不気味な太古の雨林を通り抜け（『トワイライト』の本と映画はここが舞台になっている）、雪に囲まれた山の湖ですがすがしい水浴びをし、打ち寄せる波の癒し音だけを伴って、ひっそりとした砂浜をゆっくりと歩く。もしあなたが、長距離ハイキングで来る日も来る日も同じ景色ばかりを見飽きてしまうタイプなら、もうここ以外の場所を探す必要はない。マーティン・スコセッシといえばギャング映画であるように、オリンピック国立公園といえば自然の多様性なのだ。

　PNTを東から西の方角へ向かうハイキングで、もっともすばらしいことのひとつは、終着点であるアラバ岬である。ここはアメリカ本土の最西端の場所だ。ゴール地点に到着するまでの最後の100キロは、昔のままの海岸線に沿って進む。そこは波によって削られた海食柱や、ヒトデやイソギンチャクがひしめきあう潮溜まり、高く舞い上がるハゲタカ、そして今までに見たなかで最上級のひとつになりそうな海の景色が特徴だ。とどめは何か？　ロッキー山脈から太平洋までの1931キロの挑戦を修了したご褒美以上のもの——快適な海辺のキャンプ場所から、太陽が沈むのを眺めて最終日を終えることだ。

↑ ワシントン州の岩だらけのオリンピック海岸の密かな入江。
↓ 海食柱と流木、そして太平洋。

参考情報

スタート地点／ゴール地点
西端　ワシントン州オリンピック国立公園、アラバ岬
東端　モンタナ州グレイシャー国立公園、チーフ山

最高地点／最低地点
カセドラル・パス、ワシントン州
（2310メートル）
オリンピック・コースト、ワシントン州
（海水面）

季節
7月初旬〜9月下旬

許可
パシフィック・ノースウエスト・トレイル上でのハイキングに許可は不要だが、グレイシャー国立公園、ノース・カスケード国立公園地区、オリンピック国立公園のバックカントリーでのキャンプには必要。

おすすめの食事
ワシントン州アナコルテスのボブズ・チャウダー・バーと、モンタナ州グレイシャー国立公園近くのとても有名なベーカリー、ポールブリッジ・マーカンタイル。1914年創業のマーカンタイルは食料品店とガソリンスタンドも兼ねている。ここのパンや焼き菓子は有名で、遠くからも人が訪れる。ハックルベリー・ベア・クロウ、チョコレート・スコーンとマカロンがおすすめ。

お役立ちヒント

別ルート
PNTでのハイキングは、旅人にとって違うルートのオプションが多数ある。おすすめの2ルートは以下の通り:
1. **アイダホ州セルカーク山脈のセルカーク・クレスト〜ライオンズ・ヘッド**
   尾根伝いのこのハイルートは、ライオンズ・クリーク沿いの低地にとどまっている公式のPNTよりも優れている。
2. **グレイシャー国立公園内のキントラ湖**
   これはトレイルの創設者、ロン・ストリックランドによって設計された元祖PNTルートで、ボウマン湖を経由する公式ルートよりもはるかに景色がいい（しかし、積雪が多い）。

動物＆植物

アメリカのイチゴの中心地？
太平洋岸北西部は、アメリカの野イチゴの中心地としてトップを争う。夏の間、PNTを歩くこと以上にいい試食の方法はない。トレイルの道すがら、ハイカーが目にするのはブルーベリーやハックルベリー、ラズベリー、ティンブルベリーとサーモンベリー。一口メモ：ワシントン州ベリンガムのすぐ南にある青々と茂ったチャカナット山脈はサーモンベリーがたくさん採れることで知られる。

PNTのビッグフット
パシフィック・ノースウエスト・トレイルは、ワシントン州北中部のチョパカ湖を通る。この地域一帯のいちばんの自慢は、1996年5月26日にこれまででもっとも有名な未確認動物、ビッグフット（サスクワッチ）の動画が撮影された主な場所であるということだ。議論を巻き起こすこの録画は、巨大なサルに似ているという描写に似た、画質の粗い物体が湖の近くを走ったり歩いたりしている様子を映している。

基礎知識

消え失せていくグレイシャー国立公園の氷河
1850年には、PNTの東端に位置するグレイシャー国立公園にはおよそ150ヵ所の氷河が存在していた。アメリカ議会が公園を設立

した1910年には、事実上まだそのすべてが存在していた。地球温暖化の多大な影響により、現在では40ヵ所以下しかない。アメリカ合衆国地質調査所のダン・ファージ博士は、こう説明する。「気候には変動がある。しかし、そのすべての変動を温暖化に導いたのは人間の仕業だ。氷河はここに7000年存在していたが、それが数十年で消失してしまうだろう。これは自然の周期の一部ではない」

著者の裏話

長距離ウォーキング12選
2011年7月2日、私はパシフィック・ノースウエスト・トレイルの西端、アラバ岬に立っていた——私が「長距離ウォーク12選」と呼んだ、2万3081キロにおよぶ一連のトレッキング・シリーズ。私のハイキング人生で最長の旅の出発地点だったので、この場所は私にとって永遠の心の恋人だ。
そのシリーズ名から推測できるように、この旅は12回連続して全長322〜4345キロの長距離トレイルを踏破するスルー・ハイキングから成る。545日に及ぶ長旅の間、私はアメリカの29州とカナダ4州を通過して、トレイル・ランニング・シューズは28足（そして、免れたものの危うく左の膝関節さえも）駄目にした。道中私は、アメリカの三大長距離トレイル、通称「トリプル・クラウン」であるパシフィック・クレスト・トレイル、コンチネンタル・ディバイド・トレイル、アパラチアン・トレイルを、カレンダー上での最短期間で踏破（236日）したことを含め、いくつかの記録を打ち立てた。
食の面では、ハイキングしている日は平均6000〜7000カロリーを燃焼し、そのために乾燥豆を56.1キロ、スニッカーズ・チョコレート・バーを620個（その過程で歯が1本無くなった）消費した。大自然の真っ只中で私が目撃したのは、オオカミ1頭、オオヤマネコ2頭、ムース17頭、クマ48頭（グリズリーベア22頭を含む）である。
歩きっぱなしで18ヵ月が経過したのち、2012年12月28日にアパラチアン・トレイルの最南端地点、ジョージア州スプリンガー山の頂上で私は「長距離ウォーク12選」を終えた。

CANADA
カナダ

CHIEF
MOUNTAIN
チーフ山

Kintla
Lakes
キントラ湖

Chopaka Lake
チョパカ湖

Eureka
ユーリカ

Mount Baker
ベーカー山
(3,286 m / 10,781 ft)

Windy Peak
ウィンディ・ピーク
(2,540 m / 8,333 ft)

Oroville
オーロビル

Northport
ノースポート

Bonners
Ferry
ボナーズ・フェリー

Polebridge
ポールブリッジ

Glacier
National Park
グレイシャー国立公園

Pasayten
Wilderness
パセイトン自然保護区域

North Cascades
National Park
ノース・カスケード国立公園

Republic
リパブリック

Forks
フォークス

SEATTLE
シアトル

Olympic
National Park
オリンピック国立公園

Washington
ワシントン州

Idaho
アイダホ州

Montana
モンタナ州

SELKIRK MOUNTAINS
セルカーク山脈

KETTLE RIVER RANGE

CASCADE RANGE カスケード山脈

Pacific
Ocean
太平洋

N

0 km / 62 mi

48° 21' 42.3108" N
124° 42' 25.9344" W

SIERRA HIGH ROUTE
シエラ・ハイ・ルート

太陽が沈み、
月が顔を出すとき

California
カリフォルニア州

トレイルについて

→ 距離　　：約314キロ
→ 所要時間：15〜20日
→ レベル　：上級

　いちばん苦労した景色は、いつでもいちばん心に響く。アメリカの長距離ハイキングに関していえば、カリフォルニア州のシエラ・ハイ・ルート以上にこの言葉が当てはまる場所はないだろう。肺が破れるような約314キロの区間で、30ヵ所以上の高地の峠を越えたり、クラス2あるいは3のスクランブル（時折手を使うことが必要になる非技術的な登山、）に区分される場所も多く含まれている。ぜーぜーと息を切らしたことへの報酬は、氷河の彫刻のような渓谷やサファイヤ・ブルーの湖、ギザギザした花崗岩の頂上といった高山の楽園の姿で支払われる。おそらくアメリカ本土でもっとも景色のいい数週間のトレッキングになるだろう。

　シエラ・ハイ・ルートは1970年代後期に、ベテラン登山家スティーブ・ローパーが考案した。ローパーが目指したのは、経験豊かなハイカー向けルートを作ることだった。それは、踏み固められていない道での冒険が味わえて、ルートの大半が樹木限界線よりも高い位置にあり、可能な限り標識の付いた道を回避するようなコースだ。どのような基準であれ、彼は踏破し、あとに続く人たちも出てきた。シエラ・ハイ・ルートはアメリカ本土でもっとも原始のままで、めったに訪れる人がいない原野を通り抜けていく。ナショナル・ジオグラフィック誌で、ジム・ゴーマンとロバート・アール・ハウェルが語った言葉によれば、「シエラの元祖ルート開通者であり、孤独を愛したジョン・ミューアがもし存命なら、自分の名を冠したジョン・ミューア・トレイルではなく、彼はきっとシエラ・ハイ・ルートを歩いただろうと考えるのが妥当だ」

　その世界的に有名なジョン・ミューア・トレイル（340キロ）についてだが、多くのハイカーがシエラ・ハイ・ルートに関して最初に抱く疑問のひとつは、訪れる人が格段に多いお隣のジョン・ミューア・トレイルとどう比べるか、ということだ。比較は以下のように分類される：

　ジョン・ミューア・トレイル（JMT）とシエラ・ハイ・ルート（SHR）は、距離もだいたい同じで、ミューアが「光の山脈」と評したことで有名なハイ・シエラ山脈を南北方向に走っている点も共通する、ともに見事なハイキング・コースだ。2つの道は地理学的には類似しているにもかかわらず、特徴はそれぞれ独特だ。JMTはスタートからゴールまで道がきちんと表示されて、整備が整い、谷床を横断しながらかなりの時間を過ごす。JMTはアパラチアン・トレイルに次いで、アメリカでもっとも有名な長距離トレイルだ。それとは対照的に、SHRはその名

↖ 同じ名前の峠にあるジョン・ミューア・ハット。
↑ フローズン・レイク・パスを下る。

219

ぜーぜーと息を切らしたことに
対する報酬は、氷河の彫刻のような
峡谷やサファイヤ・ブルーの湖、
ギザギザした花崗岩の頂上といった
高山の楽園の姿で支払われる。

↑ アメリカ本土最高峰のホイットニー山 (4421メートル) の夜明
　けの景色。
← シエラ・ハイ・ルートのあちこちで好奇心旺盛なマーモットを見
　かける。自分の食料に注意を払うこと！
↗ 近づいてくる嵐の雲。
→ サザン・シエラ・ハイ・ルートのラッセル・キャリロン・コル。

にふさわしく、ほとんどすべての区間が標高2743～3658メート
ルの間にあり、道中の半分以上はクロスカントリーだ。つまり、
しっかりと確立されたトレイルというよりは、むしろ道筋だ。さ
らに、SHRにはハイカーたちの往来があまりない。2019年の時
点で踏破した人は年間50人以下と推測され、アメリカ以外の
長距離ハイキング界では比較的無名のままだ。一言で言えば
SHRは、JMTの代替としてはより野性味に溢れて、難易度が高
く、この全距離を歩こうと思い立った人は、かなりレベルの高
いバックカントリー経験を必要とする。

　セコイア国立公園とキングス・キャニオン国立公園、インヨ国
有林、そしてヨセミテ国立公園を通る、シエラ・ネバダ山脈の中
心部分にかかっているのがシエラ・ハイ・ルートで、ほとんどの
ハイカーたちはここを2～3週間かけて踏破する。道中の見ど
ころをどれか選ぶのは、まさにモスクワで最高のウォッカの店
を探すのに等しい——現実的にそれは不可能だ（探すのは
楽しいけれど）。数あるバックカントリーの宝庫のなかで、泳ぐ
のに最適なベア・レイクス・ベースンや、到達するのが困難なフ
ローズン・レイク・パス、コバルトブルーのマリオン湖、パイプ・オ
ルガンのような玄武岩の石柱がそびえるデビルズ・ポストパイ
ル国定公園といった場所は、SHR経験者たちの間で常に人気
上位に挙がっている。

　岩だらけの地形と未開のままの原野と静けさが組み合わ
さったシエラ・ハイ・ルートは、自然の世界と自分自身の魂が共
により一層調和が取れているように感じさせてくれる——そ
れは、心の内側が輝き、外側には挑戦的な旅である。この道を
歩き終えた多くのハイカーたちは、息をのむような景色ではな
く、道中で経験した清らかなひとときが、シエラ・ハイ・ルートで
のいちばん大切な思い出になっている。

参考情報

スタート地点／ゴール地点
北端　カリフォルニア州モノ・ビレッジ
南端　カリフォルニア州ローズ・エンド、セコイア＆キングス・キャニオン国立公園

季節
7〜9月。その年の積雪によって、6月中旬から10月初旬まで可能なこともある。

許可
シエラ・ハイ・ルートではバックカントリーの許可が必要。南端から出発するならローズ・エンドの公園登山口事務所で入手可能。別の方法としては、事前にセコイア＆キングス・キャニオン国立公園あるいはヨセミテ国立公園のウェブサイトでも。

お役立ちヒント

標高注意
南端のローズ・エンドからだと、最初の登りがコッパー・クリーク・トレイルからで、ハイカーは海抜1539メートルから3048メートルへ一気に上がることになる。その先はほとんどずっとその標高のままだ。もし平均海面からやって来るのであれば、頭がクラクラするかもしれない。急性高山病（AMS）を避けるには午後遅くに出発し、中間の2134〜2438メートル地点でのキャンプを検討するといい。

泳ぎの休息所
水が好きであれば、シエラ・ハイ・ルートにはあなたの泳ぎたいという欲求を満たす機会はたくさんある。この標高では、水温は身を切るほどだ（男性諸君、その後数時間、君たちは去勢されたような状態かもしれない）。だが、水浴びすることを躊躇しないでほしい。美しい山に囲まれた高山湖で泳ぐのは、想像しがたいほどに胸が躍る感覚だ。

ダウンヒル・ハイキングのコツ
下り坂のハイキングには注意が必要だ。捻挫や踏み外し、そして転倒は下るときにいちばん起こりやすい。そして、関節や筋肉の損傷、裂傷がいちばん起きるのがこのタイプのハイキングだ。シエラ・ハイ・ルートのような難易度が高く、ほとんどがオフ・トレイルのような場所ではなおさらだ。すべての地形でどのようにダウンヒルを効果的に

すべきかを心得ておけば、体への衝撃が軽減されて、転落か災難のどちらか、あるいは両方の可能性も低くなる。ワンランク上のダウンヒル・ハイカーになるための6つのコツは以下の通り：

1. **重心は中心に**：前屈みにならないこと。後ろにも反らないこと。重心の中心は低く、足の上にする。
2. **衝撃を軽減すること**：下り坂では、着地したら足を軽く曲げるように。こうすることで膝への負担が軽減される。関節ではなく筋肉に圧力がかかるので。
3. **集中すること**：足の着地に十分な注意を払うこと。多くの踏み外しは、長い登りのすぐあとの下り坂の区間で起きる。上り道で苦労したあと、下りでは「気ままにやっちまおう」となりがちだが、それがまちがいの元だ。
4. **歩幅は小さく**：傾斜が険しいときは、歩幅を小さくすることで、重心の中心を足の上に保ちやすい。それによってバランスとコントロールがもっとよくなる。
5. **ヒップベルト**：急勾配で凸凹の下り坂では、ヒップベルトを締めるのが有効だ。これによって、うっかりしているとバランスを失うことになりかねないバックパックの動きが軽減される。
6. **滑らかに**：一旦下りに関する必要なテクニックが身に付いたら、柔軟でいること。流れに身を任せること。地形に反するのではなく、地形に沿って動くこと。

基礎知識

サザン・シエラ・ハイ・ルート（SSHR）
シエラでのバックパッキング体験をもっと延長したいなら、あまり知られていないが同じくらいにすばらしいサザン・シエラ・

ハイ・ルート（SSHR）をシエラ・ハイ・ルート（SHR）に組み合わせることもできる。アラン・ディクソンとドン・ウィルソンが考えたSSHRは、ドゥシー・ベースンでSHRに合流し、合計距離は約435キロになる。旅人が「光の山脈」でより多くの時間が過ごせる以外に、この追加区間はロジスティック面でも利点がある。アクセスが困難なローズ・エンドとは対照的に、南端の登山口が車で行きやすいコットンウッド湖に位置しているからだ。

著者の裏話

長年のジョン・ミューア崇拝者として、シエラ・ハイ・ルートは私のハイキング魂の特別な場所を占めている。その原始のままの道なき自然は、この偉大な男の著作の精神をすべて凝縮したもので、ある意味、もっと頻繁に人が往来するカリフォルニア州のハイ・カントリーでは決して成し得ないと私は思っている。

だから、私は2011年のSHRスルー・ハイキングの際、読み古されたミューアの著作、『ヨセミテ』を持って行くことにした。ハイキングの日々の締めくくりに、キャンプをする場所を探しシェルターを組み立て、少なくとも30分はこの古典文学を読んだ。そうしていると太陽が沈み、月が顔を出す。山頂光を体いっぱいに吸収しながら、周りを囲む頂をいつも不思議に思ってぼんやりと見上げていた。こうしたひとときに、私は1986年のことを思い出していた。私は17歳で、ジョン・ミューアの本に初めて出会った頃だった。そのことを思い出すと、懐かしさで笑みが浮かんでくる。私を夢中にさせたのは、『ヨセミテ』という本だった。そして25年後、私はSHRでまさにその同じ本を手にしているのだ。

ブリッジポート
Bridgeport

モノ・ビレッジ・ツイン・レイクス
**MONO VILLAGE /
TWIN LAKES**

Matterhorn Peak
(3,744 m / 12,285 ft)
マッターホルン・ピーク

モノ湖
Mono Lake

トゥオルミ・メドウズ
Tuolumne Meadows

Yosemite
National Park
ヨセミテ国立公園

Mount Dana
(3,981 m / 13,061 ft)
デーナ山

US-395

マンモス・レイクス
**MAMMOTH
LAKES**

Devils Postpile
National Monument
デビルズ・ポストバイル
国定公園

ビショップ
BISHOP

Vermilion Valley
Resort
バーミリオン・バレー・
リゾート

Lake Italy
イタリー湖

Mono
Hot Springs
モノ・ホット・スプリングス

Inyo
National Forest
インヨ国有林

ノース・パリセード・ピーク
North Palisade Peak
(4,343 m / 14,248 ft)

California
カリフォルニア州

フローズン・レイク・
パス
Frozen Lake
Pass

Marion Lake
マリオン湖

US-395

Sequoia & Kings
National Parks
セコイア&キングス国立公園

INDEPENDENCE
インディペンデンス

ROADS END
ローズ・エンド

N

6 km / 10 mi

37° 57' 51.0624'' N
118° 59' 44.754'' W

SOUTHWEST

南西部

広々とした峡谷から、高地砂漠やコロラド高原を彩る赤い岩まで、アメリカ南西部は、
岩壁の住居に暮らした古代先住民と波乱に富んだ無法者たち、
そして不屈の開拓民の歴史に包まれた、地質学のワンダーランドだ。

GRAND CANYON RIM TO RIM TRAIL
グランド・キャニオン・リム・トゥ・リム・トレイル

景色の向こう
はるか深い場所へ

Arizona
アリゾナ州

カーテンが上がって
変化のない景色を眺めるかのように、
グランド・キャニオンをひとつの景色として
見ることはできない。それを見るためには、
迷宮のなかを何ヵ月も
苦労して進むしかないのだ。

—

**グランド・キャニオンの名付け親、
ジョン・ウェズリー・パウエル**

『THE EXPLORATIONS OF THE COLORADO RIVER
AND ITS CANYONS』(1874年)より

↑ リム・トゥ・リム・トレイルのジグザグの山道。
→ キャニオニンの谷底で涼む。
↗ R2Rには日陰のようなものがほとんどない。つば広帽子と日焼け止
　めを必ず携帯すること。

トレイルについて

→ 距離　　：33.8キロ
→ 所要時間：10〜12時間
→ レベル　：上級

　グランド・キャニオンには年間600万人の人が訪れる。徒歩でキャニオンの奥地まで行くのは、そのすべての観光客の1パーセント以下だ。その1パーセントのうちのごくわずかの人しか、コロラド川を経由して、キャニオンの北と南の縁をつなぐジェットコースターのようなルート、リム・トゥ・リム（R2R）を歩かない。約34キロ（ルートの選び方によっては39キロ）に延び、総獲得標高3261メートルのR2Rは、人混みから離れてアメリカのもっとも驚くべき自然の宝のひとつを、外側からではなく、内側から体験できる最高の方法だ。

　アリゾナ州北部に位置するグランド・キャニオンは長さ446キロ、幅は最高29キロ、深さは最大1857メートルだ。そのスケールはまさに息をのむほどで、日の出や日没に見ると、その太古からの大地の壁は茜色、オレンジ、そしてゴールドの色調のすばらしい砂漠のパレットと化して、生き生きと輝く。しかし、統計の数値や最上級の言葉だけでは、決してグランド・キャニオンのよさを十分に表現できない。ここは、自分の目で見て確かめる類の場所だ。そして、この景色よりもさらに上回る場所へ、

一歩（この場合は4万5000歩なのだが）足を踏み込みたいと思う人にとっては、リム・トゥ・リム・トレイルがある。

　簡単に言うと、R2Rのハイキングは3つに区分できる。サウス・カイバブ・トレイルヘッドから出発すると（北から南に歩くこともできるし、ブライト・エンジェル・トレイルヘッドからスタートすることもできる）、峡谷を10.1キロ下り、谷底に沿ってしばらく歩いてから、ノース・カイバブ・トレイル経由でノース・リムを22.9キロ上がる。全区間きちんと標識が付けられ整備されており、水分補給ができるように10〜16キロごとに噴水式水飲み器まで設置されている（そう、噴水だ！）。この蛇口は5〜10月のハイキング・シーズンにしか稼働が保証されていないことをお忘れなく。それ以外の時期は、出発前に公園職員に確認すること。

　景色に関しては、スタートからゴールまで崖、ビュート、峡谷、尖塔、そして山峡という、岩だらけの不思議な国に連れて来られた（自分の2本の足で来たのだが）気持ちになる。トレイルは何百万年もの大地の歴史を横断し、激しい標高の変化が育んだ5つの特徴的な生態系を通り抜ける：亜寒帯森林、ポンデローサ松の森、ピニオン・ジュニパーの森林帯、砂漠の低木林、水辺。驚くべきR2Rの幅広い生態系の範囲は、その極端な気温の変化の幅と同等である。

　ハイキング・シーズン中でも、夜明け前は登山口では氷点下になることがある。一方で峡谷の底では、日中の気温が摂氏

R2Rのサウス・カイバブ・トレイル区間からのスケルトン・ポイントの眺め。

↑ コロラド川にかかるブラック・サスペンション橋（134メートル）。
↓ リボン滝。
→ ノース・カイバブ・トレイル。

40度を超えることも珍しくない。R2Rのハイキングは終わりの
ない変動に対応するための訓練であり、強靭な足腰と肺がそ
の困難を乗り切るのに役立つとわかるだろう。

　グランド・キャニオンの暑さと闘うよい方法は、おすすめ度
が抜群の魅惑的なリボン滝へ足を延ばすことだ。コットンウッ
ド・キャンプのすぐ南の小さな青々とした峡谷にあるリボン滝
は、なめらかなコケに覆われた岩の露出部分から、氷のように
冷たい下の滝つぼまで33メートルほど流れ落ちる。小さな洞
窟は、「サハラ砂漠のオアシス」のような感覚がある。焼け付く
ような暑い日にこの滝の下に立っていると、今まで浴びたどん
なシャワーにも勝る気分になるだろう！

　どんな基準にせよ、R2Rはアメリカでもっともすばらしいトレ
イルのひとつだ。そんなトレッキングは、思い出深いフィナーレ
で飾るのがふさわしい。それは南から北へハイキングすれば、
いちばん達成しやすい。コットンウッド・キャンプ場とノース・リ
ムの間の区間のノース・カイバブ・トレイルが、この旅でいちばん
眺めがいいのは疑う余地がない。さらに、ノース・リムはサウス
の区間に比べてはるかに開発が進んでおらず、人混みも少な
い。そしてハイキングを終えたら、グランド・キャニオン・ノース・
リム・ロッジで祝宴のディナーを楽しめる（一口メモ：早めの予
約が必要）。峡谷の端に腰をかけ祝杯のビールを片手に、グラ
ンド・キャニオンという世界的な自然の驚異に沈む夕日を眺め
る。これに勝るフィナーレの舞台はない。

↑↑「アリゾナ州のグランドキャニオンには、世界中、ほかのどこにもまっ
たくないような自然の不思議が存在する」—セオドア・ルーズベルト
↑ ノース・カイバブ・トレイル。

参考情報

スタート地点／ゴール地点
ノース・リム　ノース・カイバブ・トレイルヘッド

サウス・リム　サウス・カイバブ・トレイルヘッド

あるいは、ブライト・エンジェル・トレイルヘッドをスタート、あるいはゴール地点にしてサウス・リムを歩くこともできる。ノース・カイバブ・トレイルのほうが、距離が4.8キロ長くなり、合計距離は38.6キロになるが、サウス・カイバブ・トレイルよりも傾斜がかなり楽になる。

総獲得標高
3261メートル

季節
5〜10月

許可
R2Rの日帰りハイキングに許可は不要。キャニオンで宿泊したい人は、グランド・キャニオン国立公園のウェブサイトから許可を取得すること（早めの予約がおすすめ）。

お役立ちヒント

R2Rハイキングの9つの心得
1. 体を鍛えておくこと。
2. 荷物は軽く。
3. 日の出とともにハイキングを始めること。
4. 水分補給をすること。水源の場所を把握し、道中ずっと一定の間隔で水を飲むこと。
5. R2Rは迷子になりにくいトレイルだが、なかには迷う人もいる。基本的な地図とGPSまたは方位磁針を持って行くこと。
6. つば広帽子と日焼け止めを使うこと。
7. 快適で軽量、そして通気性のいいトレイル・ランニング・シューズを履くこと。砂漠の環境下では、どっしりとしたレザーの「ハイキング」ブーツだと水ぶくれになりやすい。
8. 自分のペースを保つこと。出発したときと同じくらいに、ゴールでも強靭であるように心がける。
9. 高エネルギーを含むおやつをたくさん持って行くこと。1日に大量の食事を2〜3回食べるよりも、少量ずつ軽く頻繁（1.5〜2時間おき）に食べるほうが、体力レベルを一定に保ちやすい。

動物＆植物

血を吹くトカゲ
グランド・キャニオンに生息する47種類のとても面白い爬虫類のひとつは、ショート・ホーン・リザード（Phrynosoma hernandesi）だ。危険に遭遇すると、敵を追い払うために目から血を最大1メートルまで飛ばす。

ヘビの国でのハイキングの心得
ヘビたちはハイカーをかむことに興味はない。トレイルを歩くにせよ、草むらで用足しをするにせよ、または星空の下で寝るにせよ、人間と同じくらいにヘビたちも潜在的に接触を避けたがる。とはいうものの、もし必要があれば彼らは自分の身を守る。ヘビの気持ちになって考えるといい。もし誰かがあなたを踏みつけようとしたら、全力で阻止するのではないだろうか？

グランド・キャニオンは22種類のヘビの住処で、そのうち6種類のガラガラヘビがいる。園内のハイキングの最中、とりわけ暑い時期はヘビがもっとも活発になるので、万が一の場合に備えるとともに、予防策も警戒も怠らないこと。

注意事項
1. **近寄らない。**人間の足踏みの振動を感じると、ほとんどのヘビがスルスルと滑るようにして進む。トレイルでヘビを見つけたら、そこで立ち止まりヘビに動く時間を与えること。もし何も起こらなかったら、そのままにして除けて通ること。石を投げたり、棒で突いたり持ち上げようとしたりしないこと。これはヘビを興奮させるだけで、防御策に出るきっかけになりかねない。もし迂回することができなければ、安全な距離で足踏みをするといい。一般的に、ヘビは自分の体長の半分の距離を飛べるといわれている。その2倍か3倍の距離を確保して、脅威と思われないようにできることをすべてした上で、ヘビの気が向いた時にその場を立ち去らせること。
2. **足元に注意すること。**わけもなく恐れおびえずに、トレイルの進行方向に注意を

払うこと。横たわっている丸太や風倒木があったら、飛び越えるのではなく、可能な限り歩いて越えること。反対側でヘビが昼寝をしているかもしれない。
3. **手の位置に注意。**足と同じように、自分が見えない位置に手を置かないようにすること（岩棚や穴の開いた丸太など）。
4. **衣服。**ヘビにかまれるのは、足首、あるいは足の下方がほとんどで、その次に多いのが手だ。もし道が鬱蒼としていたり、茂みをかき分けてオフ・トレイルを進むのであれば、長袖でゆったりとしたズボンかゲートルの着用がおすすめだ。こうしたアイテムでヘビの被害から完全に身を守れるわけではないが、体内に注入される毒の量を軽減できるかもしれない。

手当て
あらゆる警戒策を講じたとしても、もし最悪のケースが起こりヘビにかまれたら：
1. **平静を保つこと。**実際にかまれたこと自体よりも、人は恐怖と煽動でショックを受けやすい。
2. **ヘビを捕まえようとしないこと。**もし、ヘビがまだ目の前にいてどんな種類か定かでなければ、判別目的のために、何か特徴になることを心に刻みつけるか、写真を撮っておくこと。
3. **古風なやり方はしないこと。**傷口を切って毒を吸い出したり、止血帯を使ったりする方法は、余計に悪化する原因になりかねない。
4. **ジュエリー類は取り外すこと。**腫れている場合。
5. **アルコールとカフェインの摂取を控えること。**摂取すると体内で毒が吸収されやすい。
6. **できるだけ動かないことが重要。**可能であれば、添え木でかまれた手足を固定すること。腫れたときのスペースを残すため、きつくしすぎない程度に、しっかりと結ぶ。
7. **もし登山口に近ければ、**ゆっくりと歩いてすぐに医療従事者に見てもらうこと。
8. **もし現代社会から遠く離れた場所にいたら、**携帯電話の電波があれば、救急番号に電話をして医療的なアドバイスを受けること。もし電話の機能が使えず、グループでハイキングをしていたら、メンバーのひとりに至急救急医療援助が得られるように歩いてもらうこと。
9. **もしひとりでハイキングをしていたら、**さらに携帯電話も圏外だったら、選択は2つにひとつしかない。助けを待つか、あるいは歩いて行くかのどちらかだ。もしリム・トゥ・リムのような人気のトレイル

を歩いているなら、前者の方が得策だ。一方で、もし人の往来の可能性が低い場合は歩くよりほかないかもしれない。もしそう決断したら、急がないこと。急ぐことで毒が回る確率が高まる。そのような場合は、不必要な動きをしないように、かまれた手足を添え木で固定することがより重要だ。

ベース・キャンプの話

公園のトレイル・システムの建設にかかわった数々の政府機関のなかで、いちばん特筆すべきはグランド・キャニオン市民保全部隊（CCC）だ。CCCは若い男性たち——とりわけ大恐慌の影響で無職の状態に追いやられた人々——を貧困から救い、目的意識を吹き込むために、1933年にフランクリン・デラノ・ルーズベルト大統領によって設立された。農務省と内務省の管轄下で、森林火災消火活動や火災用道路の建設、植林、そして州立および国立公園の開発などの重要なプロジェクトに従事した。

グランド・キャニオンに派遣されたCCCの隊員たちに与えられた任務は、訪れる人たちが使いやすい公園に改善することと、北と南の2つのリムの間のアクセスを向上することだった。
彼らはサウス・リム沿いに石壁を築き、電話線を引き、ブライト・エンジェル・トレイルの険しいスイッチバックを修繕したり、ビジター用の建物も建てた。また、彼らは道——当時はまだラバがキャニオンへの最適な交通手段として使われていたので、何本かはラバ用のトレイルだった——も建設した。リバー・トレイル、リボン・フォールズ・トレイル、クリア・クリーク・トレイルはすべてCCCの仕事だ。

CCC計画は1933年から1942年まで続き、その頃になると大量の失業者も減り、国家の関心は戦争支援へと移っていった。グランド・キャニオンのインフラ設備に尽力した多くの若者たちは、軍隊でも引き続き立派に国のために奉仕した。彼らの労働の成果は数十年経っても、毎年グランド・キャニオンを訪れる何百万人もの観光客に楽しまれている。

見どころ

サウス・リムには、訪れる人がグランド・キャニオンの信じられないような景色を見ることができる地点がたくさんある。なかでもすばらしいのが、ホピ・ポイント、マーサー・ポイント、ヤバパイ・ポイント、パウエル・ビューポイント、ヤキ・ポイント、そしておそらくいちばん広く名前が知られているのがウー・アー・ポイントだ。これはサウス・カイバブ・トレイル（リム・トゥ・リム・トレイルの一部）を1.6キロ下った所にあり、もっとアクセスのよい別の展望台に押し寄せる人混みから離れて、しばしの休息を取ることができる。

交通

グランド・キャニオンにいちばん近い主要空港は、フェニックス・スカイ・ハーバー国際空港（PHX）で、サウス・リムから車で3時間半の距離だ。もうひとつのオプションは、ラスベガスのマッカラン国際空港（LAS）だ。国内で9番目に混み合う空港として、ヨーロッパやアジアからたくさんの直行便が飛び、サウス・リムまでは車で5時間かかる。
いったんアリゾナ州に着いたら、グランド・キャニオンまでの最後の旅は列車で思い出深いものにするのもいい。1901年に開通し、グランド・キャニオン鉄道はウイリアムズの町から北上して、サウス・リムに向か

う——所要時間2時間少々の103キロの旅だ。道中、エルクやミュールジカ、そして運がよければオオヤマネコを見つけるチャンスにも恵まれながら、ポンデローサ松、スギ、アスペン、ダグラス・ファーの森林の非常に美しい風景のなかを通っていく。

ノース・カイバブ・トレイルヘッド
NORTH KAIBAB TRAILHEAD

スーパイ・トンネル
Supai Tunnel

ノース・リム
North Rim

ロアリング・スプリングス・
デイユース
Roaring Springs
Day Use

Manzanita
Rest Area　マンザニタ
休憩施設

アリゾナ州
A r i z o n a

Cottonwood
コットンウッド

リボン滝／
リボン・フォールズ・ルート
Ribbon Falls /
Ribbon Falls Route

North Kaibab Trail

グランド・キャニオン
**G R A N D
C A N Y O N**

ファントム・ランチ
Phantom Ranch

ブラック・ブリッジ
Black Bridge

Silver
Bridge
シルバー・
ブリッジ

コロラド川
Colorado River

Plateau
Point
プラトー・
ポイント

Skeleton Point
スケルトン・ポイント

インディアン・ガーデン
Indian Garden

Cedar Ridge
シーダー・リッジ

3マイル休憩所
3 Mile
Resthouse

1.5 Mile
Resthouse
1.5マイル休憩所

Yaki Point
ヤキ・ポイント

Bright Angel
Trailhead
ブライト・エンジェル
トレイルヘッド

**SOUTH KAIBAB
TRAILHEAD**
サウス・カイバブ・
トレイルヘッド

SOUTH RIM
VILLAGE
サウス・リム・ビレッジ

N

36° 5' 59.8128'' N
112° 6' 40.6728'' W

5 km / 1 mi

GRAND ENCHANTMENT TRAIL
グランド・エンチャントメント・トレイル

旅を中心に
デザインされたルート

Arizona and New Mexico
アリゾナ州、ニューメキシコ州

トレイルについて

→ 距離　　：1239キロ
→ 所要時間：45〜50日
→ レベル　：上級

　グランド・エンチャントメント・トレイル（GET）は、アリゾナ州フェニックスとニューメキシコ州アルバカーキの間の1239キロのバックカントリー・ルートだ。2003年にブレット・タッカーにより考案されたが公には認知されておらず、トレイル協会との提携もなく、アメリカの長距離ハイキング・コミュニティのごく一部の人たち以外にはほとんど知られていない。しかし、この無名のトラバースは自然と歴史的要素の独特な融合を誇り、その点でアメリカにあるほかの長距離ハイキングとは一線を画す。このトラバースには生態学上、この国でもっとも多様性に富んだ地帯のひとつがあるだけでなく、サリナス・プエブロ・ミッションの古代の洞穴式住居から、きちんと保存された西部開拓時代のゴーストタウンまで、ハイカーを南西部の魅力的な過去への旅に連れて行ってくれるのだ。

　アリゾナ州とニューメキシコ州というと、多くの人は一般的に砂漠を真っ先に思い浮かべるだろう。両州とも異常な乾燥バイオームを有しているのは事実だが、アメリカ南西部のこの地域には、地理学的なことに関しては多くの門外漢が考えるよりもはるかに多様性がある。

　この蛇行したGETのコースでは、さまざまな動植物や地形が見られる。トレイルとクロスカントリー地域、そしてほとんど使われることがない四輪駆動車用の道路や未舗装の道などを通って、GETは14の特徴的な山脈を横断し、3048メートル超えの山頂を10ヵ所通り、砂漠（トレイル全体の64パーセント）と森林（トレイル全体の36パーセント）の地勢を常に行ったり来たりする。

　このさまざまな生態系は、アリゾナ州サフォードの近くのピナレニョ山脈を含む「スカイ・アイランド」地域に集約されている。この標高が高く森林に覆われ孤立した地域は、低地の砂漠の帯に囲まれている。数千年もの地理的な隔離を経て、一帯の常在植物や動物の個体群に、ある程度の進化的種分化が起きている──マダガスカルあるいはエクアドルの伝説的なガラパゴス諸島のアメリカ南西部バージョンだと思えばよい。

　GETを踏破するのにかかる平均的な日数の45〜50日の間、ノアの方舟を思わせる数々の動物たちを見るチャンスに恵まれるだろう。その群れのなかには、サバクゴーファーガメやペッカリー、オオヤマネコ、ミチバシリ、ガラガラヘビ、エルク、ブラックベア、そしてもし出会えたら自分は幸運な人間と呼べる

↖ ホワイト・キャニオン自然保護区域にあるウォルナット・キャニオンの上の峠からの眺め。

であろう、人嫌いなメキシカン・ウルフもいる（参考情報参照）。この地域独自のユニークな動物としては、アメリカドクトカゲ（ヒーラ・モンスター、Heloderma suspectum）がいる。世界でも希少な毒トカゲで、サイズはアメリカ固有種のトカゲのなかでは最大だ。アメリカドクトカゲは95パーセントの時間は地中に潜んで、尻尾の部分に脂肪を蓄えて数ヵ月も食べずに生存できる。その威嚇的な名前に似合わず、動きが鈍いためにハイカーたちに危害を与えることは滅多にない。見つけやすく、黒い胴体にくっきりと入ったピンク、オレンジまたは黄色の模様は、オーストラリアのアボリジニのペイントを彷彿させる。

アメリカドクトカゲの英語名、ヒーラ・モンスターはアリゾナ州とニューメキシコ州のヒーラ・リバー・ベースンに由来する。この地域には南西部でもっとも人気を博す2つの史跡がある：ヒーラ岩窟住居国立史跡とモゴロンのゴーストタウンだ。前者はこの地域のモゴロン文化圏のネイティブ・アメリカンが暮らした700年前の住居が集まっていて、保存状態がいい。ヒーラ川（GETから往復1.6キロ）の上には無数の洞窟があるが、考古学者にもわからない理由によって、住民たちはここを捨ててしまい、この岩の住居には20〜30年程度しか住んでいなかった。

ゴーストタウンのモゴロンはヒーラ国有林のなかにあり、比較的最近、廃墟になった場所だ。1880年代に採鉱の中心地

↑ アラバイパ・キャニオン。
↙ ウエスト・フォーク・ヒーラ川流域にあるシャム松。

10月はGETを歩くには最高の時期だ。気温が下がり、標高が高い場所では秋の色彩が輝く。

だったこの場所は、人口が5000人以上に膨れ上がった。そして、きちんと保存された住居や酒場、店、劇場そして墓地などを今でも探索できる。モゴロンの荒々しい世評は、ギャンブル好きやクレーム・ジャンパーと呼ばれる鉱山を横領する者たち、そして無法者の溜まり場として広く知られている。伝説によれば、ブッチ・キャシディとワイルド・バンチもいたといわれる。

　直線距離で、アリゾナ州のフェニックスとアルバカーキは、たったの483キロしか離れていない。だが、蛇行するグランド・エンチャントメント・トレイルの総距離は、優に1289キロにもなる。このコースが曲がりくねっている主な理由はシンプルだ。「旅を中心にデザインされたルート」。この言葉どおり、創設者ブレット・タッカーはすばらしい長距離旅行の特徴のひとつ——可能な限り、もっとも便利な方法でA地点からB地点に行くのではなく、上質の体験をする——をこのトレイルに込めた。手付かずの大自然のなかを長距離歩くことに関していえば、どのくらい遠くまで歩いたとか、どれだけ速く踏破したかはあまり重要ではなく、道中で観察や探索をしたり、感謝することに時間をかけるほうが、もっと大切なのだ。

手付かずの大自然のなかを
長距離歩くことに関していえば、
どのくらい遠くまで歩いたとか、
どれだけ速く踏破したかは
あまり重要ではなく、道中で観察や
探索をしたり、感謝することに
時間をかけるほうが、もっと大切なのだ。

→ エルサレムコオロギ（Stenopelmatus）。
↓ ヒーラ岩窟住居国立史跡。
→ ミッドナイト・キャニオンの奥地を探索するGETの開拓者、ブレット・"ザ・ウォーター・ウィスパラー（水の達人）"・タッカー。

参考情報

スタート地点／ゴール地点

西端 アリゾナ州　スーパースティション山脈（ノェーックス周辺）のファースト・ウォーター・トレイルヘッド

東端 ニューメキシコ州アルバカーキのトラムウェイ・トレイルヘッド

最高地点/最低地点

モゴロン・ボールディ、ニューメキシコ州モゴロン山脈（3283メートル）

ヒーラ川、アリゾナ州ソノラ砂漠（533メートル）

季節

4〜6月と、9〜11月。夏期のGETでのハイキングはおすすめしない。焼け付くほどの暑さで、季節性の水源も枯渇している可能性もあるうえに、モンスーンの季節のために数ヵ所の峡谷では洪水の恐れもある。

許可

GETのスルー・ハイクには2つの許可——ひとつはアラバイパ・キャニオン自然保護公園、もう一方はアリゾナ州の土地を通るため——が必要だ。

キャンプ

トレイルを通してどこでも野宿のキャンプは許可されている。

見どころ

1. アラバイパ・キャニオン
2. マグダレナ山脈
3. ヒーラ岩窟住居国立史跡
4. サンタ・テレサ山脈
5. ポテト・キャニオン
6. モゴロン・ゴーストタウン
7. サン・ロレンゾ・キャニオン
8. ドック・キャンベルズ・ポストの自家製アイスクリーム
9. ニューメキシコ州グレンウッドにあるD&D'Sオーガニック・ヘイブンB&Bでの贅沢な一夜。おもてなし上手のオーナー、ダンとデブはトレイルへの送迎もしてくれる。

お役立ちヒント

ザ・ウォーター・ウィスパラー:水の達人

GETはアメリカ本土でもっとも乾燥している地域のひとつを横断する。その結果、ルートを考案する際、ブレット・タッカーにとっていちばん基本的な課題は、行く先々でハイカーたちが必要とする水があるかを確認することだった。彼はそれに成功し、曲がりくねったGETのコース上で、水用ボトルを満たせる170ヵ所以上の潜在的なスポットを通ることを発見した。不毛の地のど真ん中で水源を探し当てる神秘的な能力によって、アメリカの長距離ハイキング・コミュニティの仲間内でタッカーは「ザ・ウォーター・ウィスパラー（水の達人）」と呼ばれた。注：GETのハイカーは、トレッキング中は5〜7リットルの水を携帯するべき。

動物＆植物

世界のオオカミのなかで、もっとも絶滅の危機に瀕しているメキシカン・グレイ・ウルフ（メキシカン・ウルフ、あるいはロボとも呼ばれる）は、かつて南は中南米から北はコロラド州までの範囲に生息していた。北米のグレイ・ウルフの仲間ではもっとも小さく、アメリカでは家畜に危害を加えるという理由から、1970年代中頃までは絶滅危惧種になるほど捕獲されていた。人工繁殖計画が実施されてから20年以上経過した1998年に、アリゾナ州とニューメキシコ州のアパッチ国有林とヒーラ国有林に11頭のグレイ・ウルフが再移入された。2018年の時点では、野生化した少なくとも143頭の生息が確認されている。

基礎知識

サリナス・プエブロ・ミッションズ

GETの西側に少し迂回すると、ニューメキシコ州マウンテンエアという町の近くに、魅惑的なサリナス・プエブロ・ミッションズ国立史跡がある。3つの別々の場所に古代のネイティブ・アメリカン・プエブロ族（プエブロの人たちが使ったキヴァと呼ばれる地下の儀式用小部屋も含む）と、17世紀のスペイン人宣教師たちの遺跡がある。全体としてそれらは、先住民とフランシスコ会の宣教師たちとの初期の出会いを想起させる。

著者の裏話

2012年4月、私はサウスウエスタン・ホースシューという2867キロのバックカントリー・ルートの一部として、グランド・エンチャントメント・トレイルをハイキングしていた。私のお気に入りのGETの区間は、アリゾナ州のアラバイパ・キャニオンを通る20キロの範囲だ。ヤナギ、ハンノキ、そしてカラフルな崖のうっとりするようなオアシスは、過酷な砂漠に囲まれ、峡谷の水源はアラバイパ・クリークだ。この地域の四季を通じて存在する数少ない水源のひとつである。その水路に沿って数時間バシャバシャと水飛沫を上げた後、日が暮れる直前に私は岸辺にキャンプを設置した。乾燥豆とコーンチップスのグルメな食事の後は、コオロギの鳴き声と水の流れる音が合わさった心地よい音色ですぐに眠りについた。この上なく幸せな7時間の眠りの後、今度は同じく癒し効果のあるアラバイパ・クリークのさらさら流れる水の音をバックに黄色いムシクイのさえずりで夜明けに目が覚めた。こんなふうに、母なる自然のアラーム時計よりもすばらしく1日を始める方法は、ほかにあるのだろうか？

トラムウェイ・
トレイルヘッド
**TRAMWAY
TRAILHEAD**

サンディア・クレスト
**Sandia
Crest**

アルバカーキ
ALBUQUERQUE

EL MALPAIS
NATIONAL
CONSERVVATION AREA
エル・マルパイス国立保護地域

サン・ロレンゾ・
キャニオン
**San Lorenzo
Canyon**

アリゾナ州
A r i z o n a

ヒーラ国有林
**Gila
National Forest**

Magdalena
マグダレナ

**Salinas Pueblo
Mission National
Monument**
サリナス・プエブロ・
ミッション国立史跡

ファースト・ウォーター・
トレイルヘッド
**FIRST WATER
TRAILHEAD**

**Potato
Canyon**
ポテト・
キャニオン

ニックス
ENIX

モゴロン
Mogollon

Winston
ウィンストン

N e w
M e x i c o
ニュー・メキシコ州

Mesa
メサ

スーペリア
Superior

アラバイバ・キャニオン
**Aravaipa
Canyon**

**Gila Cliff
Dwellings National
Monument**
ヒーラ岩窟住居
国立史跡

Morenci
モレンシー

Silver City
シルバー・シティ

Safford
サフォード

**Pinaleño
Mountains**
ピナレニョ山脈

MEXICO
メキシコ

N

0 km / 30 mi

33° 41' 21.9912'' N
109° 1' 45.948'' W

LOWER MULEY TWIST CANYON
ローワー・ミュレイ・ツイスト・キャニオン

地層のなかへ、
狭い峡谷の外へ

Utah
ユタ州

↑ ハンバーガー・ロックス。
→ 激しい雨の後に峡谷の底を流れる濁った水。

トレイルについて

→ 距離 ： 27.4キロ（ハンバーガー・ロックへの寄り道３キロを含む）
→ 所要時間 ： 1〜2日
→ レベル ： 中級

キャピトル・リーフはアメリカでもっとも過小評価されている国立公園かもしれない。ユタ州を訪れる多くの観光客にとって、それはザイオン、ブライス、アーチーズなど、もっと有名な国立公園へ向かう途中に車で通り抜ける、地理的な補足のような存在だ。しかし時間を割いてハイウェイ24号線——公園のなかを通る唯一の舗装道路——を離れ、徒歩でその長く狭いキャピトル・リーフを探索してみようと思う人たちには、赤色岩の数々や古代の壁画、そして広々とした眺望といった、混雑していないすばらしい場所が待っているのだ。

ユタ州にあるほかの自然保護区域と同様に、キャピトル・リーフにもアーチやスロット・キャニオン(訳注：細長く小さい穴になった峡谷)、土柱、ビュート、ドーム、そして一枚岩など、ほかがうらやむような地質学的驚異が揃っている。近隣スポットと一線を画しているのは、この場所の名所であり、この公園が設立された理由にもなったウォーターポケット・フォールドだ。全長は161キロ近くあり、すべての層が同じ方向に傾く典型的な単斜層、あるいは地球の地殻の片側隆起は、約5000万から7000万年前に形成された。フォールド（地層の褶曲）の西

側の岩層は、東側の同じ位置よりも2134メートル以上も盛り上がっている。上から見ると、それは大きな砂漠の風景を横切る巨大な背骨が伸びたようだ。ウォーターポケット・フォールドを満喫するのに最適な場所は、ストライク・バレー展望台だ。これは、このハイキングのスタート地点からほんの少しの場所にあるミュレイ・ツイスト・キャニオンの上にある。

ミュレイ・ツイスト・キャニオンの谷底を通るトレッキングにはいくつかのオプションがある。ロジスティックの面からいちばん手軽なのは、スタートもゴールもザ・ポスト・トレイルヘッドにするループ・ハイクだ。ウォーターポケット・フォールドの東側から出発し、最初の27.4キロの長方形をしたルートの部分では、険しく道がない場所を上り、フォールドを越えていく（道は時折ケルンで表示されている）ので、いちばん難しい。上りの最中、後ろを振り返るのも忘れずに。グランド・ガルチからの眺めは見事だ。1時間半ほどのハイキングののち、ローワー・ミュレイ・ツイストの道標が付いた合流地点にたどり着く。

そこから先の11キロは、いくつもの下方がえぐり抜かれた壁や、深いくぼみ（アルコーブ）、だんだん高くなる崖などを曲がりくねりながら南方向に進んでいく。ゆるんだ砂地（一口メモ：歩幅を小さくすると歩きやすい）を歩くのがほとんどで、暑い夏の期間は涼しげなコットンウッドの木の下に小さな日陰が見つかるのはありがたい。この区間の地質学上の見どころは、水の浸食によって崖の壁が大きくアーチ状にえぐられてできたア

ローワー・ミュレイ・ツイストの巨大岩の円形競技場で横になる。

ルコーブだ。この巨大な岩でできた円形競技場のなかを探索しながら静けさを吸収し、今見つめている広大な場所が、文字通り、数百万年もかけて作られたという事実に思いを馳せるひとときを持つとよいだろう。

最後のアルコーブを過ぎて間もなく、ローワー・ミュレイ・ツイストはウォーターポケット・フォールドを通り抜けながら東に曲がる。この地点になると峡谷の幅はかなり狭くなり(いちばん狭い箇所は3メートル弱)、砂岩の壁はとても高くなる。19世紀後期にモルモン教徒の開拓者たちがサン・ホアン・カントリーを目指して南に向かった。岩だらけの曲がりくねった道を幌馬車で進み、その峡谷が「ラバ(ミュール)が体をひねる(ツイスト)」のがやっとの幅だったと記録している。こうして、ミュレイ・ツイストという興味深い名前が誕生したのである。峡谷のこの幅の狭い区間には、6~9月の洪水シーズンには長々と留まるべきではないということは注目に値する。

一旦、幅の狭い箇所を乗り越えると、ルートは再び合流地点にぶつかるまで、少し東に進む。この地点まで来たら、このまま直接ザ・ポスト・トレイルヘッドに戻ることもできるし、あるいは南下して、さらに東へ往復3キロの、現実とは思えないようなハンバーガー・ロックスまで足を延ばすこともできる。小さくて丸々としたマッシュルーム型のコーヒー色の土柱は、それが並んで立っている白いナバホ砂岩の斜面とともに、衝撃的な光景を作り出している。必ず行くといい!

ミュレイ・ツイストから数分歩くと、ミュレイ・タンクスという場所がある。ここはハイキングの最中に水分補給ができる最高の機会になるかもしれない。この「タンク」はたいていの場合、実際に水(浄化が必要)が溜まっている小さな岩の池だ。乾きを潤して、合流地点に戻るまで少し休むといい。それからグランド・ガルチに沿って最終区間を北上する。キャピトル・リーフ国立公園はもう補足のような存在ではないという事実を実感するだろう。

19世紀後期にモルモン教徒の
開拓者たちがサン・ホアン・カントリーを
目指して南に向かった。
岩だらけの曲がりくねった道を
幌馬車で進み、その峡谷が
「ラバ(ミュール)が体をひねる(ツイスト)」
のがやっとの幅だったと
記録している。

← ザ・ナロウズから外へ出る。
↑ グランド・ガルチ沿いを歩く。
→ クラレット・カップ・サボテン(Echinocereus Triglochidiatus)。

基礎知識

古代の岩の芸術

ペトログリフ（岩に刻まれた彫像）とピクトグラノ（岩の表面に描かれた絵）はキャピトル・リーフ国立公園の至る所で見つけることができる。ほとんどの絵は紀元約600〜1300年頃にこの地域に住んでいたフレモントの人々によって描かれたものだ。絵は人や動物、そしてほかのさまざまな形態のものを表現している。岩の芸術は宗教的儀式や民族の移動、物資の場所、狩猟の旅、そして神に関する情報を記録したものだと考古学者は推測している。キャピトル・リーフでいちばん保存状態が良好なペトログリフは、ハイウェイ24号線の国立公園ビジター・センターの東、2.1キロの場所にある。

ボーナス情報

地質学上の定義

スロット・キャニオン：岩の間を流れる水の浸食によって形成された細い峡谷のこと。幅の広さよりもかなり深く、スロット・キャニオンは通常砂岩あるいは石灰石から成るが、玄武岩や花崗岩のようなほかの岩の例もある。

フードゥー（土柱）：口語的には「妖精の煙突」と呼ばれるこの高くて細い尖塔は、たいていの場合、硬い岩が柔らかい岩の上に乗って形成され、ほとんどが不毛の砂漠の地域で見られる。有名フードゥーの2トップは、ユタ州のブライス国立公園とトルコのカッパドキアにある。

ビュート：頂上が平らな丘で、メサとは異なり、高さがあって幅が広い。大衆文化ではおそらく『駅馬車』(1939年)と『捜索者』(1956年)のようなクラシックのハリウッド西部劇でよく見かける。ともにユタ州のモニュメント・バレーで撮影された。

モノリス（一枚岩）：モノリスは単体の巨大な岩で、通常どっしりとした火成岩あるいは変成岩でできている。世界一巨大なモノリスは、ウルル（別名エアーズロック）で、オーストラリアのレッドセンターのノーザン・テリトリーにある。

参考情報

スタート地点／ゴール地点

ザ・ポスト・トレイルヘッド：バー・トレイル・ロードから800メートルの所にある。

季節

1年中。春と秋のシーズン最盛期と閑散期の間の期間はハイキングやバックパッキングに最適。夏は焼け付くように暑く、気温は摂氏37.8度にまで上昇する。7〜9月は豪雨の季節にも当たり、峡谷の狭い区間では洪水が発生しやすい。

ハイキング後のご馳走？

消費したカロリーを補充する場所を探しているのなら、近くの町トリーのカフェ・ディアブロがおすすめだ。1994年創業で、ユタ州で最高のレストランの一軒に数えられる。サウスウエスタン料理を専門にし、カフェ・ディアブロにはベジタリアン・メニューもたくさんある。オープンしているのは4〜10月までの期間。ガラガラヘビ・ケーキがおすすめ！

動物＆植物

フルータという名の町

キャピトル・リーフ国立公園は、チェリー、アプリコット、モモ、リンゴ、プラム、マルベリー、アーモンド、クルミ（そう、アーモンドとクルミは果物と区分されるのだ）が混合した約3000本もの果物の木がある、たくさんの果樹園が自慢だ。これらの果樹園はすべて、フルータと呼ばれる昔のモルモン教徒開拓民が残したもので、1880年に設立され、結局1950年代中頃には廃墟となり、国立公園局の所有になった。収穫の時期になると、訪れた人々は果樹園の入り口のセルフ・ペイ・ステーションでお金を払い、時折、果物狩りが許可される。

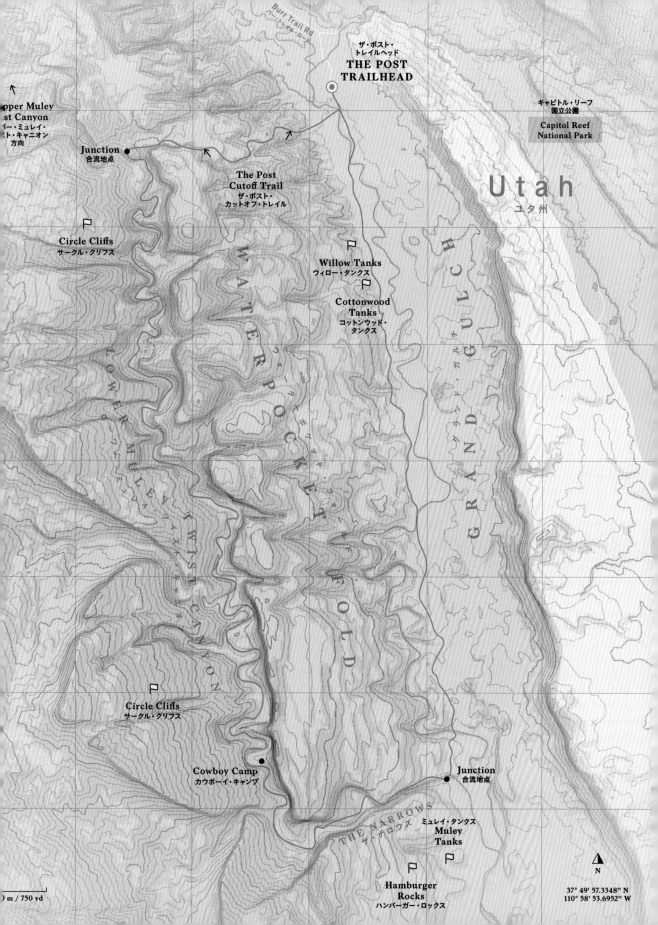

バー・トレイル・ロード
Burr Trail Rd

ザ・ポスト・
トレイルヘッド
**THE POST
TRAILHEAD**

アッパー・ミュレイ
st Canyon
er Muley
バー・ミュレイ・
ト・キャニオン
方向

キャピトル・リーフ
国立公園
Capitol Reef
National Park

Utah
ユタ州

Junction
合流地点

The Post
Cutoff Trail
ザ・ポスト・
カットオフ・トレイル

Circle Cliffs
サークル・クリフス

Willow Tanks
ウィロー・タンクス

Cottonwood
Tanks
コットンウッド・
タンクス

W A T E R P O C K E T   F O L D

L O W E R   M U L E Y   T W I S T   C A N Y O N

G R A N D   G U L C H

Circle Cliffs
サークル・クリフス

Cowboy Camp
カウボーイ・キャンプ

Junction
合流地点

THE NARROWS
ザ・ナロウズ

ミュレイ・タンクス
Muley
Tanks

**Hamburger
Rocks**
ハンバーガー・ロックス

0 m / 750 yd

N

37° 49' 57.3348" N
110° 58' 53.6952" W

OUTER MOUNTAIN LOOP (BIG BEND NATIONAL PARK)

アウター・マウンテン・ループ（ビッグ・ベンド国立公園）

川の分水嶺に沿って

Texas
テキサス州

トレイルについて

→ 距離 　　：50キロ
→ 所要時間：3日
→ レベル 　：上級

リオ・グランデはアメリカのテキサス州とメキシコの間に、1600キロ以上におよぶ自然の国境を作っている大河だ。この川沿いには、流れが大きく南東から北東に変わる急な曲がり（ベンド）がある。その際立ったカーブこそが、アメリカで訪れる人がもっとも少なく、保護下に置かれた自然公園の名前——ビッグ・ベンド国立公園——になったのだ。

総面積3250平方キロのビッグ・ベンドは、リオ・グランデあるいはメキシコではリオ・ブラボーとして知られる川に約190キロ面している。この公園の広い敷地内には山岳、砂漠そして河川という主に3種類の生態系が存在する。こうした多様性に富んだ風景を探索するいちばんよい方法は、公園を通る合計250キロにおよぶハイキング・トレイルを経由することだ。数あるルートの選択肢のなかで、傑出した数日間のトレッキングは、アウター・マウンテン・ループ（OML）だ。

OMLはスタートもゴールもチソス・ベースンで、ピナクルズ、ジュニパー・キャニオン、ドッドソン、ブルー・クリーク、ラグナ・メドウズの各トレイルが組み合わさっている。全距離は50キロで、道にはわかりやすい道標が付いており、道中の大部分がきちんと整備されている。しかし、起伏が多くうねりのある地形と過酷な気候、そして1年を通じて水源が欠如している（参考情報参照）ために、気楽なハイキングというには程遠い。OMLの旅は、経験豊かなバックパッカーで、しかも理想を言えば、不毛な環境にも慣れている人にもっとも向いている。

ビッグ・ベンド国立公園を表す言葉をひとつ選ぶとしたら、それは「隔絶」だろう。最寄りの商業空港であるミッドランド・オデッサとは250キロ以上離れており、アメリカ本土で訪れる人がいちばん少ない国立公園というステータスを保持している。ビッグ・ベンドの「はるか遠い場所」という特徴は、孤独を求めるハイカーや天体観測をする人たちに好まれている。孤立した地理的環境のおかげで、国際ダークスカイ協会から国際ダークスカイ公園指定地区の称号が与えられ、さらに、夜空の暗さがゴールド等級に認定された、世界でたった13の公園のひとつでもある。もし星空の下でテントを張ることを考えているのであれば、絶対にビッグ・ベンドはおすすめだ！　忘れられない経験をしたいならば、流星群の時間と一致するように訪れるべきだ。（一口メモ：流星群が見られる最適の時間帯は夜明けの1〜2時間前。）

夜間は天が舞台の中心だが、昼間のスターはビッグ・ベンドの景色や野生動物だ。起伏の多いアウター・マウンテン・ループのコースは、チソス山脈（参考情報参照）とやや乾燥した低木地に広がるマツやジュニパー、オークなどの森林地帯、そして周りを囲むからからに乾いた砂漠の低地の間を通る。このようにチソス山脈と砂漠の低地という、著しく異なる環境間での気候の相違は、10〜20度の気温差として顕著に現れる。このなかを歩き回っている多種多様な生物群系には、オオヤマ

国際ダークスカイ協会から、
夜空の暗さがゴールド等級に認定された、
世界でたった13の公園のひとつである。
もし星空の下でテントを張ることを
考えているのであれば、
絶対にビッグ・ベンドはおすすめだ！

← リオ・グランデ川はビッグ・ベンド国立公園のなかを迂回して流れる。
↑ チソス山脈で黙想のひととき。

ネコやブラックベア、ペッカリー、コヨーテ、そしてヤマネコなどがいる。世の中のすべてのコミックファンのために、ミチバシリ（ロード・ランナー、Geococcyx californianus）にも目を光らせたい──ビー、ビー！（訳注：アメリカのワーナー・ブラザーズによるアニメーション作品「ルーニー・テューンズ」に登場するキャラクターのひとつ）

　広大なビック・ベンド国立公園のほとんどすべての動植物の群れは、リオ・グランデの両岸で見られる。この地域の生物学的な生命線は、歴史が記録される以前の時代から存在し、アメリカとメキシコの間の環境的なつながりは、両政府から長年認められてきた。共有している生態系の架け橋となる国際平和公園の概念は、最初にアメリカのフランクリン・ルーズベルト大統領によって1944年に提案され、その案は完全に消滅することはなかった。最近では2011年にオバマ政権下で、「北米で最大の面積ともっとも多様な砂漠のエコシステムを持つ、多国籍ビッグ・ベンド/リオ・ブラボー地域の保護と保持を2国間で継続するための次なる段階」を遂行するための、実践的な計画が両国で発表された。誰も未来を予測することはできない。しかし、論争のもとになる政治的な境界線によって分割されない理想の世界では、おそらく「境目のない自然の流れ」が再び私たちみんなを結びつけてくれるだろう。

↑ 草を食むウマたちとそそり立つ頂。
→ ビッグ・ベンドのすばらしい岩石層は、太陽が上るときか沈むときのどちらかがいちばん味わい深い。
↓ 国立公園内にすべてすっぽり収まっている唯一の山脈、チソス山脈に向かう。

参考情報

スタート地点／ゴール地点
チソス・ベースン・トレイルヘッド（チソス・ベースン・ビジター・センターの近く）

最高地点/最低地点
エモリー・ピークのベース（2133メートル）。あるいは推奨されている登山を目指す人にとっての山頂（2385メートル）。
チワワ砂漠（1160メートル）

季節
10～4月が理想的。気温は常に摂氏30度に上がるので、夏の間のビッグ・ベンドでのハイキングはおすすめしない。

許可
バックカントリーの許可は対面式で公園にてのみ発行される。旅を開始する24時間前までに入手可能。12～1月の休暇シーズンのピーク時には、人気のキャンプ場は早く埋まりやすいので注意。

お役立ちヒント

水の貯蔵所
ビッグ・ベンドはアメリカでもっとも暑く乾燥している国立公園のひとつだ。園内でのバックパックの旅の間、水分補給は何よりもいちばん大切だ。1日に最低4リットルの水を飲むことが推奨されている。そして信頼できる水源が欠如しているので、国立公園局はOMLを歩き始める前にハイカーたちに、専用の貯蔵庫に水を保管しておくことを提案している。これはウィルソン牧場（ブルー・クリーク）とジュニパー・キャニオン・ロードの突き当たりに設置されている。

寄り道の旅
ループはサウス・リムとエモリー・ピークの頂上への寄り道の旅をすれば、8キロほど延ばせる。2385メートルの頂上は地理的にも景色の上でも、ビッグ・ベンド国立公園の最高峰だ。

国境越え
OMLのハイキングを終了するすばらしい方法は、メキシコ側に位置するかつての鉱山の村、ボキラス・デル・カルメン（人口275人）を訪れることだ。ボキラス・クロッシングの駐車場から、オールで漕ぐボートフェ

リーにしばらく乗って、レストランで食事を楽しんだり地元の優れた工芸品を見て回ったりするのもいい。パスポートを忘れずに持参すること。

動物＆植物

ビッグ・ベンドの野生動物
この国立公園が誇る目を見張る種類の野生動物は、450種類の鳥類と75種類の哺乳類、56種類の爬虫類、そして11種類の両生類である。

チソス山脈
アメリカ最東端の山脈であるチソスは、単一の国立公園の敷地内にその全域がすっぽり収まっている唯一の山脈でもある。豊富な種類の植物のなかには、アメリカ最南端に立つアメリカヤマナラシがある。これはエモリー・ピークの南西側斜面にある。注：ヤマナラシは北米でもっとも多く見られる樹木である。

ボーナス情報

リオ・グランデ川の6つの事実
1. リオ・グランデ川（スペイン語の「ビッグ・リバー」に由来）は、北米で5番目に長く（3051キロ）、世界では20番目に長い。水源ははるか彼方のコロラド州ロッキー山脈（3700メートル）で、メキシコ湾に

注ぐ。
2. アメリカでは、リオ・グランデ川はコロラド州とニューメキシコ州、テキサス州の3州を流れる。メキシコではデュランゴ州とチワワ州、コアウイラ州、ヌエボ・レオン州、タマウリパス州の国境沿いの各州を曲がりくねって流れる。
3. リオ・グランデ川は1848年からアメリカとメキシコの国境となった。
4. 19世紀、リオ・グランデ川は、リオ・グランデ・シティと河口のブラウンズビル（両方ともテキサス州）の間を定期的に行き来する200隻以上の蒸気船でにぎわっていた。
5. メキシコでは、人々はこの川のことを「怒っている」や「かき乱す」川を意味するリオ・ブラボーと呼んでいる。
6. その流域において、リオ・グランデ川は多くの人口密集地域を通過しており、川岸には合計600万人の人が住んでいる。アメリカのいくつかの主要都市には、サンタフェ、アルバカーキ、ラス・クルーシス、エルパソ、マックアレンとブラウンズビルがある。一方、メキシコ側にはシウダード・フアレス、ピエドラス、ネグラス、ヌエボ・ラレド、レイノサ、マタモロスがある。

壁の影響
ドナルド・トランプ元大統領の国境の壁計画の影響で、近年リオ・グランデ川は国内メディアでかなり頻繁に登場するようになった。野生動物の観点からすると、その影響は破壊的なものになりかねない。バイオサイエンス誌に掲載された専門家による研究査察のデータによれば、「国境の壁は土地の連結性を退化させて、いくつかの個体群が脅かされる。毎年、あるいは季節ごとの移動や経路の分散が途絶されるので、物理的なバリアは動物が餌や水、つがい、そのほかの重要な資源を確保するための往来を遮断もしくは、阻止することになる」。数値の面では、この壁によって346の在来種の約3分の1が、国境の南側にある生息域の50パーセントから切り離されことになる。

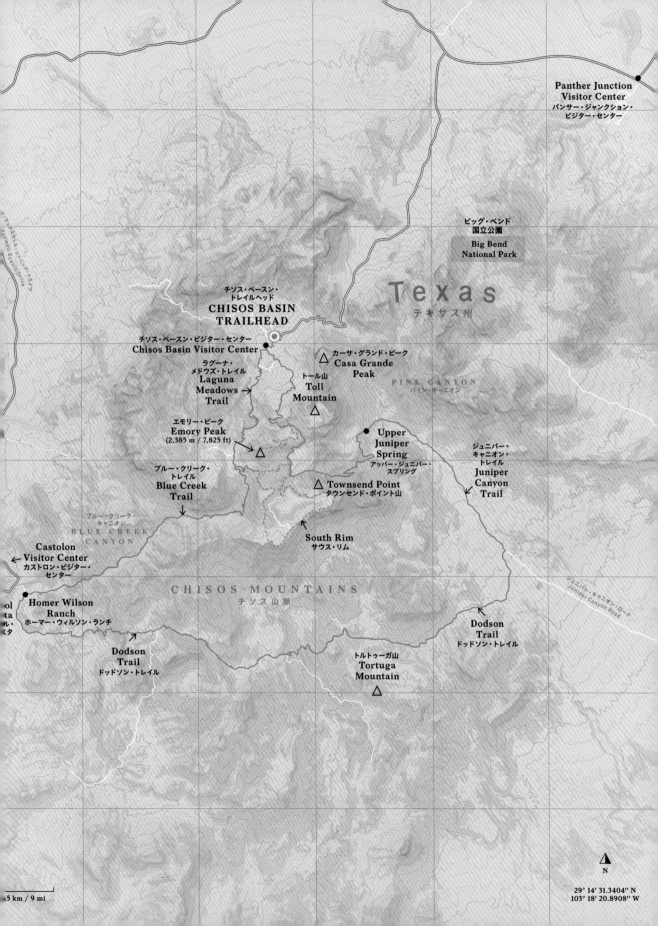

Panther Junction
Visitor Center
パンサー・ジャンクション・
ビジター・センター

ビッグ・ベンド
国立公園
Big Bend
National Park

Texas
テキサス州

チソス・ベースン・
トレイルヘッド
**CHISOS BASIN
TRAILHEAD**

チソス・ベースン・ビジター・センター
Chisos Basin Visitor Center

ラグーナ・
メドウズ・トレイル
**Laguna
Meadows
Trail** →

カーサ・グランド・ピーク
**Casa Grande
Peak**

トール山
**Toll
Mountain**

PINE CANYON
パイン・キャニオン

エモリー・ピーク
Emory Peak
(2,385 m / 7,825 ft)

Upper
Juniper
Spring
アッパー・ジュニパー・
スプリング

ジュニパー・
キャニオン・
トレイル
**Juniper
Canyon
Trail**

ブルー・クリーク・
トレイル
**Blue Creek
Trail**

Townsend Point
タウンセンド・ポイント山

South Rim
サウス・リム

ブルー・クリーク・
キャニオン
BLUE CREEK
CANYON

Castolon
Visitor Center
カストロン・ビジター・
センター

CHISOS MOUNTAINS
チソス山脈

Homer Wilson
Ranch
ホーマー・ウィルソン・ランチ

ジュニパー・キャニオン・ロード
Juniper Canyon Road

Dodson
Trail
ドッドソン・トレイル

Dodson
Trail
ドッドソン・トレイル

トルトゥーガ山
**Tortuga
Mountain**

N

5 km / 9 mi

29° 14' 31.3404'' N
103° 18' 20.8908'' W

GRAND GULCH-BULLET CANYON LOOP (CEDAR MESA)
グランド・ガルチ＝ブレット・キャニオン・ループ（シーダー・メサ）

古代の道を
歩く

Utah
ユタ州

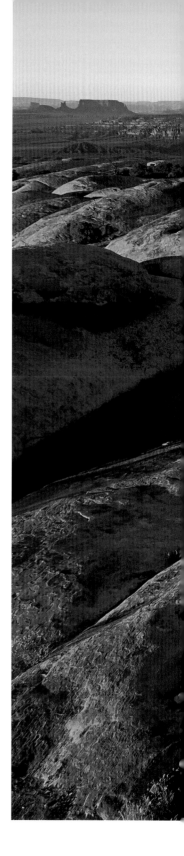

トレイルについて

→ 距離　　：40キロ
→ 所要時間 ：2〜4日
→ レベル　 ：中級

　ユタ州南東部の人里離れた片隅に位置するシーダー・メサは、アメリカ西部でもっとも魅惑的な場所にランクインする。1000平方キロの無人の台地と、切り立った壁の峡谷、古代プエブロ人の住居、そして心を奪われるような岩のアートがユニークな体験を生む。孤立した岩だらけの環境なので、シーダー・メサの驚異に近づくのは到底楽なことではない。きれいに手入れされた道や情報が記された標識、最新式のビジター・センターなどが出迎えてくれることを期待してはいけない。その代わり、この輝きを放つ古代世界へトレッキングする好奇心旺盛な人にとっては、この国の考古学的な宝物自体がご褒美である。

　名高い峡谷のシーダー・メサの通路網は、徒歩でしか探索できない。ハイキングの選択肢は数々あるが、手始めに達成しやすいのはグランド・ガルチとブレット・キャニオン・ループだ。このルートは約40キロの距離で、概して道はたどりやすく、実践的な意味合いから何よりも大切なのは、春と秋のバックパック最盛期に水源の確保ができるということだ。スタートからゴールまで、天然の橋やアルコーブ、尖塔、土柱、めまいがするほど高い崖などの峡谷の景色はすばらしい。ベテランのハイカーならこのルートを2日でたやすく踏破できるだろうが、たくさんの地質学的、そして歴史学的なごく細部に至るまで探索していたら、多くの人は3〜4日がより妥当な所要時間だと感じるだろう。

　地質学的にいえば、シーダー・メサはずっとあったというには、ほんの少し足りない。この峡谷の岩石層は3億年前まで遡ると推測されている。観察力の鋭い人であれば、哺乳類に先行するこの自然のクロノメーターのなかに、化石を見つけられるかもしれない。しかし、シーダー・メサは岩でできた壮大な墓ではない——鮮やかな動植物も壁の中に見つけることができるのだ。春には野花が咲き乱れ、秋にはコットンウッドの木の鮮やかな黄色が輝く。ゴロゴロ鳴き声を上げる七面鳥や歩き回るシカ、天を仰ぐのが好きな人たちなら時折ハゲタカやハヤブサが真っ青な空をパトロールしているのを見かけるだろう。

　傑出した風景は明らかだが、シーダー・メサがユタ州にあるほかの赤岩の不思議の国と

← グランド・ガルチまで7マイルの標識。
↑ グランド・ガルチとブレット・キャニオン・ループからのシーダー・メサの広々とした眺め。

269

↑ プエブロの岩窟住居を探検する。
→ シーダー・メサのトレイルなき峡谷を歩く。

一線を画すのは、その考古学的な遺跡だ。もっと具体的にいえば、紀元前の終盤から紀元1200年後期までここに暮らしていた古代プエブロ人の歴史の教えを見ることができる。ホピ、ズニ、ジアのような現代のネイティブ・アメリカンたちの祖先である古代プエブロ人は、西は太平洋、東はグレートプレーンズ（大平原地帯）、南は中米まで広がる交易のネットワークを含めた、広範囲かつ複雑な文明を創造した。彼らがほぼ数千年前に建てた岩窟住居のなかには現存するものもあり、峡谷の岩壁に描かれた線画（ペトログリフ）や象形文字（ピクトグラフ）も残されている。この豊かな文化の隠れた遺跡は、宗教や狩猟、農業、そして天文学的なできごとの物語を伝えている。シーダー・メサの曲がりくねった峡谷を探検することは、巨大な野外博物館を歩き回るようなものなのだ。

　こうした古代の道をたどっていくと、かつてここに住んでいた人々に親近感を感じてくる。彼らはご馳走を食べ、歌い、笑い、祈り、働き、そして我々と同じ畏敬と驚嘆の念をもって天を見上げたことだろう。シーダー・メサは、ここを訪れた人たちに古代プエブロ人の歴史を知るすばらしい機会を提供してくれると同時に、多くのことは移り変わったが、多くのことが同じであり続けている、ということを改めて教えてくれる。

↖ 古代プエブロ人は紀元前の終盤から紀元1200年後期までシーダー・メサ
　周辺に暮らしていた。
↑ 孤立したビュート。

この豊かな文化の隠れた
遺跡は、宗教や狩猟、農業、
そして天文的なできごとの
物語を伝えている。
シーダー・メサの
曲がりくねった
峡谷を探検することは、
巨大な野外博物館を
歩き回るようなものだ。

← グランド・ガルチにある古代のペトログリフ。
↓ 眺めのいい部屋。

参考情報

スタート地点／ゴール地点
ケイン・ガルチ・レンジャー・ステーション、ユタ州
ブレット・キャニオン・トレイルヘッド、ユタ州

最高地点/最低地点
ケイン・ガルチ・レンジャー・ステーション（2000メートル）
グランド・ガルチとブレット・キャニオンの合流地点（1650メートル）

季節
4〜5月と10〜11月はシーダー・メサを訪れるのに理想的な時期。春は野花とおだやかな気温で、日照時間が長い。秋は人が少なく、日中は爽やかな気候で、夜は涼しい。

許可
許可はオンラインまたは、3月1日〜6月15日と9月1日〜10月31日までの期間はケイン・ガルチ・レンジャー・ステーションにて対面式で入手可能。レンジャー・ステーションはこのシーズンのピーク期間以外は閉鎖しているが、その閉鎖期間中は予約不要で、セルフサービスのキオスクでの支払いが可能。

お役立ちヒント

登山口間の交通
スタートとゴールのふたつの登山口は11キロ離れている。もしあなたのハイキング・グループが車2台で行くのでなければ（あるいは一人旅の場合）、オプションはヒッチハイクか徒歩、あるいはケイン・ガルチ・レンジャー・ステーション（夜通し安全に駐車しておけるパーキングがある）の車の場所まで自転車で行けるようにブレット・キャニオンの登山口に駐輪するのもいい。

シーダー・メサのエチケット
いつものことだが、このような史跡を訪れたら敬意を払うこと。壊れやすいアートを触ったり、土器のようなものを持っていったりしないこと。シーダー・メサはこの一帯を聖なる場所と考える古代プエブロ人の子孫にとっては、今も巡礼の地とされている。

ガイドブック
『Hiking Guide to Cedar Mesa（シーダー・メサへのハイキング・ガイド）』(Peter Francis Tassoni著)はこの地域の遺跡と峡谷についての概要が書かれている。

必要物資と宿泊施設
ユタ州ブランディングの町はシーダー・メサから約60キロ離れており、宿泊施設があって食料品、ガソリン、そのほかの日用品も手に入る。ここは伝統的なモルモン教の町で、多くの商店は日曜休業であることを覚えておくこと。大手コンビニエンスストアやガソリンスタンドは例外的に開いている。

基礎知識

エッジ・オブ・ザ・シーダーズ・ステート・パーク・アンド・ミュージアム
ブランディングにある世界的に知られる博物館は、この地を訪れたときのハイライトになるだろう。工芸品や、遠くは現在のメキシコからやってきた交易品のあらゆるコレクションと、みごとな古代プエブロ人の住居が見ものだ。

星の観察
ナチュラル・ブリッジ国定公園（20キロ離れた場所）は、インターナショナル・ダーク・スカ

イ・パーク（IDSP）であり、キャンプ場と見事な自然の驚異が備わっている。人里離れた場所なので、アメリカ本土でもっとも暗い夜空はここで見つかる。

著者の裏話

寂しい場所と荘厳さ
2018年の冬、私はひとりでシーダー・メサを訪れた。時間という贈り物が与えられ、それを使いたかったのだ。適した衣服と装備品、そして夜に飲んだおびただしい数の温かい飲み物は、私が氷点下でやり抜いたというだけでなく、峡谷での時間をとても楽しんだという意味でもある。
4日間、私は誰にも会わなかった。メインの峡谷の道から外れた、隠れた洞穴や割れ目を探検していたので、旅した全距離はわからない。歩き回りながら、岩窟住居、三日月や星を描いた岩のアート、はるか遠い土地からやってきた陶器の破片などを見つけた。
最終日、私は古代プエブロ人とその子孫が今も礼拝の場所として使っているキヴァを偶然見つけた。中に入ってみると、私がさっき入ってきたばかりの天井のはしごの開口部から、光線が差し込んでいた。私のすぐ近くは金色の色彩に包まれ、私はこの旅のすばらしい瞬間を感じたのだった。それは、荒野の神秘と美しさ、不思議、そして神聖な気持ちに満ちた時間と場所だった。

ボーナス情報

眺めのいい部屋
キヴァの主な目的は儀式を行う場所であるが、政治的そして社交的な集まりにも使われた。キヴァの壁はたいてい鮮やかな壁画で飾られ、ごく初期の頃の丸い形のキヴァは、プエブロの人々の住居として典型的な長方形や四角いデザインとは対照的である。

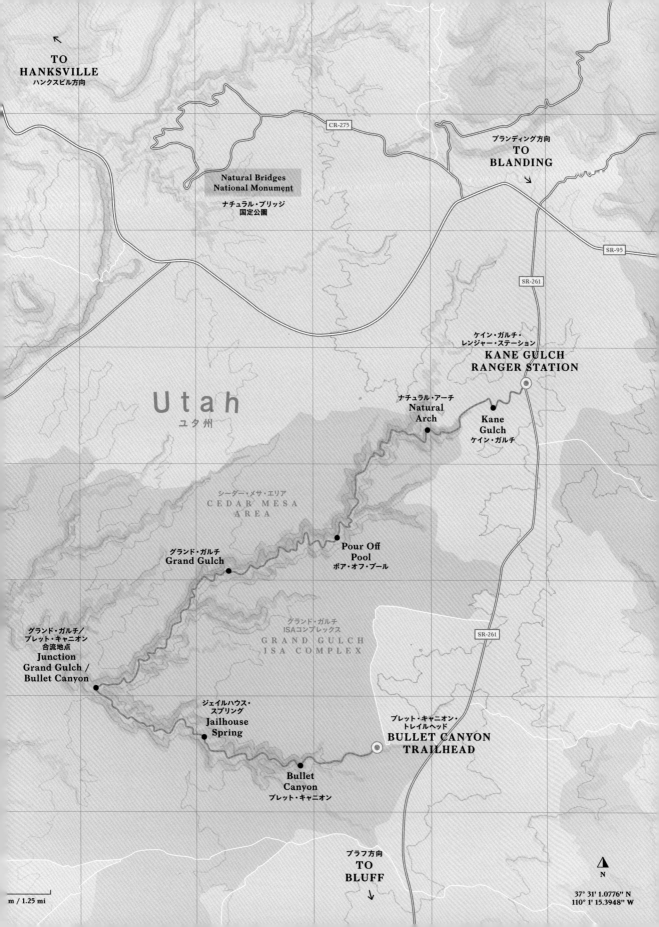

TO
HANKSVILLE
ハンクスビル方向

CR-275

Natural Bridges
National Monument

ナチュラル・ブリッジ
国定公園

ブランディング方向
TO
BLANDING

SR-95

SR-261

ケイン・ガルチ・
レンジャー・ステーション
KANE GULCH
RANGER STATION

Utah
ユタ州

ナチュラル・アーチ
Natural
Arch

Kane
Gulch
ケイン・ガルチ

シーダー・メサ・エリア
CEDAR MESA
AREA

グランド・ガルチ
Grand Gulch

Pour Off
Pool
ポア・オフ・プール

グランド・ガルチ
ISAコンプレックス
GRAND GULCH
ISA COMPLEX

SR-261

グランド・ガルチ/
ブレット・キャニオン
合流地点
Junction
Grand Gulch /
Bullet Canyon

ジェイルハウス・
スプリング
Jailhouse
Spring

ブレット・キャニオン・
トレイルヘッド
BULLET CANYON
TRAILHEAD

Bullet
Canyon
ブレット・キャニオン

ブラフ方向
TO
BLUFF

m / 1.25 mi

N

37° 31' 1.0776" N
110° 1' 15.3948" W

ALASKA

アラスカ州

アラスカではすべてが大きく見える。山、川、氷河、動物、距離、物語、そしてヒゲも、すべて特大サイズだ。バックパッキングの可能性にしても同じことがいえる。それは限りなく無制限に近い。

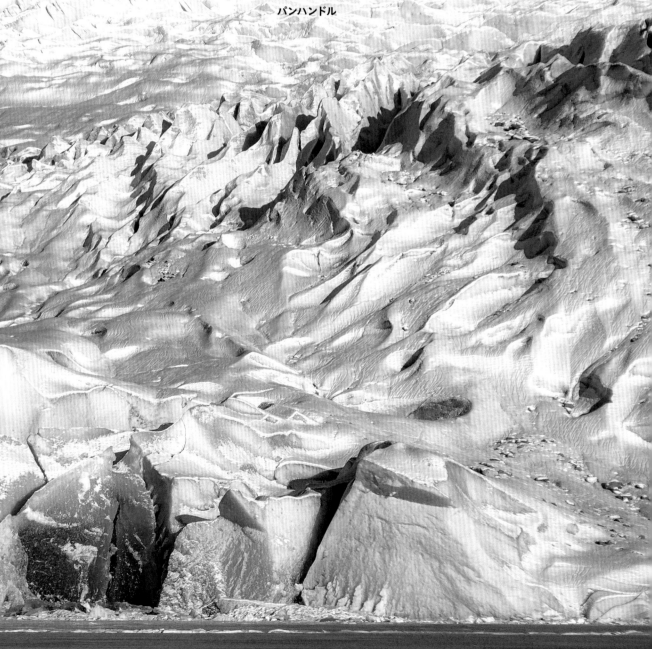

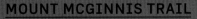

小さな湖の
向こうにある氷河

The Panhandle
パンハンドル

トレイルについて

→ 距離　　：16.7キロ
→ 所要時間：6〜8時間
→ レベル　：中級

　ジュノーはアメリカで唯一、陸路で到達できない州都だ。アラスカ州のほかの地域からは、太平洋と海岸山脈そしてジュノー氷原によって分断されているので、空路あるいは水路でしか行けないのだ。この孤立した条件がみごとに山と海の風景と相まって、ここは長年ハイカーたちのメッカになっている。この町の豊かな自然の驚異を満喫できる最高のトレイルのひとつが、マッギニス山の頂上への登山ルートだ。

　ジュノーのダウンタウンから21キロの場所にあるウエスト・グレイシャー・トレイルヘッドから始まるマウント・マッギニス・トレイルは、2つの区間から成り立つ物語だ。ハイキングの最初の部分は、人気の高いウエスト・グレイシャー・トレイル（5.5キロ）と重なって、あらゆる経験、年齢、体力レベルのハイカーにも適している。整備が行き届いたわかりやすい道は、登山口の駐車場から眺めのいい岩だらけの尾根（436メートル）まで続き、ジュノーでもっとも有名な見どころであるメンデンホール氷河の絶景を見せてくれる。

　メンデンホール氷河は長さが約21キロ、幅が2.4キロある、巨大なジュノー氷原（3885平方キロ）から流れ出た38ヵ所の氷河のひとつだ。この地域の先住民、トリンギット族の人々に呼ばれていた元の名前はSitaantaagu（町の向こう側の氷河）、あるいは Aak'wtaaksit（小さな湖の向こう側の氷河）である。氷河の末端はメンデンホール湖で、これは1900年代初頭に氷河が後退してできた氷河湖だ。近年では氷河の融解の速度が著しく進み、その結果、湖のサイズも大きくなり、現在では長さ2.4キロ、幅1.6キロ、そして深さは65メートルある。

　物語の2つの区間に戻るには、数々の氷の川を越えた先の岩だらけの展望台が、ウエスト・グレイシャー・トレイルへの折

その360度のパノラマ——
それが多くを物語っている——
はアラスカ州で最高の場所の
ひとつだ。晴れた日には、
オーク・ベイやダグラス島、
アドミラルティ島、チルカット山脈、
ジュノー氷原、そしてこの偉大なる
氷河期が生み出した主役、
メンデンホール氷河を眺めることができる。

↖ メンデンホール湖畔で戯れるクマたち。
↑ 氷のアーチ。
← ジュノー近くの霧に覆われた森。

281

マウント・マッギニス・トレイルから眺めるメンデンホール氷河。

り返し地点になる。しかし、マッギニス山の頂上を目指す人にとっては、ここからが本当のハイキングの始まりだ。山の頂上まであと3キロもあり、標高にして約853メートル先だ。ここから頂上までは、トレイルの道標がまばらなルートへと変わっていく。過酷な道なので、日頃から鍛えていて、装備も整った（参考情報参照）、方向感覚に優れたハイカーしか挑むべきではない。

　山の東側の尾根に沿って進むと、樹木限界線が約701メートルに達する。残りの登頂ルートは、花が咲く草原や絵に描いたような池、なかなか消えることがない雪原、そして心地よい小川の流れといった、非常に美しい高原の景色のなかを通っていく。マッギニス山で夜を過ごしたいなら、このエリアが適当だろう。この高く見晴らしのよい場所からの日の出や日の入りが見られ、すでに最高水準のハイキングをさらに特別なものにしてくれるキャンプ場所のオプションはたくさんある。

　さらに約3〜5時間登ると、マッギニス山の頂上に到達する。その360度のパノラマ――それが多くを物語っている――はアラスカ州で最高の場所のひとつだ。晴れた日には、オーク・ベイやダグラス島、アドミラルティ島、チルカット山脈、ジュノー氷原、そしてこの偉大なる氷河期が生み出した主役、メンデンホール氷河を眺めることができる。もしアメリカのあちこちを旅したことがあり、この山頂からの眺めを見たハイカーなら、ジュノーはアメリカでもっとも人里離れた州都であると同時に、もっとも景色のよい州都でもあることを確信するだろう。

↑ シャチはアラスカの湾や入江に1年12ヵ月ずっと生息している。
↓ オーク湖に映る山の景色。

ジュノーはアメリカで唯一、
陸路で到達できない州都だ。
アラスカ州のほかの地域からは、
太平洋と海岸山脈そして
ジュノー氷原によって
分断されているので、
空路あるいは水路でしか
行けないのだ。

↑ メンデンホール氷洞。
← ジュノーの町の上に現れるオーロラ。

参考情報

スタート地点／ゴール地点
ウエスト・グレイシャー・トレイルヘッド
（マッギニス山頂への往復）

総獲得標高
1273メートル

季節
6月中旬〜9月。ジュノーでは年平均222日、雨が降る。その結果、マッギニス山の頂上までのハイキングは、特にいったんウエスト・グレイシャー・トレイルを離れると、いつも道がぬかるんでいて滑りやすい。レインジャケットを携帯し、滑りにくい靴を履くこと（以下の「おすすめ用品」を参照）。

許可
マウント・マッギニス・トレイルのハイキングに許可は不要。

キャンプ場
時間が許せば、マウント・マッギニス・トレイルで1泊する旅は非常におすすめ。樹木限界線と山頂との間にすばらしいキャンプ地の選択肢がたくさんある。

お役立ちヒント

おすすめ用品
レインジャケット、トレイル・ランニング・シューズ、ゲートル、保温性の重ね着できる衣服、つばなしのニット帽、地図、方位磁針・GPS、クマ除けスプレー、軽量の双眼鏡は野生動物や氷河の観察に役立つ。

水
樹木限界線のすぐ先の高山草原の池で水が見つかる。浄化用フィルターまたは薬品を持参すること。

ジュノーの有名な山頂5選
マッギニス山はジュノー地区の「徒歩で登る」人気の山頂5選のひとつ。ほかの4つはジュノー山、ロバーツ山、サンダー山、ジャンボ山。この5ヵ所それぞれが、専門的な登山用具の必要なく、ある程度体を鍛えているハイカーなら、日帰りで町の中心地から簡単にアクセス可能。マウント・マッギニス・トレイルと同じように、そのほかの4つの山頂からも、青々と生い茂った森やすばらしい野生動物、そして氷河と

島々、海岸山脈の目を見張るさまざまな景色を見ることができる。注：マウント・マッギニスはこの5つの中で標高も難易度もいちばん高い。

動物＆植物

道中でクマ、ヤマアラシ、ハゲタカ、シカ、ライチョウ（州鳥）に遭遇するかもしれない。山頂ではシロイワヤギがいないか目を光らせて。

基礎知識

アラスカン・ホテル＆バー
登頂を祝う場所を探しているなら、アラスカン・ホテル＆バーははずせない。1913年創業で、ジュノーで最古のホテルだ。伝説によると、最初のオーナーたちはホテルの鍵をヘリウムガスの風船に付けて、ホテルが永遠にオープンしていることを知らせるために、それを飛ばしたといわれている。

著者の裏話

山のデルフィーヌ
シャモニー出身の若いフランス人女性、デルフィーヌと私が出会ったのは、1998年6月のマウント・マッギニス・トレイルでのことだった。1日の大半を一緒に喋りながらハイキングしていたら、その翌月もアラスカとユーコン一帯をずっと一緒に過ごしていた。あれから20年以上経つが、私は彼女以上に熱狂的なハイカーに出会っていない。
毎朝、デルフィーヌは寝袋から飛び出すように起きた。毎食がどんなに質素（つまり、ただのお粥と水）であろうとも、それがあたかも最後の晩餐であるかのように彼女は感謝した。植物、動物、そして景色をどれも子どものような驚きで受け止めた。彼女は純粋にアウトドアにいるべくして創造された人たちのひとりだった。そういった人たちのことを私は「大自然の生活者」と呼んでいる。
デルフィーヌとは1998年以来会っていない。1〜2年間、文通をしていたが（当時はまだ、人々は手紙を書いていたのだ）、連絡が途絶えてしまった。しかし彼女は、大好きなフランス・アルプスの丘や谷をまだ定期的に歩いているのだろうと、私は思っている。今では40代前半になっただろう。小さな妖精のような彼女の足取りは少し遅くなったかも（もしかしたらそうでないかも！）しれないが、彼女が自然界に対して抱いていた無条件の愛は、衰えることがないままだろうと確信している。

ボーナス情報

氷河
アラスカには616ヵ所の氷河があり、さらに名前がついていない数千もの氷河は州各地に点在している。何年にもわたって、雪が解ける量よりも積雪のほうが多く、最終的にそれが圧縮されて氷になることで氷河が形成される。氷河には2種類あり、ひとつは山岳氷河、もうひとつは大陸氷河と呼ばれる。前者は山の斜面で形成され始めて、次第に谷へ流れていく。一方、後者はもっと大きく、高山地帯に限らない。あらゆる方向に広がっていく傾向があり、その過程で――平原であろうと、山岳であろうと、あるいは谷であろうと――周囲を厚い氷のブランケットのように包み込んでいく。大陸氷河のなかでも最大級のものは大陸氷床として知られ、5万平方キロ以上に広がっている。世界に存在するたったふたつの氷床は、グリーンランドと南極だ。南極はそれだけで世界の9割以上の氷床を占め、それは地球上の真水の約7割に当たる。

メンデンホール氷河
**MENDENHALL
GLACIER**

Mount
McGinnis
Route
マウント・マッギニス・
ルート

Mount McGinnis
Summit
(1,289 m / 4,229 ft)
マッギニス山頂上

🌟 Glacier Lookout /
End of West Glacier Trail
氷河展望台/
ウエスト・グレイシャー・トレイル終点

アラスカ州
ALASKA

ウエスト・グレイシャー・トレイル
West Glacier Trail

メンデンホール湖
Mendenhall
Lake

ウエスト・グレイシャー/
マウント・マッギニス・
トレイルヘッド
**WEST GLACIER /
MOUNT MCGINNIS
TRAILHEAD**

Mendenhall
Glacier
Visitor Center
メンデンホール氷河
ビジター・センター

グレイシャー・スパー・ロード
Glacier Spur Road

メンデンホール・ループ・ロード
Mendenhall Loop Road

**MENDENHALL
VALLEY**
メンデンホール渓谷

ダウンタウン・ジュノー
WNTOWN
UNEAU

メンデンホール・ループ・ロード
Mendenhall Loop Road

Auke Lake
オーク湖

ke Bay
ク・ベイ

ダウンタウン・ジュノー
**DOWNTOWN
JUNEAU**

N

0 m / 0.5 mi

58° 25' 23.9088" N
134° 34' 7.554" W

DENALI NATIONAL PARK
デナリ国立公園

北の至宝

The Interior
内陸部

　アラスカ。その名前は、ほかにはない手付かずの大自然とア
ウトドア体験をイメージさせる。すべてがロシアの小説にふさ
わしい大きさに見える場所——山、神話、川、氷河、ヒゲ、野生
動物。この壮大なアラスカの本質を形にしたデナリ国立公園
が、我々を引き寄せる。「北の至宝」として知られるデナリ国立
公園は、ニューハンプシャー州よりも、スロベニア共和国よりも
広い。北米最高峰の標高6190メートルのデナリ山を擁し、そ
の名を冠した公園の中心的存在だ。
　デナリ国立公園は敷地の広さ（2万4464平方キロ）と驚きの
自然には恵まれているかもしれないが、豊富にないものが2つ
ある。それが道路とトレイルだ。前者に関しては、公園の内部
に往復でたった1本の148キロのリボン状の細長い未舗装の道
（デナリ・パーク・ロード）があるだけだ。後者については、園内に
たった56キロの管理されたトレイルがあるのみだ。観光用イン

フラの欠如の理由は何だろうか？　公園管理人のドン・ストリッ
カーの言葉を借りれば、「デナリは、人々がアメリカの過去とつ
ながる場所として保存されている。現在の野生動物と驚くよう
な景色を、未来の世代も楽しめるように保護する場所なのだ」。
　デナリの太古の風景が、ここを訪れるべき特別な場所にし
ている。そして、バックパッキングで行く以外に、この手付かず
の自然を詳しく知るよい方法はない。日帰りハイキング（参考
情報参照）とは違い、バックカントリーの許可を入手し、クマ対
策用の食料保管箱のベア・キャニスターを持参し、そして、人
里離れたデナリの奥地に行くなら、トレッキングの日程表を提
出しなければならない。これらすべては、事前に国立公園本
部のレンジャーたちの協力で手続き可能だ。お役所流の面倒
な手続きが済んだら、デナリのすばらしいシャトルサービスで
出発地点まで行き、あとは大自然の中に歩いて行くだけだ。

デナリの太古の風景が、
ここを訪れるべき特別な場所にしている。
そして、バックパッキングで行く以外に、
この手付かずの自然を
詳しく知るよい方法はない。

← デナリ・パーク・ロード（148キロ）は公園の内部へ
　　出入りする唯一の道。
↓ 母なる自然の光のショー。

　パーク・ロードとすべての文明の痕跡から離れたら、巨大な河谷と極寒のツンドラ、広大な氷河、そして風が吹き抜ける尾根の亜北極の環境が待っている。トレイルがないということは、デナリの自然のなかで夜を過ごすバックパッカーたちは、キャンプ場所の選び方、重ね着、そして川渡りの方法など、基本的な自然環境でのスキルがあるかということ以外に、熟練したナビゲーターであることも必要という意味だ。アラスカのバックカントリーは初心者向きではない。世界でもこの地域にある手付かずの大自然は息をのむほどであると同時に、失敗も許されない場所だ。

　デナリの隔絶された環境には、野生動物が信じられないほど勢揃いしている。園内を歩き回る多くの動物のなかで、訪れる人のほとんどが見たがるビッグ5は、グリズリーベアと、オオカミ、ムース、トナカイ、そしてドールシープ。こうした珍しい哺乳

↑ ポリクローム展望台付近からの眺め——幅の広い砂れき帯と広々とした高原の地形。
↓ オオカミとトナカイ、ムース、ドールシープ、そしてグリズリーベアが、訪れる人たちがみんな見たがるデナリの「5大動物」。
→ 早朝のキャンプ場からのデナリ山の眺め。

類を自然の生息場所で観察することは、アラスカの大自然の
なかでのどんな探索においても見どころのひとつになるのだ。
それは畏敬の念と強い興味、そして（少なくとも一部の人に
とっては！）恐怖が入り交じった感情を呼び起こすだろう。
　デナリでの数日間のハイキング旅行の間、さまざまな種類の
植物を見ることができるのもほぼ保証されている。しかし、保
証できないことはデナリ大山塊の景色だ。アラスカ山脈のほぼ
中央に位置し、コユコン族の言葉で「偉大なるもの」「高きもの」
という意味のデナリは、あまりにも巨大で、それ自体がそこの天
気を作り出すことができる。しかも、姿を表すのは3割程度の
確率だ。低く垂れ込める雲の覆い越しに姿をのぞかせると、そ
の巨大な形は、見るべき感動的な光景である。これは北米大
陸の最高峰であるだけでなく、この地方の先住民、コユコン・ア
サバスカ族の神話誕生の中心となっている聖地でもある。
　熟練のハイカーたちにとってデナリ国立公園のバックカント
リーの旅は、アラスカを訪れたら外せない体験だ。人混みから
離れ、ここでは電源を切り、安全網がない状態で、自然を抱き
しめる機会を得るだろう。トレイルがない。小屋もない。標識
もない。あるのはただ自然のそのままの姿。デナリが今までそ
うであったように、これから何世代にもわたって、できればこう
あり続けてほしい。

↑↑ 夏から秋への季節の移り変わりのなかに浸る。
↑ トクラット川。

参考情報

季節
5月中旬〜9月中旬まで。

許可
国立公園内での宿泊に関してはすべて、（クマ対策用の食料保管箱とともに）バックカントリー許可が必要。デナリ国立公園ビジター・センターで監視員が、雪の状況、川の渡れる場所、野生動物など、必要に応じた情報を提供しながら手続きをしてくれる。デナリは87ヵ所のバックカントリー区域に分かれており、そのうちの41ヵ所に規定人数がキャンプできる割り当てがある。そのため、キャンプ場の状況把握のために許可が必要になる。

お役立ちヒント

ベアカントリーでのクマに対する警戒

以下の注意点はデナリ国立公園と、ブラックベアやグリズリーがよく出没する地域で役立つ：

1. **キャンプする場所で料理をしないこと。**クマの嗅覚はイヌの約7倍鋭く、人間の2100倍ある。キャンプをするつもりの場所で調理をしようものなら、その近くにいるかもしれないクマ君たちにディナー・ベルを鳴らしているのと同じことだ。クマの生息地域でバックパッキングをするときは、いちばんしっかりした食事は昼食で調理するか、あるいはキャンプを設置する少なくとも30分前にすること。

2. **人気のあるキャンプ場を避けること。**可能な限り、人気のあるキャンプ場やキャンプ・グランドを避けるように努めること。クマたちはバカではない。油断して

いるたくさんのキャンパーたちと、もしかすると簡単にディナーが手に入るかもしれない可能性を関連付けるのにそう時間はかからない。大多数のクマの「遭遇者」（推定では9割以上）が、人気のキャンプ場で発生している（例：ヨセミテとイエローストーン国立公園）。やむを得ず人が多いエリアでキャンプをするしかない場合は、可能ならクマ用ロッカーあるいはベア・ポールを使用すること。

3. **ワイルド・キャンピング**：人気の場所でのキャンプの代替策は、「ワイルド・キャンピング」あるいは「ステルス・キャンピング」として知られるやり方で、デナリでのすべてのバックカントリーの旅で行われている。基本的にこれは、使用されていない場所でのキャンプを意味し、夜明けや夜更けにクマがよく行くようなトレイルや水源からも離れた場所のことだ。ワイルド・キャンピングをする際には、「何も残さない」というキャンプのルールが一層重要になる。これはクマの安全——人間の行動に慣れてしまったクマたちは安楽死させられるか、別の場所へ移される——のためだけでなく、あとからやって来るバックパッカーたちの安全のためにも重要である。

4. **ノイズ**：藪や深い森のなかをハイキングするときには、何かしらのノイズを立てること。大きな声で歌うのもよし、何でも好きなように大声で話すのもよい。目的は驚かす要素をなくすこと。あなたがやって来るのをもしクマが聞いたら、可能性としては、あなたが思うのと同じくらい、クマもあなたと遭遇するのを避けたいだろう。

5. **クマ対策万端のキャンプ場**：自然のままの隠れた場所を使うことと、キャンプをする場所で調理をしないことを両方実践すれば、クマとの遭遇のチャンスはかなり軽減される。次のステップは、食べ物や異質な匂い（たとえば歯磨き粉や日焼け止め、虫除け、そして調理をしたときの洋服ですらも）を発するかもしれないものを隠して、クマ対策万端のキャンプ場にすることだ。デナリ国立公園のバックカントリーでは、ベア・キャニスターの使用を意味する。公園局で無料で借りるか、自分のものを持参してもよい。

もし警戒策の効果がなかったら？

ありそうもない至近距離で遭遇したら、以下のガイドラインを守ること。

1. **観察して落ち着くこと。**もし比較的近い距離でクマを見たら、落ち着いて相手の動きを観察すること。クマがあなたを見つけた瞬間に逃げなければ、力強く、落ち着いた一定の声のトーンでクマに話しかけること。腕を上げ自分を大きく見せて、（理論として）相手をこわがらせること。

2. **ゆっくりと後退りすること。**クマがその場に立っていて、興味を示していないようであれば、クマを見ながらゆっくり後退りする。クマに背中を向けないこと。

3. **走らないこと。**ほかのすべてが失敗してクマに攻撃されそうになっていると気付いても絶対に走らないこと。走ると、あなたは獲物だとクマに思われ、その結果、追いかけるというクマの本能的な反応を引き起こしてしまう。

4. **クマ除けスプレー**：ほとんどのクマの攻撃は、脅しだ（例えば、あなたに向かって走ってくるが、最後の瞬間で方向を変える）。しかし、もし攻撃が脅しではないとわかったら、最後の手段としてベア・スプレーを使う。10〜15メートル以内に近づいてくるまで待つこと。風に向かってスプレーをしないように。

動物＆植物

人気5大動物以外

公園で動物を見るとき、デナリの5大動物のグリズリーベア、ムース、トナカイ、オオカミ、ドールシープが注目を集めやすい。しかし公園には小さくて、あまり見栄えがしない動物がほかにもたくさんいる。その中に含まれるのはクズリ、オオヤマネコ、マーモット、キツネ、ナキウサギ、イヌワシ、カラフトライチョウ（アラスカの州鳥）と、園内唯一の両生類ウッド・フロッグだ。

基礎知識

デナリVS. エベレスト

人々が山の高さのことを話すとき、たいていの場合は海抜からいちばん高いポイントをいう。その基準では、ヒマラヤ山脈のエベレスト（標高8848メートル）が世界でいちばん高い。しかし、麓から山頂までを測ると、世界でいちばん高い山は実はデナリ山（5500メートル）だ。エベレストの麓から頂上までの垂直の高さは3700メートルである。

「デナリ」の復活

デナリ（「偉大なるもの」あるいは「高きもの」の意味）は、先住民のコユコン・アサバスカ族の人々が北アメリカ大陸でいちばん高い山に授けた名前だ。しかし近年の歴史のなかでほぼ100年近く、この山の公式名称はアメリカ合衆国元大統領ウィリアム・マッキンリー（一度もアラスカ州を訪れたことがない）にちなんだマッキンリー山だった。この期間、アメリカ議会ではこの山を元の名前に戻す試みが繰り返されたが、常にオハイオ州の議員たち（マッキ

ンリーの出身州）によって妨害されてきた。その状況は、2015年にオバマ政権下でサリー・ジュエル内務長官が署名した法令によって改正され、この山の元の名前が復活した。こうして「何世代にもわたるアラスカ先住民に対するデナリの神聖な地位」を認めたのだ。

著者の裏話

眠れるハイカー、突進するベア

デナリでのハイキング4日目(1998年6月)に、私はそれ以上前進するのを早めに切り上げることにした。透き通った泉に囲まれた広々とした草地は、断りがたい誘惑だったのだ。キャンプを設置して間もなく、私はテントの外を眺めながらウトウトし始めた。30分もしないうちに、私はまどろみから起こされた。私の下の地面が荒々しく揺れ始めたのだ。
「地震？」「デナリにバッファローがいるのか？」と頭がはっきりとする前に、私の足元から左へ2メートルも離れていない場所でヒューッと大きな音がした。完全に成長したグリズリーベアがすごい速さで走り過ぎていったのだった。目を見開いて、頬をすぼめて警戒していると、明らかに低空飛行の小型飛行機におびえたクマ君が、突進して遠くへ逃げていくのを見て釘付けになった。いいシャッターチャンスを得るために、できるだけ近寄りたかった富裕層の観光客がたくさん乗っていたに違いない。

アクティビティ

デナリ国立公園での野鳥観察

陸上動物に多くの関心が集まるが、長年デナリは鳥類の安息の場所として知られている。この国立公園には、イヌワシ、ワタリガラス、ミミカイツブリ、キヅタアメリカムシクイ（黄色いお尻のウグイス）、ナキハクチョウ、ユキホオジロ、カササギ、カナダカケスなど、160種類以上の鳥の存在が記録されている。大まかに言えば、デナリの鳥類は渡り鳥と、耐寒性で一年中定住している鳥たちで構成されている。前者（全体の約8割）は春に飛来し、秋になると飛び去っていくので、夏はデナリで野鳥観察をするのに最高の季節だ。冬の成果はあまりないが、長年の熱狂的なファンは、オオタカ、カナダカケス、シロハヤブサ、ギンザンマシコ、さまざまな種類のライチョウや、いちばん大きくてもっともよく見かけるカラフトライチョウ（アラスカの州鳥）も観察できる。

長い歴史

デナリ創造の伝説

アサバスカ族の伝説によると、ヤフーという名の、力は強いが孤独な若者が、妻となる人を見つけにカヌーで西へ旅に出た。彼は、無慈悲な略奪戦争の戦士が酋長として治めている村で、探していた女性を見つけた。ヤフーはその若い女性と逃げるとき、大嵐を巻き起こして彼らを阻止しようとする酋長にしつこく追い回された。それに対し、すぐにヤフーは自分の行く手にあった水のなかに不思議な石を投げて嵐を鎮めた。いっそう腹を立てて怒り狂った酋長は、巨大な槍（狙った的を外したことがない）をヤフーの背中目がけて投げ付けた。光る槍が自分に向かってやってくるのを見たヤフーは、すぐさま大きな波を起こした。それは空に向かって昇り、石の山に姿を変え、槍の方向をそらして粉々に砕いた。怒りで判断力を失った酋長はカヌーごと岩壁の麓に激突したその時、カラスに姿を変えて山の頂上へ飛んでいった。ヤフーとまもなく彼の妻となるその女性はその後、彼の故郷である東の村まで無事に戻った。そこで2人はたくさんの子どもに恵まれた。それが、ヤフー・デナリによって創られた山を「高きもの」と呼んでいる彼らの子孫たちなのだ。

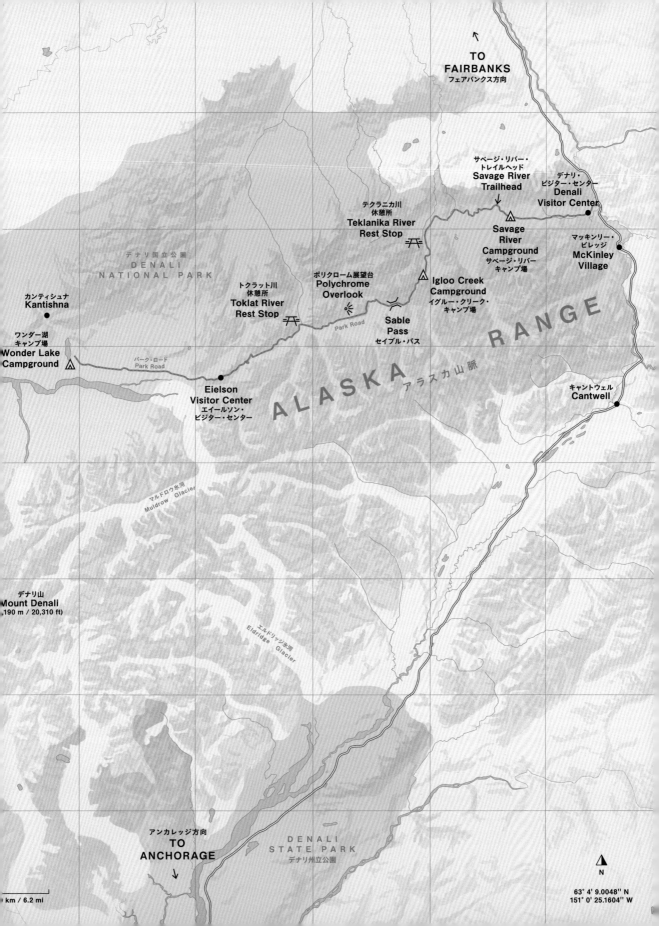

TO
FAIRBANKS
フェアバンクス方向

サベージ・リバー・
トレイルヘッド
Savage River
Trailhead

デナリ・
ビジター・センター
Denali
Visitor Center

テクラニカ川
休憩所
Teklanika River
Rest Stop

Savage
River
Campground
サベージ・リバー・
キャンプ場

マッキンリー・
ビレッジ
McKinley
Village

デナリ国立公園
DENALI
NATIONAL PARK

トクラット川
休憩所
Toklat River
Rest Stop

ポリクローム展望台
Polychrome
Overlook

Igloo Creek
Campground
イグルー・クリーク・
キャンプ場

カンティシュナ
Kantishna

Sable
Pass
セイブル・パス

ワンダー湖
キャンプ場
Wonder Lake
Campground

Park Road

R A N G E

パーク・ロード
Park Road

Eielson
Visitor Center
エイールソン・
ビジター・センター

A L A S K A アラスカ山脈

キャントウェル
Cantwell

マルドロウ氷河
Muldrow Glacier

デナリ山
Mount Denali
190 m / 20,310 ft)

エルドリッジ氷河
Eldridge Glacier

デナリ
DENALI
STATE PARK
デナリ州立公園

アンカレッジ方向
TO
ANCHORAGE

N

63° 4' 9.0048'' N
151° 0' 25.1604'' W

km / 6.2 mi

HAWAII

ハワイ州

無類の熱帯雨林、大きく開いた深い峡谷、岩だらけの海岸、そして不毛の溶岩原。
ハワイでのハイキングはアメリカのほかのどことも違う——
海に囲まれた楽園は、みずみずしい緑と濃い茶色と火山の赤のトロピカルな色調に彩られている。

KUKUI TRAIL
ククイ・トレイル

太平洋の
グランド・キャニオン

Kauai
カウアイ島

トレイルについて

→ 距離　　：8キロ
→ 所要時間：3〜5時間
→ レベル　：中級

　ハワイのワイメア・キャニオンは、「太平洋のグランド・キャニオン」として知られている。カウアイ島に位置し、長さは約16キロ、深さは1100メートルあり、みずみずしい緑と濃い茶色、そして火山の赤のトロピカルな色調が特徴だ。その自然の驚異で知られているハワイ州のなかで、ワイメア・キャニオンは最高評価を受けている。そして、このドラマチックな地形を体験するには、ククイ・トレイルを通ってその奥深さを探検する以上によい方法はない。

　ワイメア・キャニオンの起源は、約400万年前まで遡る。当時、カウアイ島を生み出した巨大な楯状火山の一部で、噴火中に大激変を引き起こす崩壊が発生。溶岩で埋まった大きな凹地が形成され、続いて近隣のワイアレアレ山の斜面から流れ出た雨水によって削られ、さらに削られて、やがて現在私たちが知るワイメア・キャニオンになったのだ。

　ククイ・トレイルはワイメアの町の12.9キロ北のハイウェイ550号線から始まる。そして、約610メートル下の峡谷の底まで、き

ちんと標識が付いている道をたどって下りていく。下りの最初の部分は、眼下に峡谷と曲がりくねったワイメア川の広々とした景色が楽しめる。赤道の色彩で山頂が覆われたビュート、ほとばしる滝、そして時折かかる虹が混ざり合い、忘れられないパノラマを形成する。峡谷の東側で見られるいくつかの滝のなかで、もっとも大きく印象的なのはワイアレアレ滝だ。

　ハワイのなかでも桁外れな降水量で、カウアイ島は北米でもっとも湿気のある場所のひとつだ。よって、道をたどるのは簡単だが、ククイ・トレイルはぬかるんでゆるんでいることが多い。天気に関係なく、しっかりとしたグリップの軽量で速乾性のトレイル・ランニング・シューズがおすすめだ。さらに、暑く湿気がある環境なので、脱水症状を起こさないよう少なくとも1時間に500ミリリットルの水を飲むことが重要だ。道中の泉で水は手に入るが、ジアルジア症のような水感染による病気が蔓延しているので、すべての水は使う前に必ず浄化することを忘れないように。

　峡谷の底のウィリウィリ・キャンプ場（参考情報参照）に到着したら、峡谷の縁まで戻る過酷な上り道に挑む前に、ワイメア川の冷たい水に入って泳いで楽しむといい。この木陰の多い緑豊かな環境の峡谷の谷底は、特に多くの地元住民の心に残っている。民話によれば、ハワイでもっとも有名なカップル

カウアイ島に位置し、長さは約16キロ、
深さは1100メートルあり、
みずみずしい緑と濃い茶色、そして
火山の赤のトロピカルな色調が特徴だ。
その自然の驚異で知られている
ハワイ州のなかで、ワイメア・キャニオンは
最高評価を受けている。

← 揺れる雲と鬱蒼と茂る木々。
↑ ククイ・トレイルを下る。
← ハワイの白いハイビスカス（Koki'o ke'oke'o）

が困難にも負けず、再会を果たしたのがこの場所なのだそうだ。物語はこのように続く:

ヒクとカベルは若い夫婦だった。たいていの場合、2人は仲が良かったが、多くの新婚夫婦のように奇妙な意見の相違に慣れていなかった。

ある口論のあと、ヒクは妻を残して山へ逃げていった。彼女は彼の帰りを辛抱強く待っていたが、彼は帰って来ないようだったので、悲しみに暮れて自殺を図った。その知らせを聞いたヒクは後悔の念で胸がいっぱいになり、失った愛をこの世に連れ戻すため、「死の谷」(すなわち、ワイメア・キャニオンの谷底)へ旅立った。彼は、丈夫な蔓で編んだとても長い縄で、巨大な山峡を下っていった——当時、ククイ・トレイルはまだなかったのだ！　峡谷のいちばん下にたどり着くと、彼は旅立った魂たちのなかで愛するカベルを何日も探し続けた。

彼女の魂をやっと見つけたとき、彼はもう決して彼女の元を去らないことを誓った。彼女が彼を許したとき、彼女の肉体も戻ってきた。こうして再び結ばれた2人はワイメア・キャニオンを登り、末永く幸せに暮らした。

↑ 人里離れた場所の滝。
↓ ナパリ・コーストの近くのカララウ滝。

↑ ククイ・トレイルのスタート地点から15分ほど車で北に向かったカララウ展望スポットからの眺め。

参考情報

スタート地点／ゴール地点

ハイウェイ550号線 約1.2キロの、8マイル地点の里程標の先。

総獲得標高

610メートル下り／610メートル上り

季節

1年中

宿泊と許可

ウィリウィリ・キャンプ場はククイ・トレイルの底に位置する。ウィリウィリから1.1キロほど上流に行くと、もっと静かで孤立したカルアハウルというキャンプ場がある。もしワイメア・キャニオンでキャンプをするなら、事前にハワイ州立公園のウェブサイトから予約が必要。

お役立ちヒント

峡谷の縁から海辺まで

もう少し長距離を望むなら、一旦、峡谷のいちばん底に着いたら右に曲がると、ハイキングを延長することができる。南へ向かうと、トレイルは12.9キロほどワイメア川に沿って進み、歴史ある同名の港町まで続く。下りの際には、この川を何回も越えなければならない。豪雨の期間は、水が深過ぎて渡れないこともある。

動物＆植物

カウアイの魂の鳥

ククイ・トレイルの道中で野生のヤギやニワトリ、そしてハワイでもっとも愛されている動物、ハワイヒタキも見かけるだろう。ハワイヒタキはハワイ固有の鳥で、アメリカのカササギヒタキ科（Monarchidae）に属する。この鳥はハワイのカヌー職人たちの守り神として、ハワイ諸島の神話では特別な地位を得ている。

基礎知識

マーク・トウェインと「グランド・キャニオン」

マーク・トウェインが最初にワイメア・キャニオンのことを「太平洋のグランド・キャニオン」と呼んだ人物だという説がある。現在も、多くのハワイの観光団体がこの例えをトウェインのものだとしている。しかし、伝説の著述家でありユーモア作家であるトウェインの多くの格言がそうであるように、この場合も正しくない。第一に、トウェインが1866年にハワイを訪れた際、カウアイ島には足を踏み入れていない。第二に、グランド・キャニオンは1869年まで（探検家ジョン・ウェズリー・パウエルによって命名された）グランド・キャニオンと呼ばれていなかった——トウェインがハワイ諸島を去った3年後のことである。

見どころ

ワイメア・キャニオンを徒歩で下りてまた上るという、夢中になれる体験に匹敵するものはほかにないが、この自然の驚異を上から体験するすばらしい方法は、有名なコケエ・ロード（ハイウェイ550号線）をドライブすることだ。ハワイ全体でもっとも景色がすばらしいドライブのひとつであるコケエ・ロードは、同名の州立公園を抜け、道中には4ヵ所のすばらしい展望台がある。最初はワイメア・キャニオン展望台で、10マイルの里程標を越えたすぐの所だ（地図参照）。ここでは「太平洋のグランド・キャニオン」の広々としたパノラマが出迎えてくれる。ククイ・トレイルが川に向かって下っていくところを見つけられるかもしれない。その次は、約4.8キロ先のプウ・ヒナヒナ展望台だ。最初の展望台よりは小さく、プウ・ヒナヒナは訪れる人にワイメア・キャニオンのひと味違った眺めを見せるだけでなく、太平洋まで南にうねる巨大な割れ目の景観を、何の妨げもなく提供する。次はコケエ・ロード（18マイルの里程標）にある展望台で、このカララウ展望台がおそらくいちばん有名だろう。ここからは、カララウ渓谷のすばらしい景色と、古くからあるカララウ・トレイルから徒歩でしかアクセスできない伝説のナパリ・コーストが眺められる。この景色4選の最後はプウ・オ・キラで、わずか1.6キロ先の地点でコケエ・ロードの終点だ。ここから見る、まったく視界を妨げるものがないカララウ渓谷の景色は、さらにすばらしい。そして西側に目を向けると、ご褒美としてアラカイ沼の印象的な景観も満喫できる。これは世界でもっとも標高の高い場所にある沼といわれている。

アクティビティ

暑い夏の日に、冷えたスイカやパイナップル、パパイヤよりもおいしいものはそう多くないだろう。新鮮なフルーツ（そして野菜）に関していえば、ハワイに肩を並べる場所は世界でも数少ないだろう。肥沃な土と年中温暖な気候のおかげで、ハワイの成長時期は長く収量も豊かで、州の約30パーセントの土地が農業に使われている。この島特有の味覚には、ランブータン、パンノキ、リュウガン、カニステル、そしてカイニットがある。ワイメアの村には生鮮市場がいくつか立ち——ほとんどは週末に開催される——地元住民や観光客らの需要を満たしてくれる。

大型の市場は以下の通り：

• ワイメア・ミッドウィーク・マーケット：水曜日、午前9:00～午後4:00
• ワイメア・タウン・マーケット：土曜日、午前7:30～午後12:00

• ワイメア・ホームステッド・ファーマーズ・マーケット：土曜日、午前7:00～午後12:00
• カムエラ・ファーマーズ・マーケット：土曜日、午前7:30～午後1:00

ほとんどのマーケットには20～40軒の地元の業者が出店する。フルーツや野菜のほかにも、花やコーヒー、手作りの工芸品やその場で作ってくれる朝食もある。

最高のパフォーマンス：おすすめ用品

ワイメア・キャニオンのハイキングは常に暑くて湿度が高く、ぬかるんで滑りやすい。以下は、あなたの旅の準備に役立つ用品関連のアドバイスだ：

1. 軽量で速乾性があり、トレッドがしっかりしているトレイル・ランニング・シューズがワイメア・キャニオンでは理想的。もし強靭な足首をしていて重い荷物を背負っていければ、ビブラム（あるいはそれと同等）の上質のスポーツ・サンダルでもいいかもしれない。ハワイのハイキングのときには、重厚なブーツは絶対、家に置いていくこと。

2. ジアルジア症が蔓延しているため、道中で水を浄化するための薬品あるいはフィルターを持っていくこと。ハイキング中のとりわけ日中の暑い時間帯には、毎時間ごとに1／2リットルの水分を補給すること。

3. 熱帯では猛烈な暑さになり得る。つばの広い帽子、サングラス、そして日焼け止めも忘れずに。傘は太陽が照りつけているなら移動式の日陰を提供してくれるし、雨が降ったら雨宿りもできて、多目的に使える。注：カウアイ島は地球上でもっとも湿度の高い場所のひとつ。近くのワイアレアレ山は年間400インチ以上の降水量を記録する。年平均200日以上雨が降る。

4. 速乾性のショーツを持っていくと、歩くときとワイメア川で昼間泳ぐときのダブル機能を果たせる。

5. 軽量の双眼鏡があれば、野鳥観察に便利なだけでなく、コケエ・ロードの素晴らしい展望台からの眺めをよりいっそう楽しむこともできる。

長い歴史

ハワイについての6つの真実

1. ハワイは世界でもっとも孤立した人口集中地帯だ。直線距離で、カリフォルニア沿岸からハワイまでは3846キロ、日本からは6626キロ。

2. ハワイ諸島は紀元300～600年頃の間に、ほかの太平洋上の島々からやってきた海洋民族のポリネシア人たちによって初めて統治された。

3. 1778年にハワイを「発見」した最初のヨーロッパ人は、ジェームズ・クック船長。彼はパトロンのひとりであった第4代サンドイッチ伯爵ジョン・モンタギューの栄誉を讃え、この島々をサンドイッチ諸島と名付けた。地元の名前の

「ハワイ」がより広く受け入れられるようになった1840年代まで、この名称は外国人や外国政府によって使われていた。

4. 1898年(ニューランズ決議により)、ハワイがアメリカ合衆国に併合されるまでは、ハワイ王国として知られていた。1959年8月21日にアメリカの50番目の州として加盟するまで、アメリカの領土とされていた。

5. ハワイ州は137の島々から構成されており、主要8島は以下の通り：ニイハウ、カウアイ、オアフ、マウイ、モロカイ、ラナイ、カホオラヴェ、ビッグ・アイランド・オブ・ハワイ。

6. 北はクレ環礁から南はビッグ・アイランド・オブ・ハワイまで、ハワイ州は2414キロに延びて、世界でもっとも長い諸島でもあり、アメリカでは（アラスカ州に次いで）2番目に広い。

近隣：カララウ・トレイル

カウアイ島の北沿岸にあるカララウ・トレイル以上にすばらしい海岸のハイキングはない。原始のままの海岸、流れ落ちる滝、青々と生い茂った谷、そして言葉を失うほどすばらしい180度に広がる太平洋の景色。これらすべての自然の驚異をまとめ上げているのが、世界でもっともドラマチックな海岸線沿いの、時に危険な道だ。

ナパリ・コーストは高さ1200メートルの崖がそびえる鋭く切り立った山岳地形だ。その強烈な個性と比類なき環境は、スティーブン・スピルバーグ監督の「ジュラシック・パーク」や1933年の伝説のオリジナル版「キング・コング」など、長年、数あるハリウッド映画の人気の舞台として使用されてきた。このドラマチックな沿岸地域に行くには、カララウ・トレイル(KT)を通るしかないのだ。

1880年代後期に最初に開通したKTは、往復35キロの距離があり、すべてがナパリ・コースト州立公園の敷地内にある。その区間のなかで、5ヵ所の青々と茂った海岸沿いの谷を通り、震え上がって手のひら

に汗をかくような、崖にしがみつくように進む狭い通路の区間をいくつか越えなければならない。1日たっぷりかけてKTを歩くことも可能だが、2～3日かけることをおすすめする。ナパリ・コーストはそんなに容易に歩けないし、せっかくここまでやって来たのなら、できる限り楽しみたいだろう！ハイキングの最中にハナカピアイ・ビーチから、ハナカピアイ渓谷の美しい滝を見る7キロの寄り道の旅も忘れずに。

直線距離ではワイメア・キャニオンからカララウ・トレイルの出発と終点のケエ・ビーチまでは30キロ以下だが、カウアイ島の北西地区はほとんど道路がない自然保護地域なので、この両地点の間を迂回しながら運転すると、約116キロで2時間以上かかる。

カララウ・トレイルは、本ワンダーラスト・シリーズの第1作『ワールド・トレイルズ：世界は歩いてみたい「道」にあふれている』で掲載された32ヵ所のトレッキング・ルートのひとつである。

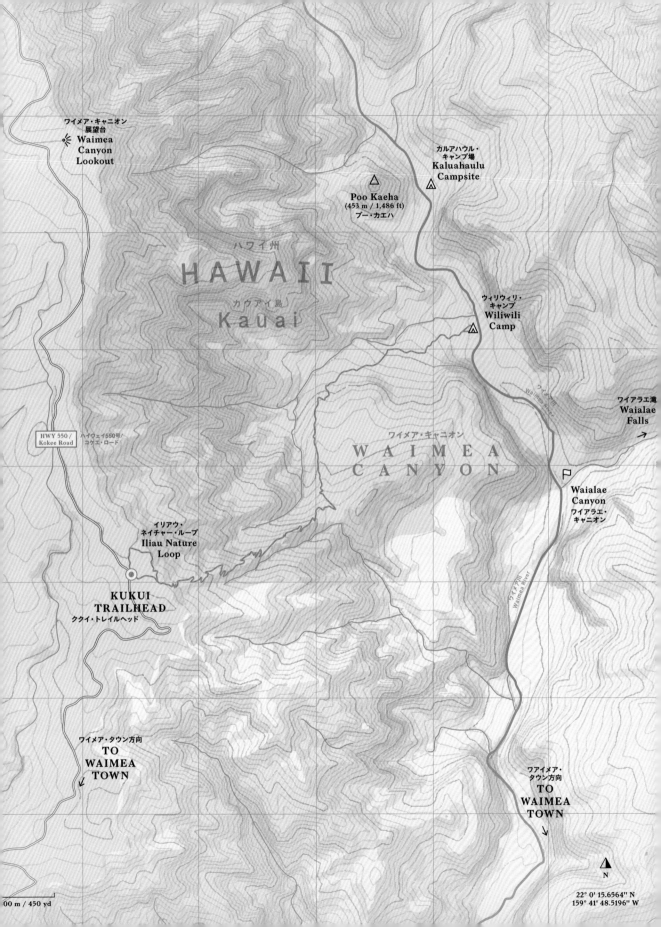

ワイメア・キャニオン
展望台
**Waimea
Canyon
Lookout**

カルアハウル・
キャンプ場
**Kaluahaulu
Campsite**

Poo Kaeha
(453 m / 1,486 ft)
プー・カエハ

ウィリウィリ・
キャンプ
**Wiliwili
Camp**

ハワイ州
HAWAII
カウアイ島
Kauai

ワイアラエ滝
**Waialae
Falls**

HWY 550 /
Kokee Road
ハイウェイ550号/
コケエ・ロード

ワイメア・キャニオン
W A I M E A
C A N Y O N

**Waialae
Canyon**
ワイアラエ・
キャニオン

イリアウ・
ネイチャー・ループ
**Iliau Nature
Loop**

KUKUI
TRAILHEAD
ククイ・トレイルヘッド

ワイメア・タウン方向
**TO
WAIMEA
TOWN**

ワアイメア・
タウン方向
**TO
WAIMEA
TOWN**

N

22° 0' 15.6564" N
159° 41' 48.5196" W

00 m / 450 yd

もっと何かを
探し求めている
あなたへ

砂漠、雨林、山脈、あるいは海岸。私はどれかを選り好みをしたことがない。
もし私が世界で必要なものすべてを背中に負い、荒野のなかにいるとしたら、
きっと満面の笑みを浮かべ、思考も冴えていることだろう。
—
カム・ホーナン

CHIEFS HEAD PEAK
チーフス・ヘッド・ピーク

ロッキー山脈で
新たな頂上に登る

Rocky Mountain National Park,
Colorado
ロッキー・マウンテン国立公園
コロラド州

トレイルについて

→ 距離　　：27キロ
→ 所要時間：8〜12時間
→ レベル　：上級

この無名の往復ハイキングは、サンド
ビーチ・レイク・トレイルヘッドからロッ
キー・マウンテン国立公園で3番目に高
い山頂まで続いている。ほとんどがオフ・
トレイルで、総獲得標高は3048メートル
以上あるので、チーフス・ヘッド・ピークへ
のトレッキングは簡単とは言い難い。し
かし一旦、頂上に到着したら、ロングス・
ピーク、パゴダ・ピーク、ミーカー山と並
び、目を見張るグレイシャー・ゴージの眺
めなど、まるで別世界のような360度のパ
ノラマが待っている。ハイキング中には
ムースやクマを見かけるかもしれない。
おもしろい事実：ロッキー・マウンテン国
立公園は1976年にユネスコによって初
の世界生物圏保護区に指定された。

TIMBERLINE TRAIL
ティンバーライン・トレイル

フッド山を
一周する

Oregon

オレゴン州

トレイルについて

→ 距離　　：67キロ
→ 所要時間：2〜3日
→ レベル　：中級

オレゴン州を代表する火山のひとつ、
フッド山（3429メートル）を一周するティ
ンバーライン・トレイルは、太平洋岸北西
部のハイカーたちの長年のお気に入り
だ。道中ずっとトレイルは、豊かな原生林
や野花でいっぱいの牧草地、そしてでこ
ぼこした火山地帯を通過する。氷河や滝
の荘厳な景色もふんだんにある。ティン
バーライン・トレイルでもっとも困難なの
は、道中氷のように冷たい川をいくつも
越えなければならないという事実だ。こ
れは雪解け水が最高潮に達する初夏は
特にそうだ。

ARIZONA TRAIL
アリゾナ・トレイル

アメリカ南西部の州で
スルー・ハイキング

Arizona

アリゾナ州

トレイルについて

→ 距離　　：1315キロ
→ 所要時間：40〜50日
→ レベル　：中級〜上級

アメリカで11ヵ所指定されている国立
観光歩道のひとつ、アリゾナ・トレイル
（AZT）は、距離1315キロのモーター付き
車両厳禁の道で、グランド・キャニオンが
ある南西部の州の端から端までを結ぶ。
このトレイルの見どころには、スーパース
ティション山、サンフランシスコ・ピーク、
さまざまな種類の野生動物（アメリカド
クトカゲや、ペッカリー、ミチバシリ、エル
ク、コヨーテ、そしてサバクゴーファーガ
メ）、さらに世界七不思議のひとつである
グランド・キャニオンが含まれる。一口メ
モ：雪解けのために水がたっぷりある春
は、AZTをハイキングするのにいちばん
いい季節だ。

← チーフス・ヘッド・ピーク（4139メートル）の頂上
　尾根によじ登る。
→ アメリカ南西部のシンボル、ベンケイチュウ（Car-
　negiea gigantea）はこの国でいちばん大きいサ
　ボテンだ。

TAHOE RIM TRAIL
タホ・リム・トレイル

アメリカ最大の
高山湖を一周

**Sierra Nevada,
California**
シエラ・ネバダ、
カリフォルニア州

トレイルについて

→ 距離　　：266キロ
→ 所要時間：10〜13日
→ レベル　：中級

タホ・リム・トレイル（TRT）はカリフォルニア州シエラ・ネバダの美しいタホ湖の周りをぐるりと一周する、標識も整備も整ったトレイルだ。コースのほとんどは尾根の頂に沿って進み、湖の荘厳な景色だけでなく、東にはネバダ州のグレート・ベースン、そして西にはシエラ・クレストが望める。海抜1897メートルに位置するタホ湖は、北米最大の高山湖で、深さは501メートルあり、オレゴン州のクレーター湖に次いで北米で2番目に深い。おもしろい事実：タホ・リム・トレイルは湖の西側の約80キロの区間を、パシフィック・クレスト・トレイルと共有する。

TETON CREST TRAIL
ティートン・クレスト・トレイル

氷河によって
削られた傑作

**Grand Teton National Park,
Wyoming**
グランド・ティートン国立公園
ワイオミング州

トレイルについて

→ 距離　　：63キロ
→ 所要時間：2〜3日
→ レベル　：中級

ティートン・クレスト・トレイル（TCT）はグランド・ティートン国立公園の中心部を通過する、爽快なハイレベルのルートだ。63キロの道中には、そそり立つ花崗岩の頂や荘厳な氷河、きらきらと輝く高山湖、険しい崖の台地が勢揃いしている。野生動物といえば、グリズリーベアやブラックベア、ムース、オオカミ、バイソンなどがいる。おまけとして、イエローストーン国立公園と距離が近い（車で北に1時間弱）ので、TCTをハイキングする人にとっては、ティートンでの時間を、イエローストーンで地熱の驚異を探検する数日間と組み合わせるのは簡単だ。

PINNEL MOUNTAIN TRAIL
ピネル・マウンテン・トレイル

奥地へ
入り込む

Alaska

アラスカ州

トレイルについて

→ 距離　　：44キロ
→ 所要時間：2日
→ レベル　：初級〜中級

ピネル・マウンテン・トレイル(PMT)は、閑散としたアラスカ州奥地の樹木限界線よりも標高の高い地域のトレッキングだ。フェアバンクスから172キロ東に位置し、吹きさらしの稜線を横切り、この州でもっとも古い岩をいくつか越える。カンブリア、そして先カンブリア時代（7億〜20億年前）まで遡る岩々には、自然の力が作り上げたすばらしい彫刻が施されている。PMTは土地管理局（BLM）によって管理されており、アラスカ州内陸部では数少ない整備された道だ。ここは、ありのままの荒野を体験してみたいが、オフ・トレイルの宿泊旅行には不安を抱くという、経験の浅いハイカーにとっては理想のトレイルだ。一口メモ：6月はピネル・マウンテン・トレイルにとって最適な時期だ。野花の盛りで、6月18〜25日は白夜の自然現象も見ることができる。

HALEAKALA CRATER TRAIL
ハレアカラ・クレーター・トレイル

モルドールの
日の出

Haleakalà National Park, Hawaii
ハレアカラ国立公園
ハワイ州

トレイルについて
- → 距離　　：17.9キロ
- → 所要時間：6〜8時間
- → レベル　：中級〜上級

溶岩流と噴石丘、3055メートルの休火山——ハレアカラ・クレーターの往復トレイルは、アメリカでもっともユニークな日帰りハイキングのひとつだ。トールキンの小説に登場する国、モルドールを彷彿させるハレアカラの環境は、1960年代にNASA（米国航空宇宙局）が月面着陸の準備のために宇宙飛行士を送り込んだほど、荒涼として不毛なのが特色だ。夜明け前に出発すると、火山の縁からの日の出を拝むことができる。一口メモ：夜明けは肌寒いくらいの気温になるので、温かいジャケットを持参すること。

MID STATE TRAIL
ミッド・ステート・トレイル

英国法廷標準の
メートル法表示の
トレイル

Pennsylvania

ペンシルベニア州

トレイルについて
- → 距離　　：527キロ
- → 所要時間：20〜30日
- → レベル　：中級

ミッド・ステート・トレイルはアメリカで初めて標識にメートル法を採用したトレイルで、現在もそうしている数少ない場所のひとつだ。527キロの距離は、ニューヨーク州との州境からメイソン＝ディクソン線まで、ペンシルベニア州の端から端まで南北に延びている。州指定公園や森林、狩猟地などを通り、ペンシルベニア州で「もっともワイルドな」道とよくいわれるが、実際にはとても「緑が豊かな道」で、アクセス可能な道路が2〜3キロ以上離れていることは滅多にない。

DEVIL'S GARDEN LOOP
デビルズ・ガーデン・ループ

世界の
天然橋の都

Arches National Park, Utah

アーチーズ国立公園
ユタ州

トレイルについて
- → 距離　　：11.6キロ
- → 所要時間：5時間
- → レベル　：初級

アーチーズ国立公園の自慢は、310平方キロの敷地内にある2000以上の石造アーチだ。自然によって形作られた最長の天然橋はランドスケープ・アーチとして知られており、驚くことにその長さは88.4メートルもある——フットボール競技場とほぼ同じ大きさだ！　アーチーズ国立公園のなかでもっともすばらしいトレイルのひとつとして評価されている、家族向け日帰りハイキングにぴったりのデビルズ・ガーデン・ループの道中では、このほかにもフィンや尖峰、バランス・ロックのような、たくさんの見事な赤色岩が見られる。一口メモ：人混みを避けるには、早朝か午後遅くに行くのがよい。

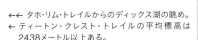
←← タホ・リム・トレイルからのディックス湖の眺め。
← ティートン・クレスト・トレイルの平均標高は2438メートル以上ある。
→ アーチーズ国立公園の見事な赤色岩。

COLORADO TRAIL
コロラド・トレイル

ロッキー山脈が
走っている州を横断

Colorado

コロラド州

トレイルについて

→ 距離　　：789キロ
→ 所要時間：30〜40日
→ レベル　：中級〜上級

コロラド・トレイル（CT）はデンバー近郊の山麓地帯から始まり、コロラド州を789キロ横断して、歴史あるデュランゴの町まで延びている。道中8つの山脈と6ヵ所の自然保護公園、5つの主要河川、6ヵ所の国立森林公園を通過する。世界でも有数の高山トレイルのひとつであるCTは、全区間の標識や整備が整っている。平均標高は3139メートルで、アメリカに11ヵ所指定されている国立観光歩道のなかでいちばん標高が高い。交通の便がよい登山口が多くあるので、スルー・ハイキングの時間はないけれど、短距離の区間に挑戦したい人にもCTは最高のオプションだ。一口メモ：夏はロッキーのモンスーン時期なので、午後や夕方にはよく雷雨が起きる。その時間帯には吹きさらしの尾根や丘の上は避けること。

CAPE COD NATIONAL SEASHORE
ケープコッド国立海浜公園

ソローの足跡を
たどって

Massachusetts

マサチューセッツ州

トレイルについて

→ 距離　　：13.7キロ
→ 所要時間：4〜6時間
→ レベル　：初級

1849年に3日以上かけてケープコッドの東岸、全区間40.2キロを歩いた、著名な作家であり自然主義者のヘンリー・デイヴィッド・ソローの足跡をたどる。イーストハムとニューカム・ホロー・ビーチの間の13.7キロの区間は、砂丘と塩性湿地の海岸の景色を横切りながら、ソローが歩いた最初の日をふり返る。広々とした大西洋の景色は息をのむほどで、ケープコッドの海岸は1961年からアメリカ連邦政府の管轄下に置かれ、ソローの時代と同じようにおだやかなままで、開発の手もおよんでいない。

CHINESE WALL LOOP
チャイニーズ・ウォール・ループ

巨大な断崖と
分水界

Bob Marshall Wilderness,
Montana

ボブ・マーシャル自然保護公園
モンタナ州

トレイルについて

→ 距離　　：97キロ
→ 所要時間：4〜6日
→ レベル　：中級

サウス・フォーク・サン・キャンプグランド（オーガスタから西に50キロ）で始まり終わる、この景色のよい環状ハイキングは、ボブ・マーシャル自然保護公園内にあり、モンタナ州のもっとも荘厳な地質学上の見どころである、チャイニーズ・ウォールの周りをぐるりと回る。距離は97キロ、平均標高は300メートル。この堂々とした石灰石の断崖は、この東側から（メキシコ湾経由で）大西洋に流れ出る水と、西側から太平洋に流れ出る水を分ける、コンチネンタル・ディバイドの一部をなす。

↑ ボブ・マーシャル自然保護公園のチャイニーズ・ウォールを歩く。
← コロラド・トレイルの水晶のように透明な高山湖。

OREGON DESERT TRAIL
オレゴン・デザート・トレイル

高原砂漠を
横断する

Oregon

オレゴン州

トレイルについて

→ 距離　　　：1207キロ
→ 所要時間：40〜45日
→ レベル　　：上級

オレゴン・デザート・トレイル（ODT）は、オレゴン州の高原砂漠地帯を横切る、あまり知られていないバックカントリー・ハイキングのルートだ。その険しく剥き出しの地形と道中ほとんど道標がない状態のため、孤独に慣れている冒険心あふれるベテラン向きのハイキングだ。岩だらけの道中には、ハート・マウンテン国立アンテロープ保護区やスティーンズ山、そして驚きのオウィヒー・キャニオンランズのような、この州でもっとも印象深い自然の見どころもある。また、ミュールジカ、プロングホーン・アンテロープ、コヨーテ、アメリカ・アナグマ、そして何百種類もの鳥類の野生動物を見る機会も多い。一口メモ：ODTでは雨が最低限しか降らず、とても孤立した場所にあるので人工の光がほとんどない。その結果、夜空がすばらしい。機会があれば、星の下で寝ることをおすすめする。

REDWOOD CREEK TRAIL
レッドウッド・クリーク・トレイル

巨大なものの影で

Redwood National Park,
California

レッドウッド国立公園
カリフォルニア州

トレイルについて

→ 距離　　　：25.1キロ
→ 所要時間：7〜10日
→ レベル　　：初級

人の往来が適度なこの往復の小旅行は、レッドウッド国立公園で人気のハイキング・トレイルだ。日帰りも可能だし、宿泊バックパッキングの旅にして、景色を楽しみながらゆっくりと行くこともできる。時間があれば、よい選択だ。トレイルはドクニンジンやトウヒ、ヒロハカエデ、そしてもちろんレッドウッドの古木と二次植生林を通り抜ける、鬱蒼とした水辺の道を進む。折り返し地点であり景色の見どころでもあるのが、トール・ツリー・グローブで、ここは1963年にナショナル・ジオグラフィック誌に掲載されたことで有名だ。この記事によって人々の注目が広く集まったことが、1968年にこの地域が国立公園になるきっかけになった。おもしろい事実：ハイペリオン（115.5メートル）と呼ばれている世界でもっとも高い木、コースト・レッドウッドはレッドウッド・クリーク分水嶺の人目に付かない隠れた場所にある。

NORTHVILLE-PLACID TRAIL
ノースビル＝プラシッド・トレイル

アメリカの
元祖自然保護公園の
トレッキング

Adirondack Mountains, New York

アジロンダック山地
ニューヨーク州

トレイルについて

→ 距離　　　：214キロ
→ 所要時間：7〜10日
→ レベル　　：初級〜中級

ノースビル＝プラシッド・トレイル（NPT）は、ニューヨーク州のアジロンダック山地の代表的な長距離トレイルだ。これは東海岸のもっとも人里離れた丘をいくつか横切り、数々の非常に美しい池や湖、そして滝のそばを曲がりくねって進んでいく。荘厳なワニカ滝とミラーズ滝を見逃さないように。道中、きちんと整備が行き届いた道に40ヵ所以上点在している（三方向を壁で覆った）差し掛け小屋でキャンプをしたり使ったりもできる。NPTのほとんどはのどかな森のなかにあるが、あっと驚くような山の景色を探している人は、北端近くの歴史あるプラシッド湖の近くに位置する、荘厳なハイ・ピークス自然保護公園にトレイルをつなげることもできる。一口メモ：NPTは秋が最高だ。森が秋の色彩で万華鏡のようなワンダーランドに変身する。

↓ アジロンダック山地のステファンズ池の彼方からの日の出。
← オレゴン州東部のオウィヒー・キャニオンランズ。

OZARK HIGHLANDS TRAIL
オザーク・ハイランズ・トレイル

内陸高原を
通り抜ける旅

Arkansas

アーカンソー州

トレイルについて

- → 距離 ：266キロ
- → 所要時間：10〜12日
- → レベル ：中級

オザーク・ハイランズ・トレイルはあまり足を踏み入れる人がいない266キロのルートで、アーカンソー州にあるオザーク・ハイランズ国有林の、広くて岩の多い主要部分をたどる。西のレイク・フォート・スミス州立公園から、東のバッファロー川沿いのウーラムまで広がり、風光明媚な稜線に沿って深い広葉樹林を通り抜け、季節によって現れる滝や砂岩の断崖、巨大な岩が印象的に集まった場所を過ぎていく。近隣のウォシタ山脈と並び、オザーク山地はロッキー山脈とアパラチア山脈の間で一番高い地域である内陸高原の一部を構成している。一口メモ：暑い夏の時期は、トレイル沿いにひんやりとした水で泳げる小さな池がたくさんある。

BENTON MACKAYE TRAIL
ベントン・マッケイ・トレイル

南アパラチアの秘宝

Georgia, Tennessee, and North Carolina

ジョージア州、テネシー州、
ノースカロライナ州

トレイルについて

- → 距離 ：463キロ
- → 所要時間：17〜22日
- → レベル ：中級

アパラチアン・トレイルの創設者ベントン・マッケイにちなんで名付けられたベントン・マッケイ・トレイル（BMT）は、南アパラチア山脈の秘宝だ。約463キロの距離で、その曲がりくねったコースは3つの州と8ヵ所の連邦政府によって指定された自然保護区域と原生環境研究地域を通る。近隣にある、もっと有名で長距離のアパラチアン・トレイルを歩く人たちの、ほんのひと握りしかBMTには来ないので、人混みを避けて孤独を探しているハイカーにとっては、最高のオプションだ。一口メモ：BMTは野花や紅葉が楽しめる春か秋がおすすめ。

ZION TRAVERSE
ザイオン・トラバース

高原と響き渡る峡谷

Zion National Park, Utah

ザイオン国立公園
ユタ州

トレイルについて

- → 距離 ：77.7キロ
- → 所要時間：3〜5日
- → レベル ：中級

ザイオン・トラバース（ZT）はいくつものトレイルが合流して形成され、日帰りでザイオン国立公園を訪れる人がめったに足を延ばさない場所へ、ハイカーを連れて行ってくれる。ウルトラ・マラソン（最高記録は7時間以下！）のルートとしても同様に人気のZTは、空中庭園や反響する峡谷、砂岩の一枚岩、そして高原の間を曲がりくねって進む。野生動物を見かける機会も多く、視力がよいハイカーなら、ビッグホーンシープやオオヤマネコ、ボブキャット、キャニオン・ツリー・フロッグ、イヌワシ、オオアオサギなどを見つけられるだろう。一口メモ：コロラド高原全体を見渡せるすばらしい眺めのエンジェルス・ランディングへの短い寄り道旅行も忘れずに。

FOOTHILLS TRAIL
フットヒルズ・トレイル

カロライナの
水のワンダーランド

South Carolina and
North Carolina
サウスカロライナ州、ノースカロライナ州

トレイルについて

→ 距離　　　：122キロ
→ 所要時間：5〜7日
→ レベル　　：中級

フットヒルズ・トレイルはノースカロライナとサウスカロライナ両州にかかるアパラチア山脈のなかにある122キロの国立観光歩道だ。一年中楽しめる人気のトレイルで、東はテーブル・ロック州立公園、西はオコニー州立公園の間を蛇行しながら延びている。水はフットヒルズ・トレイルの主要テーマで、道中、数々の荘厳な滝や趣きのある池、そして曲がりくねった小川に出会うだろう。暖かい季節には、急流川下りやマス釣りで有名なチャトゥーガ川で泳いだり、船で漂ったりするチャンスがふんだんにある。

LAKESHORE TRAIL
レイクショア・トレイル

半島北部の
砂丘と難破船

Pictured Rocks National Lakeshore,
Michigan
ピクチャード・ロックス国立湖岸
ミシガン州

トレイルについて

→ 距離　　　：68.2キロ
→ 所要時間：3〜4日
→ レベル　　：中級

レイクショア・トレイルはミシガン州にあるスペリオル湖の南側湖畔に沿った、古くからある道だ。水辺の町、ミューニシングとグランド・マレーに挟まれた景色のよいトレイルには、灯台や砂丘、難破船、険しい崖、ひっそりとした砂浜と壮大なスペリオル湖の眺めが凝縮されている。このトレイルは1966年にアメリカ議会によって国立湖岸として初めて認定された、ピクチャード・ロックス国立湖岸の端から端までを横断している。一口メモ：西端と東端のゴール地点の間を走る定期シャトルバス・サービスのおかげで、2地点間を結ぶこのトレイルの移動は簡単だ。バスはALTRAN（アルジェ交通局）によって運行されている。

←← アーカンソー州にあるオザーク山地のすばらしい眺め。
←　 ベントン・マッケイ・トレイルの霞のかかった川。
→　 ピクチャード・ロックス国立湖岸からのスペリオル湖の景色。

Wanderlust USA
ワールド・トレイルズ USA
アメリカの道を歩く

Title of the original edition : Wanderlust USA
Original edition conceived, edited, designed and published by gestalten
Copyright © 2019 by Die Gestalten Verlag GmbH & Co. KG

All rights reserved. No part of this publication may be reproduced or transmitted in any form or by any means, electronic or mechanical, including photocopy or any storage and retrieval system, without permission in writing from the publisher.

For the Japanese Edition Copyright © 2021 by Graphic-sha
The Japanese Edition is published in cooperation with Die Gestalten Verlag GmbH & Co.KG

This Japanese edition was produced and published in Japan in 2021 by Graphic-sha Publishing Co., Ltd.
1-14-17 Kudankita, Chiyodaku,
Tokyo 102-0073, Japan

Japanese translation © 2021 Graphic-sha Publishing Co., Ltd.

Japanese edition creative staff
Translation : Mikako Watabe
Text layout and cover design : Hidetaka Koyanagi (Raidensha)
Editor : Yasuko Ueoka
Publishing coordinator : Takako Motoki
(Graphic-sha Publishing Co., Ltd.)

Edited by **Robert Klanten**
Editor-at-Large: **Santiago Rodriguez Tarditi**
Contributing Editor: **Cam Honan**

Texts by **Cam Honan**
Text for Outer Mountain Loop (Big Bend National Park) &
Grand Gulch – Bullet Canyon Loop (Cedar Mesa) **by Paul Magnanti**
Text for Cedar Run – Whiteoak Canyon Loop
(Shenandoah National Park) by **Alan Dixon**
Text editing by **Rachel Sampson**

Editorial Management by **Britta Gimmini**
Photo Editing by **Madeline Dudley Yates, Mario Udzenija**

Design by **Britta Hinz**
Layout and cover by **Ilona Samcewicz-Parham**
Illustrations by **Florian Bayer**

Map research by **Cam Honan**
Map design by **Bureau Rabensteiner**

Typeface(s): Larish Neue by **Radim Peško**,
Zimmer by **Julian Hansen**

(カバー表) Photography by Simon Prochaska @simon.prochaska
(カバー裏) Photography by
LawrenceTellez/lawrencetellezphotos.com(Top);
Rachid Dahnoun/rachidphoto.com(Right);
Alan Dixon/adventurealan.com(Top middle);
Steven Shattuck/@Shattuck311(Bottom middle);
Peter K Atkins/pk-atkins.com(Top left);
Raja Hamid/rajahamid.com(Bottom left)
Illustration by Florian Bayer
(表紙) Photography by Steve Kehayias/@kehayias

ワールド・トレイルズ USA
アメリカの道を歩く

2021年7月25日　初版第1刷発行

編者　ゲシュタルテン
　　　（©Gestalten）
発行者　長瀬 聡
発行所　株式会社グラフィック社
　　　　〒102-0073 東京都千代田区九段北1-14-17
　　　　Phone:03-3263-4318
　　　　Fax:03-3263-5297
　　　　http://www.graphicsha.co.jp
　　　　振替00130-6-114345
印刷・製本　図書印刷株式会社

制作スタッフ
翻訳：渡部未華子
組版・カバーデザイン：小柳英隆（雷伝舎）
編集：上岡康子
制作・進行：本木貴子（グラフィック社）

◎乱丁・落丁はお取り替えいたします。
◎本書掲載の図版・文章の無断掲載・借用・複写を禁じます。
◎本書のコピー、スキャン、デジタル化等の無断複製は著作権法上の例外を除き禁じられています。
◎本書を代行業者等の第三者に依頼してスキャンやデジタル化することは、たとえ個人や家庭内であっても、
　著作権法上認められておりません。

ISBN 978-4-7661-3529-9　C0076
Printed in Japan